中央民族大学优秀博士论文文库

The outstanding doctoral dissertation library

彝汉文合璧
《水西安氏族谱》笺证与解读

陈棣芳/著

Y i z u w e n H e b i

S h u i x i A n s h i Z u p u J i a n z h e n g Y u J i e d u

中央民族大学出版社
China Minzu University Press

图书在版编目(CIP)数据

彝汉文合璧《水西安氏族谱》笺证与解读/陈棣芳编著.—北京:中央民族大学出版社,2017.9

ISBN 978-7-5660-1418-4

Ⅰ.①彝…　Ⅱ.①陈…　Ⅲ.①彝族—氏族谱系—研究—贵州　Ⅳ.①K820.9

中国版本图书馆CIP数据核字(2017)第217808号

彝汉文合璧《水西安氏族谱》笺证与解读

著　　者　陈棣芳
责任编辑　杨爱新
封面设计　舒刚卫
出 版 者　中央民族大学出版社
　　　　　北京市海淀区中关村南大街27号　邮编:100081
　　　　　电话:68472815(发行部)　传真:68933757(发行部)
　　　　　　　68932218(总编室)　　　　68932447(办公室)
发 行 者　全国各地新华书店
印 刷 厂　北京盛华达印刷有限公司
开　　本　880×1230(毫米)　1/32　印张:10.5
字　　数　262千字
版　　次　2017年9月第1版　2017年9月第1次印刷
书　　号　ISBN 978-7-5660-1418-4
定　　价　42.00元

序

彝族作为西南地区的主要世居民族，历史上曾经创建过诸多地方政权，安氏祖先建立的罗甸国以及其后的明代阿哲土司政权，就是其中之一。安氏所经营的水西地区曾经辉煌一时，创造了颇具地域色彩和彝族特点的水西文化。这一地方政权，从蜀汉建兴年间妥阿哲受封罗甸王至清康熙三十七年安胜祖任水西宣慰使乏嗣改土归流，先后延续 1474 年之久。安氏家族对于促进黔西北彝族地区社会发展、维护西南边疆政局稳定和民族团结，都做出了积极的贡献，有必要对其历史文化作系统全面的梳理和深入研究。但以往从正史和地方志记载中所辑录整理的安氏史料多为零散，缺乏系统性。

目前已发现的彝汉文史料和安氏家谱资料中，光绪年间安氏后人利用自身优势编纂的彝文汉文合璧《水西安氏族谱》是参考彝文、汉文相关史料及家传资料，结合当时所存家族文档，邀约当地名流参与，历时十余年编纂而成，其中对家族世系的梳理、家族材料的整合，为我们保存了难得的第一手资料，是研究黔西北彝族水西安氏家族的重要文献，较之其他相关安氏史料略胜一筹，颇有参考价值。然而，这一家谱因纂修年代遥远而时过境迁，又是稿本，已成为古籍孤本。加之汉文部分因系稿本，其中讹、脱、衍、倒文的现象在所难免，而彝文部分能够通读者寥寥无几。

要使这部冷藏在中央民族大学图书馆长达半个世纪而很少有

人问津的彝汉文合璧民族古籍在彝族历史文化的研究中，特别是黔西北彝族地区社会发展以及彝族宗法制度和土司制度的考察和研究方面发挥其应有的文献资料价值，需要在古典文献学理论指导下，严格按照古籍整理的科学方法，对其做系统全面的整理研究，形成古籍整理成果和古典文献学论著的综合性著作。

这部著作正是作者首次利用彝文和汉文资料，应用古典文献学理论方法对《水西安氏族谱》进行系统整理研究，为相关领域的研究提供了准确可靠的文献资料。第一部分，系统地简述了安氏家族从德实氏到安胜祖，宣慰司被改流，谱作者之父安绍绪协同官弁镇压遵义杨龙喜起义的家族历史。第二部分，以彝文连名谱系梳理安氏先祖的彝族名和汉名对应关系。第三部分，汉文“罗甸安氏世系”，记录安氏家族的源流世系、宗族分支情况；安氏家族历代重要成员的事迹及家族迁居路线及各家支的分居情况。第四部分，以“雄书氏近代祖考妣暨近代子孙”为题，收录了一些官府的文书档案，友朋吊诗唁文，内容丰富，材料翔实，为研究水西安氏家族发展及归流后土司家族的社会政治地位的变化提供了珍贵的文献资料。谱中还记载安氏近祖的祖茔，对于研究彝族丧俗和丧葬制度的变迁具有重要的史料价值。然而，由于时代和文化的隔阂，有些文化事象和历史事实，《水西安氏族谱》原作者的记述、理解可能未至臻美。因此，作者对族谱进行了笺证和解读，纠谬补缺，力图为彝族史、彝族文化的研究提供准确可靠的文献资料。

此书是作者在其博士学位论文的基础上，进一步充实完善之作，既是彝文古籍整理的重要成果，又是古典文献学理论方法在民族古籍整理实践中具体应用的成功范例，不但具有重要的文献史料价值，而且有着古典文献学的理论意义。是书以安氏族谱作为主干，充分参考和引述相关资料，通过精审精校和认真考释订正，可谓史料丰富翔实，史实和人物事迹考释准确，文化内涵论述客观公正，值得古籍整理专业的学者参考和彝文古籍整理专家借鉴。

本书作者陈棣芳一直注重历史知识的学习和深造，有较好的史学基础，在硕士阶段就攻读中国古典文献学专业，有着扎实的古典文献学功底，攻读博士学位期间，从我研习古彝文和彝文古籍与彝族传统文化。在读期间刻苦学习专业知识，积极参与我的研究课题和独立撰写论文，在核心期刊和普通刊物上发表十余篇专业学术论文。因其学习成绩优异和科研成果丰硕，荣获国家奖学金和优秀博士学位论文奖。功夫不负有心人，在陈君的刻苦努力、潜心研究和学校的鼎力资助下，《彝汉文合璧〈水西安氏族谱〉笺证与解读》一书得以出版面世，可喜可贺！在书稿付梓之际略赘数言为序。

朱崇先

2017 年 6 月 20 日于寒舍

前　　言

彝族水西安氏在西南地区曾经辉煌一时，创造了颇具地域色彩的水西文化，建立的彝族地方政权延续千余年之久，对于促进彝族地区社会发展、维护西南地区的政局稳定和民族团结，客观上起到了积极作用。道光《大定府志》利用大量彝族谱牒对黔西北彝族历史进行梳理，并将安氏家族保存的部分档案文献编入方志，成为后学研究黔西北彝族政治、经济、军事、文化等制度的重要资料来源。

改土归流之后，安氏家族的政治社会地位被边缘化，正史及其他汉文资料鲜有提及，即使偶有提及也是只言片语，一笔带过。光绪年间，安氏后人利用自身优势编纂的彝文汉文合璧《水西安氏族谱》参考彝文、汉文相关史料及家传资料，结合当时所存家族文档，邀约当地名流参与，历时十余年编纂而成，其中对家族世系的梳理、家族材料的整合，客观上为我们保存了难得的第一手资料，是研究黔西北彝族水西安氏家族的早期文献资料。《水西安氏族谱》系稿本，现藏于中央民族大学图书馆。目前学界尚未发现对此谱进行系统的整理研究，个别文章虽对此谱偶有提及，但只是浮光掠影、浅尝辄止，其文献资料价值尚未得到发掘利用。

本书首次利用彝文和汉文资料对《水西安氏族谱》进行系统整理研究，试图为相关领域的研究提供准确可靠的文献资料。《水西安氏族谱》由四大部分组成。第一部分，序言。系统地简述了安氏家族从德实氏到安胜祖，宣慰司被改流，谱作者之父安绍绪协同官弁镇压遵义杨龙喜起义的家族历史。第二部分，彝文连名谱系，为我们梳理安氏先祖的彝族名和汉名对应关系提供了一定的参考。第三部分，“罗甸安氏世系”。首先记录安氏家族的源流世系、宗族分支情况；其次，世系记载了历代安氏家族重要成员的事迹、家族迁居路线及各家支的分居情况。第四部分，“雄书氏近代祖考妣暨近代子孙”。《水西安氏族谱》收录了一些官府的文书档案，友朋吊诗唁文，内容丰富，材料翔实，对研究水西安氏家族发展及归流后土司家族社会政治地位的变化是不可多得的文献资料。谱中还记载安氏近祖的祖茔，对于研究彝族丧俗和丧葬制度变迁具有重要的史料价值。然而，由于时代和文化的隔阂，对有些文化事象和历史事实，《水西安氏族谱》作者的记述、理解可能未臻至美，因此对《水西安氏族谱》进行笺证和解读，纠谬补缺，为彝族史、彝族文化的研究提供准确可靠的文献资料就成为本书的主要任务。

本书首先对《水西安氏族谱》的文本进行文字校勘。《水西安氏族谱》因系稿本，故而时有讹、脱、衍、倒现象。由于此谱为孤本，没有其他本子可资对勘，在通读文本的基础上，依据前后文意及本谱行文体例，疏通语句，加以标点断句，作为定本。

利用整理的文本，本着“考”“述”“论”结合的原则，对本谱内容涉及的史实、文化事象、典章制度等内容参考彝文、汉文相关资料进行笺证注释，纠谬补缺，着重阐释其中蕴含的文化内涵，并利用掌握的文献资料对某些沿袭已久的观点阐明个人见解。家族史上重要人物的家传，多系摘录删节前代方志资料而成，但仅局限于清代方志，明代方志则鲜有涉及。方志中错讹之处，《水西安氏族谱》作者未加考证，径录其误；对世系的整理，也未能利用当时所存文献加以考证，故而脱漏失载之处在所难免。诸如此类问题，笺证部分均有所体现。

《水西安氏族谱》乃彝汉文合璧，彝文部分主要是连名谱系。本书结合《西南彝志》《彝族源流》等彝文资料，以四行体格式，对彝文部分进行翻译解读，并对和其他彝文资料不一致的人名从语音学、方言学的角度进行了解释。

《水西安氏族谱》已非完璧，缺损部分无由补全，暂付阙如。

Abstract

Anshi in Shuixi was the founder of a local regime, continued for over one thousand years and created the unique national culture, which objectively has played a positive role in promoting social development of Yi region, maintaining political stability and national unity of the southwest. The genealogy of Yi and the archival documents kept by Anshi were adopted to compile the local chronicles. Therefore they are now the important materials on researching the social economy, politics, military affairs, life style and culture in Yi nationality in the north - west in Guizhou.

After the practice of the bureaucratization of native chieftains, Anshi in Shuixi was marginalized and recorded in few of the official annals. During the reign of Emperor Guangxu, the descendants of Anshi compiled the Genealogy of Anshi in Shuixi on the basis of the relevant historical data in Yi and Chinese characters, which spent more than ten years and teased out the family lineage. It objectively preserved numerous the first - hand data and early literatures for researching on the family of Anshi in the northwest area in Guizhou.

The Genealogy of Anshi in Shuixi is an original manuscript and kept in the library of Minzu University of China. Memorials kept in the Genealogy of Anshi in Shuixi reflect several significant contests. It consists of four parts: first, Preface and postscript. They are necessary and important parts of the work of clan records. This part presents an outline of the clan from Deshishi to Anshengzu and a systematic introduction of the prominent family background. Second, Anshi's lineage in Yi. Third, Luodian Anshi's lineage. The family migration routes, separation of branches and the achievements of important members of the family are briefly described in this part. Fourth, Xiongshushi's ancestors and descendants of modern, in which Anwanquan's descendants who served the court and were decorated are recorded. The record of the ancestral grave, some government documents, mourning poems from friends, all of those materials have important historical value for researching the change of Yi funeral customs.

With broad, rich and detailed information, it makes up for the inadequacy of the official history data. As the valuable first - hand materials, it plays an important and integral part in studying Yi nationality's history and culture, as well as in the promotion and the history of ethnic relation.

It has not been reviewed systematically in academia field. Primary arrangement and research on the genealogy based on Yi and Chinese data is made in this article, for the sake of providing accurate and reliable data for related research. However, due to the barriers of time and culture, cultural phenomenon and historical facts recorded in the genealogy may be not perfect, notes and commentary on them must be done to correct some mistakes.

This paper firstly proofread the text of the Genealogy of Xi Anshi in Shui. Because of the manuscripts, something wrong exists. By reason of the only existing copy, it was punctuated according to the meaning and the writing style, then we get a final version.

What this genealogy content involves, such as system of historical and cultural phenomenon, institution was depicted according to the reference related information comments in Yi and Chinese, to lay the emphasis on interpretation of which contains cultural connotation. The important person's history is extracted and abridged from the former local records, but only limited to the Qing Dynasty, local records compiled in Ming dynasty rarely involved. The genealogy author directly recorded their faults without reference checking. Such problems are depicted in the part of commentary and annotation.

The pedigree of names in Yi is a major part in the genealogy. On the basis ofthe Southwest Yi Zhi, the Origin and Development of Yi Nationality and other data, this part is translated and interpreted in the form of four lines, and the inconsistent names are explained from the perspective of phonetics and dialectology.

This genealogy is not intact. The damaged portion in this genealogy is not supplementary.

目　录

导　论

一、研究意义及价值

彝族具有本民族的文字和文化系统，并且曾经在中国西南地区建立民族政权。水西安氏政权传承千余年，在黔西北乃至西南彝族地区具有极大的影响力和号召力。元明时期，安氏集团发展成为雄霸一方的势力，就连明太祖朱元璋也感叹，“霭翠辈不尽服之，虽有云南不能守也”。作为彝族上层，水西安氏集团在彝族社会政治、经济和文化习俗方面都有一定的典型性，因而以族谱为切入点对其进行“解剖麻雀”式的研究，无论对彝族史、彝族政治经济文化制度，还是对谱系学、宗族学的研究都有一定的借鉴意义和参考价值。

（一）深化彝族史研究

彝族史研究，是民族史研究的题中应有之义。目前，学术界对彝族史的研究论著以马长寿先生的《彝族古代史》首开风气，继之以方国瑜先生的《彝族史稿》，易谋远先生的《彝族史要》踵其后，均运用汉文、彝文文献对彝族的渊源进行梳理，开创了运用彝文文献研究民族历史的先河。本研究在前贤的基础上，专门针对水西安氏集团的历史渊源及有关彝汉文文献记载的彝族史籍进行系统梳理，试图以水西安氏集团为个案，剖析彝族历史文化的深层内涵，为彝族史研究提供较为具体、翔实的文献资料。

（二）拓展民族古文献的内涵

我国的民族文献源远流长，丰富多彩，样式齐全，种类繁多。学术界对民族文献的研究多集中在相关历史、宗教等文献方面，对于少数民族家谱文献则涉及较少。作为民族文化重要载体，家谱对于家族历史、世系及婚姻、人口等方面的记载更为具体而微，唯其如此，家谱才具有其独特的文献学价值。

（三）推进宗族谱系学研究，构建新的学术增长点

目前，学界关于宗族谱系学的相关研究主要围绕汉族的宗族、谱系展开，而对于少数民族的宗族谱系研究则显得薄弱得多。而恰恰是少数民族的宗族制度更为接近传统的宗族组织制度，因此，以彝族家谱《水西安氏族谱》为着眼点，无论就其深度还是广度，都可以为谱系、宗族的多元化研究提供有力的材料支撑，从而深化宗族学、谱系学研究。

（四）深化对水西安氏的研究

水西安氏集团，以其在历史上的特殊地位和深远影响而备受学界关注，但是不得不承认，目前学界对安氏集团的研究稍显零碎，难以形成系统；并且对水西的研究目前主要集中于以奢香为代表的为数不多的主要人物，以奢安事件为主的历史事件，以则溪制度为主的政治经济制度。对水西安氏较为全面系统，侧重于文化的研究则较为薄弱。本研究试图在前人相关研究的基础上，以族谱文本为基本载体，侧重从文化、习俗方面对水西安氏集团及其历史进行剖析，以期对彝族文化习俗有更为深刻的理解。

二、相关研究动态

（一）学术界对水西安氏家族的相关研究成果

1. 史地考证部分

陈天俊《“罗施鬼国”考》（1981）认为，“罗施鬼国”的基本地盘是在以现今贵州省的黔西、大方、织金、普定、毕节、威宁、盘县、普安等县为中心的或大或小的地区范围内。“又称为罗甸国”，意思是“罗罗人地区的王国”。王燕玉《辨罗甸国与罗氏鬼国》（1984）认为，“前者（罗氏鬼国）在今贵州西北，后者（罗甸国）在今贵州西南，是二非一，却多交缠”。

陇永志的《“易溪”和“亦溪不薛”不应混淆》（1995）根据地方史志材料，对“易溪”和“亦溪不薛”进行了考辨，认为“易溪部”主要是在今天的云南威信县境内，而“亦溪不薛”才是在今黔西、大方、织金、纳雍一带。史继忠《亦溪不薛考》（1982）指出亦溪不薛即历史上的“水西”。罗氏鬼国与亦溪不薛地域上完全重叠，罗氏鬼国是亦溪不薛的前身，亦溪不薛就是罗氏鬼国的延续。张桂江在《黔西：名自亦溪不薛》（2005）、《大方：名缘将官姓氏》（2005）和《织金：名源古彝语音译》中，对黔西、大方、织金得名来历进行了考述。

罗显仁的《从彝族文献典籍看水西大方彝族历史》（1995）运用彝文典籍梳理了水西彝族历代政治中心——大方的历史源流，初步理顺了水西安氏 84 代世系。

2. 历史事件部分

最早记录奢香、马烨事件的是成化间国子监祭酒周洪谟所撰《安氏家传序》。田汝成《炎徼纪闻》将事件故事化，增加了传奇色彩。王士性《广志绎》卷五“西南诸省”、高岱的《鸿猷录》卷九“开设贵州”、清毛奇龄《蛮司合志》“贵州”部分均沿袭田氏旧说。《安氏家传序》提到奢香、马烨冲突，但是情节远没有后来田汝成《炎徼纪闻》中记述的那样富有戏剧性。王世贞《弇山堂别集》卷二一对田氏所记事件进行考辨，奢香朝贡最早为洪武十七年（1384），而高后已于两年前宾天，不可能接见奢香并赐宴。20世纪80年代，台湾学者黄彰健的《明史贵州土司传记载霭翠奢香事失实辨》（1984）一文，对各种版本的故事进行了考证。认为明太祖即位时，太后早已过世，高后死于洪武十五年（1382）八月，奢香所见既不可能是太后也不可能是高后；驿站道路的竣工在洪武二十二年（1389）正月，其时贵州都指挥同知马烨尚在任上，水西的驿路绝不是马烨死后奢香创设；湖南学者邹汉勋在《大定府志》中将马煜改为都指挥，接见奢香的后宫变为淑妃，并把故事发生的时间定为洪武十六（1383）、十七年。李中的《马烨鞭挞奢香事件考辨》（2004）考证了奢香的生平，认为马烨鞭挞奢香事件并非历史事实，而是史籍误载。温春来的《明初贵州水西君长国与中央的关系——奢香故事之考证与解读》（2007）通过对奢香故事的考证与解读，从政治学的视角对明初水西地区逐步整合、并入大一统国家的历史过程进行了解读。

“奢安之乱”是水西历史上的一个重要事件。东人达的《近年关于明末奢安事件的研究》（1995）对“奢安之乱”事件做了简介，并综述了学界对“奢安事件”的研究成果。东人达在之后的《明末奢安事件的起因与作用》（2005）中，对“奢安事件”的起因与作用进行了较为详尽的解析。徐明德的《论“奢安事件”之起因和影响》（1996）梳理了“奢安事件”与明代相关历史事件的纵横交错联系，认为“奢安事件”在历史上起着“吊民伐罪”的作用。刘秀兰在《论明末川黔少数民族土司奢、安之乱》（1998）中指出，奢安之乱加速了明王朝的灭亡。张羽琼的《朱燮元与奢安事件》（1997）一文认为朱燮元平奢、安及其他众土司，对稳定当时动荡不安的西南局势、促进贵州政治的稳定和经济的发展具有积极影响。

抗击吴三桂是水西彝族历史上的一件大事，彝文、汉文文献对此均有相关记述。乔云生的《试论安坤事件的性质》（1982），运用大量文史资料还原安坤事件真相，对抗清说、叛乱说等观点提出质疑，进而认为安坤事件是水西人民反对吴三桂阴谋兼并、为维护自身权益而进行的斗争。张捷夫《安坤述略》（1984）针对当时学术界对安坤多持否定态度，在分析清初安坤面对的形势及反应之后，认为安坤虽然不能和其先祖阿画、奢香相比，但是基本顺应了历史发展潮流，不是“叛乱分子”，不应当全盘否定。这在当时无疑具有振聋发聩的作用，为深入研究安坤事件扫除了思想障碍。付春的《清初吴三桂西南改土归流原因新探》（2008）认为，清初吴三桂驻镇云南之后，面对云南粮饷转运困难，而水西又有反叛企图，即将阻断由贵州进入云南的交通要道之时，吴三桂为了打通中央政府接济云南的粮道，势必在水西地区改土归流，这是当时稳定云南的形势所迫，是势所必然之举。桂黔俊的《论水西彝部族的抗吴战争》（1987）指出，吴三桂与安坤之战表面看是由于水西彝部族与吴三桂势力的矛盾，其本质源于吴三桂与清朝中央的矛盾。这次战争只是吴三桂阴谋的战略性一战，水西地区各族人民不过是这一阴谋的牺牲者。欧阳大霖的《清初贵州水西土司叛乱史实考辨》（2010）通过相关历史文献记载，考察了清王朝对少数民族土司采取的政策，认为安坤“叛乱”当系清王朝在巩固了中央集权之后，在贵州民族地区实施大规模“改土归流”而导演的一个序幕。吴三桂也仅仅是暗合清王朝对少数民族土司的统治策略。

李良品的《明代贵州水西“安氏之乱”的起因、性质与处置》（2008）探讨了“安氏之乱”的起因、性质与结果，总结了

"安氏之乱"的起因，认为事件的和平解决有利于民族团结。陈启华的《奢节起义的时代背景及性质》（2000）利用相关史料综合考辨，认为奢节起义是由元朝暴政统治的时代背景和全国农民起义的政治大气候决定的，是历史的必然，是光照日月的农民起义和民族起义。

3. 历史人物部分

在水西彝族历史上，奢香以其高尚的民族情怀和聪明睿智成为彝族人民心目中不朽的丰碑。余宏模的《试论明初奢香夫人维护促进祖国统一的历史功绩——纪念奢香夫人逝世六百周年》（1996），结合时代背景，初步理清了水西的历史沿革，追溯了奢香夫人对维护西南稳定局势、促进民族团结的积极贡献。谭佛佑的《"居然巾帼丈夫雄"——奢香夫人逝世610周年祭》（2006）通过对奢香夫人传奇人生历程的梳理，对奢香的历史贡献给予了高度评价。龙志毅的《奢香是中华民族杰出的女政治家》（1996）一文，高度赞扬了奢香过人的政治才能和政治智慧，肯定了她在彝族历史乃至中华民族历史上的地位。史继忠的《大方奢香墓》（2007）、刘学洙的《奢香智除马阎王》（2009）和彭云鹤的《"帐中坐叱山川走"的奢香夫人》（1996）则从文学的角度，再现了奢香智慧的一生，肯定了朱元璋对贵州少数民族地区所采取的民族政策。

东人达在《明代彝族女政治家奢香考评》（1996）一文中，充分肯定了奢香在支持国家统一、维护民族团结及促进地区经济文化发展方面所起的巨大作用。黄炯杰的《奢香的历史贡献》（1996）高度评价了奢香在维护民族团结、促进当地经济社会的繁荣发展、以安抚为本的统治策略及创办宣慰司学、引进先进文化等几个方面的历史贡献。范同寿的《奢香：贵州人心中永远的丰碑》（2010）一文，肯定了奢香的历史功绩，认为奢香爱国爱乡、顾全大局的情操，是值得我们推崇的价值观念。东旻在

《"一诺西南九驿通"——明清彝汉文史文献中的奢香功绩析》（2005）中，多视角总结了奢香的历史功绩，认为奢香在维护西南地区稳定和祖国统一等方面做出了重要贡献。陈世军在《奢香夫人的和谐思想与水西地区社会经济文化发展浅议》（2009）一文中，从奢香夫人对后人的影响及其对水西地区社会经济文化发展的影响方面论证了奢香夫人的和谐思想，并阐述了奢香和谐思想对当代的借鉴意义。王继超的《奢香夫人对水西地区文化的贡献》（2007）认为，文化贡献只是奢香夫人最主要的贡献之一，维护民族团结、巩固边疆和维护国家统一才是奢香夫人核心性的历史贡献。刘学洙《奢香政治眼光与西南大局稳定》（2006）一文，从马烨、奢香事件入手，肯定了奢香的政治眼光和安邦策略。罗世勋的《彝族女政治家奢香夫人与水西及周边地区彝族的汉文化教育》（2002），通过探析奢香夫人开创汉文化教育的历史背景、举措及对水西及周边地区的历史影响，阐明了奢香发展汉文化教育的历史意义和深远影响。王子尧《阿哲主摩奢香夫人与水西彝族文化调查探证》（2009）一文，探讨了奢香执政时期的阿哲彝族文化，认为奢香是一个颇富学术价值的系统课题。李平凡的《奢香爱国思想的形成与实施》（1997），全面探讨了奢香在政治、文化诸方面的贡献，分析了奢香爱国思想的形成与实施的历史必然性，充分肯定了奢香的历史地位及其爱国思想的现实意义。陈英等人的《奢香文化的三大特征》（2007）认为，奢香文化具有维护祖国大统一、各民族亲如一家、彝汉文化与时俱进、共同发展三大特征。

4. 制度部分

则溪制度是水西彝族地区具有地域特色和民族特色的政治制度。史继忠的《试论明代"水西"的政治制度》（1984）是较早对明代"水西"的政治制度进行理论研究的文章，认为水西的政治制度是建立在封建领主经济之上的上层建筑，它虽然具有一般土司制度的共性，但又有其特点，即“家支”制度、“则溪”制度与“九扯九纵”三者有机结合。王军的《毕节地区彝族土司则溪制度述论》（2010）认为，则溪制度是军政合一的政权组织形式；同时，它同九扯九纵以及家支制度是紧密相连的，九扯九纵是则溪制度中的职官制度，而家支制度则是则溪制度的基础，是其宗法化的体现。则溪制度、家支制度、九扯九纵共同构成了毕节地区彝族社会“三位一体”的内部政治、经济、文化结构。胡庆钧的《明代水西彝族的奴隶制度》（1981）对水西地区奴隶制的产生与发展，当时社会生产力水平、等级关系、政治制度进行了详尽的考证和论述，认为明代各彝族土司保持基本相同的奴隶制度，水西地区的奴隶制度具有鲜明的特色。

陈世鹏的《南诏国和水西土司与中央王朝战争比较研究》（2009）一文通过对南诏和水西土司与中央王朝发生的几次战争及结果的对比，认为这是两者处于不同历史时期，在治军方法上有相同点和不同点的结果。而彝族“寓兵于民”的军事思想不仅是彝族文化的宝贵遗产，也是中华民族的宝贵遗产。吉毛仔的硕士学位论文《元朝在贵州水西地区的统治研究》（2011）分析了元朝对水西的政治统治、经济经营以及社会影响。奢节起义使元朝在水西的统治衰落下去，水西土官的任用使得统治逐渐稳定，水西势力逐步壮大，到明代成为贵州四大土司之一。

关于贵州宣慰使的探讨，符太浩的《〈明史·贵州土司传〉考异》（2002）指出《明史·贵州土司传》中诸多重大误漏并进行了初步考证，其中包括关于水西土司的系列考证。陈世军在《明代贵州宣慰使安贵荣墓考》（2005）中认为，修文县大石布依族乡大屯村安氏古墓乃明代贵州宣慰使安贵荣之墓。

关于水西安氏的姓氏来历，历来说法不一。朱屏的《贵州宣慰使是明正统七年赐姓安氏的》（1997）将有关何时赐姓安氏的说法加以归纳：洪武帝赐安说；不知洪武何时赐姓安；正统七年说，并以史志材料论证贵州宣慰使是明正统七年（1442）“赐姓安氏”的。余宏模在《明代贵州宣慰使“赐姓安氏”例证》（1998）中认为，洪武二十三年（1390）霭翠陇第赴京，入国子监，增加汉姓汉名即安的。温春来的《中央王朝的开拓与少数民族地方政权承袭制度》（2004）通过梳理彝、汉文文献，认为水西彝族本来采用轮替继承的承袭制度，在明王朝的干预下才形成嫡长子继承制。王兴骥的《播州土司与水西土司关系之研究》对水西安氏土司和播州杨氏土司这两个在贵州历史上举足轻重的大土司及其关系进行了较为全面的研究。李卿的《大方普底中寨彝族陈氏与水西安氏的历史关系辨析——兼评〈大定府志〉的有关讹误》（1996）一文，辨析了大方县普底中寨彝族陈氏与水西安氏的历史关系，论证了陈氏始祖乃过继于安氏。

舒华在《论明朝初期对水西彝族地区的法律控制》（2011）一文认为，明朝初期，朝廷通过设立土司、加强对土官的管理、推进司法管辖等措施，加强对水西地区的法律控制；延续因俗而治，利用水西地区特殊的政权治理彝民，实现了对水西地区的有效统治。

（二）学术界对彝族谱牒研究

20世纪80年代以后，学术界对彝族谱牒的研究兴趣被激发出来，出现了大批从事彝学研究的学者，产生了相当数量的相关论文。

1. 彝族谱牒的价值研究

王光荣的《从民族民间文化谈彝族谱牒家支》（1991）从谱牒与家支世系、家支谱牒与民族历史、从《西南彝志·谱牒志》看彝族的“六祖分支”三个方面探讨了彝族谱牒所蕴含的历史文化价值。华林的《彝文历史谱牒档案探析》（1997）一文在比较四川和云贵地区彝族谱系的差异之后，认为彝族谱牒不仅对民族史、民族关系史、民俗学的研究具有重要的学术价值，而且对于维系彝族“共同心理素质”具有无可替代的作用。胡金鳌、胡素华的《凉山彝族谱系特点及研究价值》（2004）总结了凉山彝族谱系的特点，肯定了凉山彝族谱系在彝族历史研究、哲学思想和图腾崇拜研究、民族传统文化研究及加强文化、心理和血缘认同感等方面的学术价值和意义。普珍的《解析彝族谱牒的史学研究价值》（2009）从彝族氏族家谱、宗族家谱亦即名门家传入手，探讨彝族谱牒的史学价值，认为彝族谱牒内容丰富，与史学研究密切相关，是地方史研究的重要补充，也为彝族文化的系统整理研究提供了宝贵资料。曲比兴义的《揭秘彝族的谱系文化》（2010）认为，谱系不但是维系彝族原始血缘的纽带，而且是记载彝族历史的珍贵档案，还是维护彝族社会制度的重要形式。郑伟强的《彝族谱牒之研究》（2004）在分析彝族谱牒的特点、作用后，认为谱牒是研究彝族历史、考证古代彝人迁移路线、社会制度不可或缺的重要数据：父子连名制，家族关系结构完整、分支明细，多以口耳相传。张纯德的《彝文谱牒中的南诏史料》（2011）和郑腾云的《彝族谱牒——珍贵的历史佐证》（2011）运用家谱材料考证史实，体现了谱牒的史料价值。阿里萨瓦的《试探凉山彝族家支父子连名谱系文化》（2009）一文对凉山彝族家支父子连名谱系的起源和发展、内容形式及其计算历史年代的作用及意义进行了初步探讨，认为凉山彝族父子连名谱系是彝族传统文化中传承最久、普及最广、生命力最强的文化现象。龙正清的《〈彝族创世志·谱牒志〉历史价值谈》（2006）记述了滇、夜郎、巴、蜀和靡莫、濮此刘戈侯王国的错综历史和地理分布情况，具有独到的科学性，是研究彝族君主政权制度和社会历史的古籍史料。《古夜郎国地区彝族君长谱牒“禾稼树”》一文认为，上冠下连的“父子”连名式谱牒是一种修志的传记手法，而不完全是血统。庶民家谱以受封时的首目名为冠称，首目名冠君长名，即谓之为侯读或称尼读。

2. 彝族具体支系谱牒研究

张纯德的《彝族德布德施源流及谱系考》（1993）以时间为线索，梳理云南禄劝、武定彝族中的德布、德施两大分支的谱系，认为彝族家谱对研究彝族族源、迁徙、分支、繁衍及与周边民族的关系史都有一定的价值。黄克江、黄克学在《浅谈黄氏族谱及黄氏家族源流》（2000）中认为，族谱的撰写改革了彝族以往直线式父子连名制的彝文谱牒，在保留彝族传统文化的同时，采用汉文撰写族谱，体例更为完备，是彝汉文化演变的结果。李正清的《滇东北〈芒部土府陇氏族谱序〉注》（1994）则利用彝文、汉文史料对《芒部土府陇氏族谱》进行了注解，补充了大量相关史料。

就水西安氏谱系而言，目前仅见安尚育《水西安氏谱系考释》（1986）一文，以《水西安氏族谱》为据，与《西南彝志》《大定府志》等资料对比，并加以辨析，对安氏谱系进行了初步梳理。

综观上述相关研究成果，我们可以发现以下几点：

第一，研究热点与成果的不均衡性。学术界对水西安氏的研究，就人物来说，多集中于有重要影响的奢香身上，而对其他人则涉及较少。对事件的研究，主要针对奢安起义和安坤事件。不难发现，到目前为止，从研究对象来说，对安氏的研究呈现不均衡态势，并且多从宏观角度加以观照。彝族谱牒研究，比较而言，父子连名制最早为学术界关注，因而无论其深度还是广度，研究都较为充分，成果显著，而对彝族谱牒的其他研究则有不少空白，尤其是对具体某一大家族的谱系的研究，除了《黄氏族谱》外尚属薄弱，并且对彝族谱系的研究多侧重于宏观的价值和功能，而对彝族谱系的微观研究尚有很大空间待后学开拓。

第二，介绍性研究较多，深入研究较少。无论是对水西安氏家族的研究还是对彝族谱牒的研究，目前学界多就某一专题加以论述，且开创性成果略显不足。以奢香马烨事件为例，除台湾学者黄彰健先生进行了深入考证外，其他多数相关研究则以该事件为信史而大加发挥，影响了立论的可信度。对彝族谱牒的研究与此类似，多数文章以泛泛介绍为主，深度明显不足。

第三，研究零散，缺少系统性。水西安氏家族研究和彝族谱牒研究均呈现不同程度的零散性，缺少系统探讨。

三、研究的主要内容

（一）《水西安氏族谱》概述

贵州彝族水西安氏谱系在《爨文丛刻》和《西南彝志》中均有记载，但是兄弟关系也被以连名制的形式连缀其间，导致理解的错乱。汉文资料中明代周洪谟《安氏家传序》、黎宇《续安氏家传序》、郭子章《黔记》及（道光）《大定府志》对水西安氏谱系的记载较为完备。邹汉勋在（道光）《大定府志》中利用当时所见的彝文家谱，对水西安氏世系、事迹进行了考辨，是较早对水西安氏进行专门考证的研究成果。

《水西安氏族谱》（以下简称《族谱》），亦称《水西雄书安氏家谱》《罗甸安氏谱》①，安邦彦七世孙安秉直修于清光绪年间，一直由其后裔珍藏，新中国成立后落于荣源村农民王光明之手。20 世纪 50 年代初，费孝通先生到织金考察，在当地政府帮助下将此谱带回北京，现收藏于中央民族大学图书馆。当时毕节地区民委、贵州省民委、贵州民族学院均抄有副本保存。

---

① 华林著：《西南彝族历史档案》，昆明：云南大学出版社，1999 年，第 275 页。

关于此谱，《中国家谱综合目录》著录为：（贵州黔西）水西安氏族谱，不分卷，清光绪间抄本，一册，中央民院。[①] 据我们考察，此谱为原稿本。首先，《族谱》完全由手抄写就，这是毫无疑义的。其次，错讹之处所加标志。手抄本，讹、倒、夺、衍等现象在所难免。《族谱》中的衍字，一律在字右侧加三点，以示标记。重文，则以两点表示。最后，用字方面。在《族谱》“流衍图”后，钤有长方形红色印章，印文内容待考；落款为“光绪二十八年冬署平远协营分防以个汛铃记”。“铃”字可能是“钤”字之误。避讳字。本谱正文两处“宏”字，均缺末笔。

《水西安氏族谱》为大开本，高510毫米，阔295毫米，216页。厚皮纸封面，端庄凝重，颇具大家风范。绵纸，四周双边，单鱼尾，蓝色行格，页八行，但图表部分没有行格。由此，我们基本可以判定，制作工序首先在绵纸上印刷行格，然后书写正文，最后再装订成册。

《水西安氏族谱》入藏时已非完璧，“谱序”前即有数纸残痕，可能是目录、凡例。“谱序”首页略有残损，并有污痕。内文部分亦有数处残缺，最后一页已然残损。所失内容无可考。《北京图书馆藏家谱丛刊·民族卷》（全100册）第48册所收《水西安氏族谱》即据此影印。

尤为值得注意的是，《水西安氏族谱》彝汉文合璧，汉文部分直书左行。彝文专门用以记录世系，直书右行，有断句，呈现鲜明的民族特色，并于家族重要先祖名讳右侧标以汉字。彝文世系为我们保存了水西安氏家族的珍贵资料，与本谱汉文世系及《西南彝志》《彝族源流》等彝文资料对照，可以基本理清安氏家族流脉分支。

---

① 国家档案局二处、南开大学历史系、中国社会科学院历史所图书馆编：《中国家谱综合目录》，北京：中华书局，1997年，第98页。

《水西安氏族谱》的编纂时间，前人一直误以为告竣于光绪十六年（1890）[①]，因为“谱序”署“光绪十有六年（1890）岁次庚寅孟秋中翰之吉”。然综合考察《族谱》，发现最晚的时间落款为“光绪二十八年冬”，我们由此可以断定，《族谱》最后完工不应早于此时。为稳妥起见，我们可以说此谱修于光绪年间。《族谱》由四大部分组成。第一部分，序言。安秉直撰“重修谱序”，系统地简述了安氏家族从德实氏到安胜祖，宣慰司被改流以及咸丰五年（1855）安绍绪协同官弁镇压遵义杨龙喜起义的家族历史。安吉士所撰“书宗名谱后”，赞颂了安氏家族渊源久远、家势显赫及谱系“考核清晰，统归一致，使之足以信于今，而传后世”。第二部分，彝文连名谱系。彝文连名谱系已然残损，但彝文右侧注有先祖汉文名讳，为我们梳理安氏先祖的彝族名和汉名对应关系提供了一定的参考。第三部分，“罗甸安氏世系”。首先，记录了从一世祖孟赾到一百十二世安胜祖安氏家族的源流世系、宗族分支情况；其次，世系记载了历代安氏家族重要成员的事迹。如九十四世霭翠仕元封四川左丞八番顺元宣慰使，明洪武初年升授州宣慰使及“一百十二世安胜祖于康熙二十五年（1686）世袭宣慰司职。三十六年（1697）卒，无嗣，三十八年（1699）改土归流”等。最后，“世系”记述了安氏家族迁居路线及各家支的分居情况。第四部分，“雄书氏近代祖考妣暨近代子孙”。这部分记录了安万铨后世子孙的历史及家族报效朝廷、累受褒奖的荣耀家史，其中保存了一些官府文书档案，友朋吊诗唁文，内容丰富，材料翔实，对研究水西安氏家族发展及归流后土司家族的社会政治地位变化有较高的史料价值。

此家谱系水西宣慰同知安邦彦家谱。安邦彦为霭翠、奢香夫人十三世孙，安万铨曾孙，安国桢之子。安邦彦始称雄书氏，为

---

① 华林：《西南彝族历史档案》，昆明：云南大学出版社，1999 年，第 275 页。

安氏雄书家支的始祖，肇兴那威。那威，彝语地名，即今贵州省织金县官寨苗族乡。安邦彦旧居遗址就在官寨乡政府后面山坳附近，当地群众称为“安家屋基”。天启元年（1621），安邦彦响应奢崇明，发动震动朝野的“奢安之乱”，起义失败阵亡，其后裔一直在今织金、普定县境内繁衍至今。

安秉直，字敬臣，安邦彦七世孙，修此家谱曾参考彝汉史籍和穆德、北陔、得初各家世谱共数十部。“其误者，必求其是；其讹者，必求其真，其颠倒失次，叙之使顺；其引用错乱，归之于正。”“以数十年之考核而述于一旦，大非容易，然不通彝汉两书者，不知彝汉两音者，万不能考据得实。以彝书与史书合，夷音与汉音较，又知各家源流方不走作。”可见安秉直修此家谱所集资料较全，费时亦久，从材料准备到成书，历时长达十余年之久，考据认真，为文谨严。但是囿于时代条件所限，资料搜集尚不完备，以致有考论失当、族人失收之弊。

《水西安氏族谱》既是研究贵州彝族与安氏及水西地区历史的珍贵材料，也是研究彝族历史文化的重要史料。本书首先对《水西安氏族谱》的文本以传统文献学的方法进行校勘，转写为现代汉字，并按照现代汉语规范标准加以断句。在此基础上，对文本汉文部分涉及的史事、文化事象、典章制度等内容进行笺证，并对一些传统观点提出质疑，提出个人见解。对《水西安氏族谱》的彝文连名谱系以四行对照体翻译解读，并揭示其中蕴含的文化信息。

（二）《水西安氏族谱》笺证凡例

彝汉文合璧的《水西安氏族谱》系稿本，讹误、错简、夺漏迭出，不加以校勘、标点，就很难阅读。又因其内容涉及的史事时代跨度极大，有的记述比较简单，需要加以增补，有的比较复杂，须加以梳理和注释，不然就无法予以全面正确的理解。

校勘方面。中央民族大学图书馆所藏的这种《水西安氏族谱》为孤本，没有其他版本可以对校，只能就其本身文例，采用本校法，从前后文、上下文中发现矛盾，并参照其他相关文献资料加以校补或考订，再辅以据理推断之法解决存在的常识性问题。

1. 原文中的双行注解，一律标注“原注”字样，不予注解，但其中的错、夺、衍、倒等文字错误予以校勘。

2. 原文为稿本，讹、脱、衍、倒等情形势所难免。讹字，谱作者予以改正者，将正确字标于原错字之右侧，校勘时错字加圆括号（ ），正确字加方括号［ ］以示区别；谱作者没有改正的错字径录，在校记中予以说明。脱字，校勘时加［ ］号表示；衍文，谱作者一般在字之右侧加三点标出，校勘时于衍字加圆括号（ ）。重文，谱作者在字右下角用两点表示，校勘时予以复原。倒文，原文中的倒文，一般是在字右侧以小字“上”或“下”标记。校勘时均以校勘记形式予以说明。

3.《水西安氏族谱》存在书页残缺的情况，整理过程中对残缺部分注以“下阙”；对于时、地之无可考者或因讳而不书者，原文以空格处理，抄录时注以“空”字，可考证者则予以补充，并在校勘记中有所交代。

4. 凡供本书校勘增删改易之处，均在该处右上角用【一】【二】……加编号注明，有关校勘依据，请查阅校记中该编号之说明。

5.《水西安氏族谱》原文汉文部分为繁体字，从右而左直书，无标点；为方便阅读，均按现代汉语标点使用规范一一加注标点符号。

6. 原文涉及的异体字、避讳字、生僻字，除特别需要外，均按照现代汉字用字规范加以处理，如偏旁“亯”均改为“享”；避讳字“宏”缺末笔，径录为“宏”。

7. 原文及注释征引的文献典籍，记载少数民族名称时，用字多带有“犭”旁，为保持本真，抄录时一律径录。

笺证方面。《水西安氏族谱》原文用楷体字，笺证部分用宋体字以示区别。因其内容涉及的史实、人物时间跨度大，对彝族史、西南地区史、民族史的研究具有重要的史料价值，所以凡所载人名、地名、事件、制度等，力求寻检成书年代最早的有关史料，加以全面释证。对学界有分歧的史事，一一加以介绍，并力图阐明自己的观点。鉴于笺证体例的要求，对人名、地名或时间、事件的证明，均一一列出相关资料，但又不满足于资料的罗列，同时开展必要的评论，从而使笺证与札记有机结合，述论结合，使读者可以获得尽可能完备的史料，并对这些资料进行判断、鉴别。应当指出，《水西安氏族谱》出自封建文人之手，字里行间充满着阶级偏见和民族主义的观点，为忠实原文，笔者未能一一驳证。

笺证凡例及内容：

1. 原文所有注释之处，均于原文右上角标注阿拉伯数字序号并外加［ ］号，如［1］［2］［3］……

2. 注释中征引典籍，一般全文注出书名。

3. 原文中涉及的关键人名、地名、时间、职官名、民族文化事象等特殊语词。

4. 原文的行文体式。

5. 通过对有关文献的研究，若发现原文表述有明显歧义或与史实有违之处，阐明作者观点，以供参考。

第一章　汉文谱序与题跋笺证

第一节　余昭与秉直序

一、余昭谱序

谱者，普也，周普以序其事也。谱者，布也，布列以传其实也。《唐书·经籍志》云：“谱系以纪世族继序。”谱之为义大矣。夫万物本乎天，天[一]即物之祖也。人本乎祖，祖即人之天也。本天者亲天，本祖者敢忘祖乎？况今日之祖即先世之子孙为之，他日之祖即今世之子孙为之。不有谱以纪之，则今且难信，后将焉传？不有谱以联之则本之不敦，族将焉叙？予戚敬臣光口口切尊口口口口口口口[二]亟修家谱，问予梗概，考之《史记》《汉书》《三国志》《华阳国志》、新旧唐书《五代史》《明史概》《元史》及《四川通志》《云南志》《贵州通志》《大定府志》，平远、黔西郡志，《（续）[读]史方（隅）[舆]纪要》《天下郡国利病书》以及穆德、北陖、得初各家世谱共数十部书，参考而得其梗概。其误者必求其是，其讹者必求其真，其颠倒失次叙之使顺，其引用错乱归之于正，以数十年之考核而述于一旦，大非容易。然不通夷（书）【三】汉两书者，不知彝汉两音者，万不能考据得实。以夷书与史书合，夷音与汉音较，又知各家源流，方不走作。不然作谱者最难考，一不实即是冒认他人之祖矣，或以所祖为他人矣，或以昭穆而颠倒矣，故不可不慎，亦不可不求其真知灼见者为之，用是成谱不失其本真。敬臣此举非欲缵乃祖考，贻厥孙谋也哉。根深者实茂，源远者流长。长发其祥，永昌永炽。又将于此卜之。

时光绪十有六年岁次庚寅四月朔日

花翎同知直隶州姻侍生余昭[1]撰

[1] 余昭，（民国）《贵州通志·人物志五》：“余昭，字子懋，毕节诸生，入赀得翰林待诏，以军功擢同知。有《大山诗草》三集。”《叙永厅县合志》卷二七《人物·贤达》：“余昭，字子懋，又号大山，居叙永之水脑，为黔蜀毗连地。余氏之先故为元世，从龙彦异世，而后托地广远，雄长诸蛮，其势骎骎，峒瑶溪苗，概归属服。元末遂为宣抚土司，及我朝鄂文端尔泰改土归流，刑法赋役与为更，始懔懔奉职，等于齐民，然水潦虽居深山崇箐间，而余氏一门，恒殚心典籍，博雅好古，一洗山川之陋。昭季父家驹，字伯安，叙永廪生，作诗有奇气，传嬗赓续，至昭愈提倡风雅。妻安履贞亦能诗，益凿池垦园，莳花种松。其间，倡妍酬丽，初无虚日。昭弟字子仁，发逆之役，跆籍辚轹，人不有家。昭与子仁纠合乡团，与为抗拒，贼至莫敢逞。猪拱箐苗匪之役，战比有功，大吏屡保花翎同知，辞不就职。昭著有

《大山诗集》，履贞著《园灵阁诗集》，伯安亦有诗集，皆卓然可观，而大山诗尤为音节高亮，有明七子风，撷其优入艺文。”

余昭文武兼备，曾助朝廷猪拱箐平叛。《毕节县志稿》卷一七《艺文》录周煦《平猪拱箐苗夷纪略》：“有言苗夷皆土目佃户，使土目往诏当就抚。水脑土目余昭，自陈叛苗多以机阿克地上人，以机阿克虽绝，尚有女适昭。土目故事凡绝者，每推女婿管业，倘使昭往谕贼，或解散。有恒令余昭以字谕苗巢，苗回言果系推诚招抚，当见余昭面议。余昭入贼巢，往返三次，其议欲得以机阿克七甲半地给苗耕种，即以余昭为地主，需官给十月粮始下山，否则须饬各团民不得堵截，听诸苗大掠三月。有恒见贼无降心，始罢抚议。”余昭《平定猪拱箐苗匪始末记》也记录了这一过程：“或言苗夷多土目故佃，猪拱箐为以机阿克土目故地，其目虽绝，尚有一女嫁水脑土目候选知县余昭。昭素为苗夷所推重，可使来营听用。镇军飞檄调昭。七月昭至营，以字谕苗巢，晓以顺逆。苗以字不足凭，必令一见以取信。初在风顶山时，李军以降苗往谕，前后被杀，营弁皆为昭危。昭曰：‘不探穴，来何益？’遂与苗遇于海裔。苗曰：‘君果来也！’投戈戛颡，愿听命。越日，昭复亲率黑夷张七等入苗巢，往返三次，复命于领军曰：‘抚议殆不可也，彼谓下山耕种，必需口粮，既投则不可复掠，请给十月粮，昭弗许。又请掠三月民粮以济，而求以机阿克七甲半地为产，必以昭为地主。昭固非贪地土者，且三月之民又何辜乎？殆不可也。’方出巢时，有欲害昭者，赖有愿投之苏双保等数百人严备护出。”

校记

【一】原文为“本乎天₌即物”，改重文符号为天。

【二】原文残损，暂付缺。

【三】据上下文例，“书”字衍。

二、秉直重修谱序

我德实氏之由来远矣，自尧迄明四千余年，三代以还，有皇祖曰读慕[1]，于夷书所载，流衍可稽。爰推罗甸之王实始于汉，当是时世居闽中，一时邑长邑君自成封圻，自是而降乎齐、梁仍保东川，至济火公[2]暨乎主色始开基贵州而为水西。德实氏之祖传七十七世至阿佩公[3]，率属内附，唐武宗会昌间封为罗甸国王，因是得自王其子弟，迄五季时罔或异焉。八十四世至普贵，于宋乾德间诸王子入献方物，命为归德司，又嘉纳土之功，封为王爵，命为矩州刺史（原注：矩州即贵州也）。当之此之时，朝廷锡之印绶，宠绥至渥，由是九十二世至阿画[4]，元世祖诏为水西顺元安抚使，佩三珠虎符，泰定间以军功赐名帖木儿不花，加龙虎大将军，衔封资善大夫。当明之世，九十四【一】世至霭翠，仕元封四川左丞，八番顺元宣慰使。明洪武初升授贵州宣慰使，位居各宣慰之上，遗妻奢香用是立龙场九驿，进方物，一时金帛之赐，爵命之锡，殊恩极渥，御赐姓安氏有由来也。九十五【二】世至安的偕妻奢助每岁贡献，宠锡有加。数传百二世至贵荣，明武宗正德三年从征香炉山[5]，以功加贵州布政使参政，荣以老，请子万锺袭[6]，上命赐贵荣父子锦紵表里，宠眷不殊。锺卒，无嗣，以弟万镒袭，生子仁，幼，万铨辅之。是时，都匀、凯口之乱，巡抚汪珊[7]以兵三万讨之，三月不克，乃奏调万铨兵合剿，平之，提督伍文定为之请，加铨参政，赐蟒衣。[8]仁稍长，万铨致政，以其家财修城西阿东钜之路，司人名之曰千岁衢[9]。初，万铨生二子，长曰智，管织金、那威。智生国桢，袭土同知，桢生邦彦，仍袭土同知，肇兴那威，生武功而分八部、伯亨、糯东、德归、陇居各祖。信生国孝，孝生邦俊，俊生世[10]。时万镒之孙国亨之子疆臣、尧臣，尧臣生安位，无出，以万铨之元孙安世入继大宗焉。万铨者，济火公之四十六世孙也，以长君而逊姪，忠贞世笃，数抚幼君，史志载之详矣。今虽历世已远而我祖万铨公之明德实在。由安世一传至承宗，承宗传至坤公，崇祯间袭宣慰爵[11]，恭逢我朝世祖定鼎燕京，经略洪承畴率师平滇黔，至沅州为伪将军艾能奇等据守中路，师不得进，坤遣汉把曾经等投帐下，引王师由西路小径而入，克取贵阳。顺治十五年十月，进师取云南，滇、黔底定，功绩颇著。吴三桂疾焉，旋谋被害[12]，夫人避难母家（原注：乌蒙王府女），吴逆奸谋败露，王师南下即偕其子胜祖率属目助兵剿吴三桂，兼济兵食，平后蒙贝子王爷穆题奏，敕赠光禄寺少卿，封禄氏柔远夫人，而胜祖公以二十五年袭爵[13]，三十六年卒，无出。三十八年改土归流，在昔四十八部之嫡裔，支庶纷繁，而犹各长子孙以继其禋祀，食旧德服先畴，可无砥德砺行，思著文行，于清时建勳名，于盛时以嗣其美哉。至我太高祖廷侯公，肇兴八部曰雄书氏，一传而至高祖思典，高祖传之曾祖文德公，于嘉庆二年南隆苗叛（原注：南隆即新义府），公以武庠奉总督部堂勒威宁镇七札委随征，屡著功绩，旋加以五品军功顶带，赏赐牛酒花红匾额，颜其闾曰“勳懋茂干城”[14]，奉部议设土职以公设土守备，瞎土千总二员，土把总四员，外委六员，分头管理，弹压向化里村寨，宠锡之光，历历可述。传我祖正琳公，早殁，叔祖正兰公，文名早著，于道光壬辰年试叨列黉宫，亦早卒。十三年叔祖正裕公承袭土守备遗缺。至我父绍绪公以筹饷，议叙九品职衔。于咸丰四年遵义杨逆蜂起[15]，窜扰黔西、大定、毕节，渐抵平界，奉州主周札饬率部民昼夜轮防洪家渡一带河口，五年正月，协同官弁由洪家渡进剿，大克。官为详准晋副府，承袭先爵。二月又败贼于瓢儿井，四月安顺、镇宁等处狆匪猖獗，飞札复征。五月，公率所部丁练从邑侯周竹楼进剿，营于镇宁北关之老当山，屡战皆捷。二十七日，身先士卒战贼于大山哨马厂，众寡不敌，败北殿后，遂尽忠焉。州主申详大宪，题请加封招武都尉，准荫世袭。适甲子之变，家谱遗失，采集同族宗谱分别明晰，续而成之。犹幸源流安详，继序醇实，盖先泽之绵者远也。方今我国家政教雍熙，恩威布濩中外，所庇莫不饮和食德，凡我后世子孙当上体朝廷生成之泽，远溯祖宗缔造之艰，克俭克勤，勿荒勿怠，如瓜之瓞为绵，如椒之实为衍，世世统承，守兹弗替，是则我厚望也夫。

时光绪十有六年岁次庚寅孟秋中浣
之吉百一十三世孙秉直重修谨序

［1］读慕，彝族远祖之一，亦作“隆穆”“祝明”“主木”。文献译名用字不一，《彝族简史》译作“仲牟由”，《元史·地理志》译作“仲由蒙”或“仲牟由”：“阔州，下。州治密纳甸。古无城邑，乌蒙所居。昔仲由蒙之裔孙名科居此，因以名为部

号，后讹为阔。至三十七世孙㯼罗内附。至元九年，设千户。二十六年，改为州。”[①]“姜州，下。姜者蛮名也。乌蛮仲牟由之裔阿坛绛始居閟畔部，其孙阿罗仕大理国王高泰，是时会川有城曰龙纳，罗落蛮世居焉。阿罗挟高氏之势，攻拔之，遂以祖名曰绛部。宪宗时，随閟畔内附，因隶焉。至元八年，为落兰部酋建蒂所破。九年平之，遂隶会川，后属建昌。十五年，改为姜州。二十七年，复属閟畔部，后又属建昌。”[②]“会理州，下。州在会川府东南。唐时南诏属会川节度，地名昔陀。有蛮名阿坛绛，亦仲由蒙之遗种。其裔罗于则，得昔陀地居之，取祖名曰绛部，后强盛，尽有四州之地，号蒙歪。元宪宗八年，其孙亦芦内附，隶閟畔万户。至元四年，属落兰部。十三年，改隶会川路。十五年，置会理州，仍隶会川。二十七年，复属閟畔部。”[③]

《大明一统志》卷七二《东川军民府·建置沿革》：“地名东川甸，乌蛮仲牟由之裔閟弹得之，改曰那札那夷，属南诏。蒙世隆置东川郡。后，乌蛮閟畔盛，自号閟畔部。”《大明一统志》卷七二《乌蒙军民府·建置沿革》：“古为窦地甸，汉为牂牁郡地。唐时，乌蛮仲牟由之裔阿统者始迁窦地甸，至十一世孙乌蒙始强，号乌蒙部。宋封阿杓为乌蒙王，元初归附。”

云南称“笃慕吾”，贵州称“笃慕俄”，四川凉山称“居木武吾”。马学良的《笃慕吾与仲牟由——关于彝族祖名考源》从语音和翻译的角度进行论证：“彝祖名笃慕吾、仲牟由、仲磨由等实为同名，因不同音译造成的差别，翻译有一条通则，名从主人。但各语言的语音不同，译者在自己母语中没有的音，往往以近似音通假，尤其是翻译人名地名时多如此……彝语有六大方

① （明）宋濂等：《元史》卷六一，北京：中华书局，1976 年，第 1472 页。
② （明）宋濂等：《元史》卷六一，北京：中华书局，1976 年，第 1473 页。
③ （明）宋濂等：《元史》卷六一，北京：中华书局，1976 年，第 1475 页。

言，不同方言的语音差异较大，因此译音也就音出多门，而且不同译音多为名首部分，如译为仲、祝、居、笃等，显然都以各自音近或音似的方音代替较特殊的吐音，其余部分译为‘慕吾’‘牟由’‘木武’，由、吾、徭，多与u音同或近似，因各语言或方言m、u音较为普遍，如此可知译音分歧的原因。”①

关于笃慕所处时代，学界说法不一。易谋远在其所著《彝族史要》中列举六条理由，认为笃慕即春秋中期的蜀帝杜宇。②方国瑜认为渎母吾的年代在东汉晚年，希母遮约为公元前5世纪时期。③ 李绍明、余宏模则认为笃慕“极可能系周之末季战国时人”④。各家说法分歧严重，均未能提出令各方信服的证据。

［2］济火，亦作火济。国子监祭酒周洪谟明代成化年间所作《安氏家传序》：“其先有慕济济者，与普里部仡佬氏争为君长，迭有盛衰。其后有曰济济火，善抚其众，时闻诸葛公南征，通道积粮以迎武侯，武侯大悦，遂命为先锋，赞武侯以平南夷，擒纵孟获。及归，仡佬氏拓其境，上武侯封为罗甸国王。”⑤ 这是目前所见关于济火的最早记录。（弘治）《贵州图经新志》、（嘉靖）《贵州通志》、（万历）《贵州通志》均有济火的记载，可能皆本于周氏所作《安氏家传序》。田汝成《炎徼纪闻》卷三“奢香”条：“霭翠之先火济者，蜀汉时佐丞相诸葛亮刊山通道，擒孟获有功，封罗甸王。”同书卷三又说：“蜀汉时有火济者，

---

① 中央民族大学彝学研究所戴庆厦主编：《中国彝学》（第一辑），北京：民族出版社，1997年，第255—258页。

② 易谋远：《彝族史要》，北京：社会科学文献出版社，2000年，第378—407页。

③ 方国瑜：《彝族史稿》，成都：四川民族出版社，1984年，第177页。

④ 李绍明、余宏模：《关于东爨乌蛮诸部的语源问题》，《思想战线》1979年第4期。

⑤ 《安氏家传序》载于嘉靖《贵州通志》卷一一《艺文志》。据考证，《安氏家传序》作于成化十年八月至十二年十二月间。黄彰健：《明史贵州土司传记霭翠奢香事失实辨》，《大陆杂志》第68卷第2期。

从丞相亮破孟获有功，封罗甸国王，即今宣慰使安氏远祖也。”王士性《广志绎》卷五：“自蜀汉夷酋有火济者，从诸葛武侯征孟获有功，封罗甸国王，历唐、宋皆不失其土。”清代顾祖禹《读史方舆纪要》、爱必达《黔南识略》皆作济火，田雯作有《济火论》。

济火究竟是水西安氏谱系中的哪一位先祖，说法不一。余达父等学者认为济火即彝族六祖之一的慕齐齐之二十五世孙妥阿哲，方国瑜等学者则认为济火系慕齐齐之子。研究彝族历史的汉族学者多从方国瑜之说，而彝族本族学者则多从余达父之说。[①]陈英也认为，济火，实名火济，又作“火阿济”，是彝名“考万轩”（thv^{33} a^{33} nʣe^{31}）的译音，《西南彝志》译作“妥阿哲”。汉文方志所记主木（即笃慕）的二十六世孙“阿乍”，即为“万轩（阿哲）”的译音。[②]本谱从后说。

明清以来，济火故事基本被视为信史，史继忠曾对此故事提出质疑，他认为：第一，妥阿哲以前嫡长子继承制尚未确立，还不具备建立国家政权的条件。第二，蜀汉并无封王的惯例，虽“即其渠帅而用之”，但多封刺史之类官名。第三，罗甸国之名最早见于《新唐书》，而不见于唐代以前。第四，罗甸国归附元之后，改普定路，即今安顺地区，与“水西”无涉。第五，水西是默系阿哲家，罗甸是布系播勒家，支系不合。[③]“阿哲为蜀

---

① 余宏模：《济火碑与济火碑史实探证》，《贵州文物》1983年第2期。

② 国家民委《民族问题五种丛书》编辑委员会、《中国民族问题资料·档案集成》编辑委员会编：《中国民族问题资料·档案集成》（第5辑）、《中国少数民族社会历史调查资料丛刊》（第80卷）、《民族问题五种丛书》及其档案汇编，北京：中央民族大学出版社，2005年，第596页。

③ 史继忠：《明代水西的则溪制度》，贵州民族学院民族研究所印，第11、第22—23页。

汉时人的说法，难有可考的文献资料支持。”① 在周洪谟撰《安氏家传序》之前于天顺五年成书的《大明一统志》亦曾收录多位安氏先祖，但未提及济火。安氏祖先在天顺版《大明一统志》中有记载的，如普贵、阿画、霭翠，周洪谟在《安氏家传序》中予以注明，因此可知《大明一统志》并未涉及济火。四库本《明一统志》是后人在天顺版基础上修改而成的，基本维持原版面貌，依旧没有提及济火。

（弘治）《贵州图经新志》《安氏家传序》及后来的一些文献，一致明确安氏先祖济火助武侯南征。但目前发现、整理的彝文文献，尚无充分证据表明助武侯南征者究竟是安氏的哪一位先祖。尽管如此，水西安氏远祖蜀汉时曾接受中原朝廷的封赏当可信从。

[3] 阿佩，《新唐书》列传第一百四十七下《南蛮下·两爨蛮》：“昆明东九百里，即牂柯国也。兵数出，侵地数千里。元和八年，上表请尽归牂柯故地。开成元年，鬼主阿珮内属。会昌中，封其别帅为罗殿王，世袭爵。其后又封别帅为滇王，皆牂柯蛮也。”（弘治）《贵州图经新志》卷一《贵州宣慰司·建置沿革》：“开成元年，鬼主阿珮内属，会昌中封为罗甸王，遂以其地为罗甸国。”

[4] 阿画，《元史》有阿昼，无阿画。《元史》卷二六《仁宗本纪》延祐五年“五月辛酉朔，顺元等处军民宣抚使阿昼以洞蛮酋黑冲子子昌奉方物来觐”②。彝学专家及明清方志多作“阿画”，疑形似而讹。

---

① 街顺宝：《彝文文献中史料的年代问题》，林超民主编：《西南古籍研究》，云南大学出版社，2010 年，第 116 页。

② （明）宋濂等：《元史》卷二六《仁宗本纪》，北京：中华书局，1976 年，第 583 页。

［5］香炉山，在贵州凯里西北，地势险要，易守难攻。《明史贵州土司传·平越府》：“香炉山周回四十里，高数百寻，四面陡绝，其上平衍，向为叛苗巢穴。”顾炎武《肇域志·贵州》“都匀府清平县”：“香炉山，在县东三十里。盘桓两重，壁立千仞，形如香炉。苗蛮常据此山为险。”顾祖禹《读史方舆纪要》“都匀府清平县”：“香垆山县东三十里，壁立千仞，延袤三十余里。众山环列，若戈相向，盘亘三四重。鸟道悬崖而上，可容百万人。有瀵流一溪，沃畴千畎，聚落蜂屯，保以为奸。正统末，苗韦同烈者凭险旅拒于此，官军讨之，久而弗克。景泰三年，乃就抚。正德十二年，苗阿向等复据旧巢作乱，列栅数十里，积粟聚兵，结都黎、都兰、大漂、大坝、龙对诸苗相形援，诏湖贵合兵讨之。环列山下，弗克攻。侦知苗俗以长至日为岁朝，至其夜，架梯悬崖，直捣其巢，焚其寨栅，遂平之。因城香垆为官戍。嘉靖十三年，增拨清平卫中左所兵戍守。”周廷用《清平香炉山平苗记》：“清平东北四十里，有山曰香炉。巉岩岌嶪，高出万仞。诸山环列，若戈鋋相向，连亘三四层。攀缘鸟道而上，上能容百万人。”

［6］安万锺与安贵荣的关系，有父子和祖孙两种说法。田汝成《炎徼纪闻》云：“贵荣死，子万钧立。”而《续安氏家传序》云：“贵荣卒，孙万锺嗣，钦蒙敕赐鈒花金带。”（万历）《贵州通志》卷四《宣慰使司》：“贵荣故，孙万锺袭，被贼杀故，该弟万镒袭。”郭子章《黔记》卷五六《宣慰列传·宣慰安氏·安贵荣》：“贵荣故，孙万锺袭，被贼杀死，弟万镒袭，故，子仁幼，弟万铨袭。”我们认为，《续安氏家传序》从时间上最早，资料应当是安万铨提供并确认的，可信度最高。（万历）《贵州通志》记事止于安疆臣，所记可能是根据安疆臣提供给官府的履历供状。所以，我们认为安万锺是安贵荣的孙子，而不是儿子。

［7］汪珊，《明史》卷二〇八："珊，字德声，贵池人。正德六年进士。巡抚贵州时，讨都匀叛苗有功。"嘉靖元年七月上疏陈十渐，帝纳其说。《国榷》载，嘉靖十五年四月，"辛丑，起汪珊右副都御史，巡抚贵州"。其诗《游九华山》："峭壁削寒玉，奇观数九华。芙蓉清水萼，云锦远天霞。境绝鸟欲堕，岩空树未花。偶陪参大乘，莫谩餐胡麻。"① 道光《鄘州志》录其《修韩范祠记》。

［8］蟒衣，明代由皇帝特赐以示尊崇的服饰。明代服饰制度经洪武、永乐、弘治、嘉靖、万历几朝发展逐渐完备。文武职官品级与图案的对应为："文官一品仙鹤，二品锦鸡，三品孔雀，四品云雁，五品白鹇，六品鹭鸶，七品鸂鶒，八品黄鹂，九品鹌鹑；杂职练鹊；风宪官獬豸。武官一品、二品狮子，三品、四品虎豹，五品熊罴，六品、七品彪，八品犀牛，九品海马。"② 在规定的服饰之外，还有一类由皇帝特赏的赐服，如蟒衣、飞鱼衣、斗牛衣和麒麟服等。"蟒衣为象龙之服，与至尊所御袍相肖，但减一爪耳。"③ 因蟒酷似龙形，且其地位仅次于龙，皇帝赐蟒甚为慎重。《明史》《明实录》记载赐蟒衣的对象主要为宦官、有功大臣、属国首领及地方土司等。明代皇帝借赐蟒衣以笼络土司、酋长，巩固皇权。土司、酋长每每向皇帝乞赐蟒衣，或借以邀宠，或借以"镇服国人"，加强自己的统治。作为一种荣耀，赐蟒衣尤其是对西南少数民族首领，肯定要书之于史。安万铨乞赐蟒衣事在嘉靖十三年，《世宗嘉靖实录》卷一五八嘉靖十三年正月己酉："贵州土官宣慰使安万铨自陈攻伐，乞蟒衣升级。赐敕下礼部复言：'安万铨顷年颇效勤劳，所部安

① 吴汉卿、王裕典选注：《九华山诗选》，合肥：黄山书社，1985年。
② （清）张廷玉：《明史·舆服志》，北京：中华书局，1974年，第1638页。
③ （明）沈德符：《万历野获编》，北京：中华书局，1959年，第830页。

静，宜量加恩以慰土人之心。’上命赐以应得服色二表里。”世宗登基之初，诏云：“近来冒滥玉带，蟒龙、飞鱼、斗牛服色，皆庶官杂流并各处将领夤缘奏乞，今俱不许。武职卑官僭用公、侯服色者，亦禁绝之。”所以，安万铨乞赐蟒衣被拒，也是情理之中的。

［9］千岁衢，在贵州大方县城西南阿东钜。1545 年，明代贵州宣慰使安万铨捐银三百两，在陡峻的巉岩绝壁上开凿栈道一条，全长二千多米。千岁衢岩刻为彝汉文合璧，碑面高 176 厘米，宽 88 厘米。阴刻直书彝文，残存 6 行，311 字，面刻长 176 厘米，宽 22 厘米；阴刻汉文楷体直书，残存 14 行，行 27 字，可读者 283 字，面刻长 176 厘米，宽 66 厘米。下半部约 1/4 字迹漫漶。

易棐《新修千岁衢碑记》：阿东钜，乃城西险路，曲折如羊肠，陡峻如悬梯，虽剑阁栈道，不过如此，行者甚苦。昭勇将军葵轩公见而悯之，出白金三百余两，募夫修凿，砌石路六百二十丈有奇，坦若大道。工起于嘉靖乙巳岁七月壬午，告成于次年夏四月己未。喜今日往来之便，免昔日扳援之劳。过者相与仰天祈公寿，愿公千岁，因名之为千岁衢。公敬贤乐善，节用爱民，百废俱兴，忠孝仁让之美，闻于朝廷，显于制诰。至若青年致政，恬退林泉，尤人所罕能也。修路之举，其事虽细，抑亦善心之所发欤！为善获庆，不在厥躬，必在子孙矣。公名万铨，字天宠，葵轩其别号也。任贵州宣慰使司宣慰使，封昭勇将军。嘉靖丙午年四月吉日泐石，易棐撰文，梁永书文镌岩石。

彝文意译：勿阿纳为贤，妥阿哲称富，如高天鸿雁，治理于兹土。人才济济，如罢第羊群。阿基君长呢，他想了又说：古老的年代，修通大路嘛，钱财就来了。拥挤在落岂路上，密密麻麻的，教你眼花缭乱。极目观天下，拓土成片的，这不必说了。（残缺）慕格洛岂者，由此而得名。阿鲁有名言：修通了大路，能传播文明，百废俱兴。在洛岜坡修路行善事，行善则寿长，人都这样想。

我主闻之，慕格的岩前，有一条险路。修了这条路，龙君福运好，如日月照临。凡文武全臣和郎舅娘亲，都有福禄啊。

君长阿基倡修洛岜路，筹集他的财富，全族人拥戴，众亲戚相助。修路完工了，作文赞颂说：君长万世其昌，荣华长寿考。思……（残缺）

阿武仁一姓许。乙巳岁七月初二兴工，丙午岁四月初十黄道吉日，三百有口两，告成大功于明嘉靖二十五年……（残缺）[①]

[10] 安世，安邦之子，袭职在崇祯十年，不久身亡。《明经世文编》卷之四八七郑燮元《水西夷汉各目投诚措置事宜疏》："安铨子安智生安国祯，祯生长子安邦，邦生今卧这安世，见生长子安承宗。"[②]《水西安氏本末》："（崇祯十年四月）燮元及巡按御史冯晋卿亲至大方，相其形势，乃罢十二州及诸堡，乃令万铨之孙世袭职，世寻卒，子承宗袭宣慰使。"

江东之《瑞阳阿集》卷三《塞邪径疏》："安定三代含冤，神人共愤，三千人命，臣等不容立视其死，恳乞敕下兵部，查照先年安插安国贞事例，将国贞长子安邦仍居织金卧这地方，听其上班。……次子安定已杀，其妻霑氏，子凤鸣，系孤儿寡妇，安插着陇私庄。"[③] 郑燮元《水西夷汉各目投诚措置事宜疏》："万铨子安智生安国祯，祯生长子安邦。"[④]《族谱》仅记"（国桢）

---

① 马学良、陈英：《贵州彝族文物考》，载《文物》1982年，第4期。

② （明）陈子龙等：《明经世文编》第六册，北京：中华书局，1962年，第5370页。

③ （明）江东之：《瑞阳阿集》（内地版），四库存目丛书本，济南：齐鲁书社，1997年，第64页。

④ （明）陈子龙等：《明经世文编》第六册，北京：中华书局，1962年，第5370页上。

生子邦彦”，安邦、安定失载。《族谱》“罗甸安氏流衍图”记安世为安邦俊之子，误。结合相关史料，梳理其世系如下：

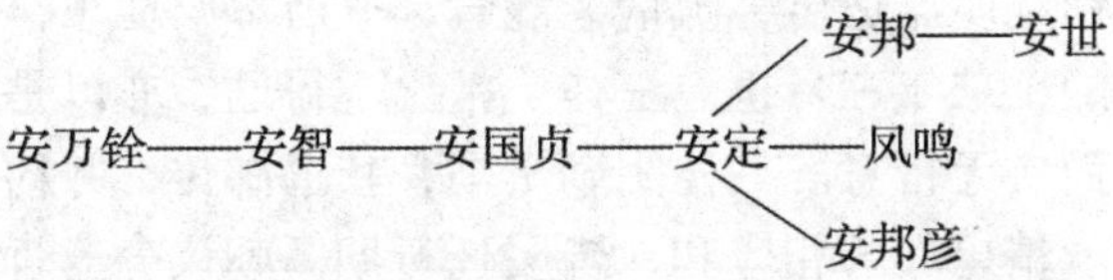

［11］安坤袭职并非崇祯间。《思文大纪》卷六：“（隆武二年四月）监军御史陈荩疏报‘西彝纳款’。上曰：‘安承宗既悔祸投诚，面订输赋青田，通道走驿，又勤献方物，准赐与府名曰□□，并颁给印信以宠之。’”① 《东南纪事》卷一：“（顺治三年四月）赐西夷安承宗府名颁印，以劝来降者。”② 《水西安氏本末》：“世寻卒，子承宗袭宣慰使……永明时，加承宗御营都督。卒，子坤袭，永明王加光禄寺少卿。”安坤是安承宗的儿子，其袭职不可能早于1646年。

［12］吴逆指吴三桂。赵翼《平定三藩述略》云：“吴三桂，山海卫人，明末为总兵官，镇山海关，闻京师陷，乞兵于我朝。适睿亲王多尔衮兵至翁后，遂降于军前，封平西王……随大兵入关。三桂西追流贼入蜀。顺治六年，进封可喜平南王，仲明靖南王……故平西、平南、靖南，世称三藩。三藩中，三桂功最多，随大兵定蜀定滇，取永明王于缅甸，平水西安氏，皆与有劳，故恩礼独隆，进封亲王，令统所部留镇滇黔，所属文武官听自选用，又擢其将王辅臣为陕西提督，李本深为贵州提督，吴之茂为四川总兵，马宝为云南总兵。三桂镇滇久，僭拟踰制，渐蓄异

① （明）陈燕翼：《思文大纪》，台湾文献史料丛刊本，台湾大通书局，1987年，第117页。

② （清）邵廷采：《东南纪事》，台湾文献史料丛刊本，台湾大通书局，1987年，第16页。

志，日骄蹇……仁皇帝以三桂、可喜宣力有年，年皆老，且三藩分布半天下，将成唐室方镇之势，非久安计，欲命释兵还朝，以全终始，销乱萌。适可喜疏请乞骸骨，率所部归辽东，乃特允其请。此康熙十二年三月也。三桂、精忠不得已，亦以是年七月疏请撤兵，而实无行意。三桂阴勒士马，禁遏邮传，并约结部将之在他省者。精忠亦与相应和，皆屡迁行期。朝议分遣哲勒肯、陈一炳、梁清标赴诸蕃与筹撤兵后事宜，且趣之行。于是十一月二十一日，三桂遂发兵反，杀巡抚朱国治，自称'天下都招兵马大元帅'，以明年为周元年，伪号昭武。"水西地势险要，矿藏丰富，彝族兵众善战，吴三桂欲扩大自己势力，势必极尽征伐之能事，据为自己的地盘。《东华录》："（顺治十七年）八月辛亥，平西王吴三桂奏：贵州水西土司安坤，久蓄异谋，近闻刑牲祭鬼，将为不轨。又马乃土目龙吉兆兄弟，私受李定国伪敕，缮械称兵，逆形已彰。臣念水西、马乃为用兵要路，未可容其窥伺梗阻。臣欲为先发制人之策，乘其未动，早为剿平，以清肘腋之患。又乌撒土司安重圣，亦反侧叵测，所当并图收拾，以伸国威。得旨：议政王贝勒大臣密议速奏。寻议：'应如所请，相机歼剿。'从之。""（康熙三年）三桂奏：'总兵官李世耀等十一月自乌蒙进征水西。安坤悉众来拒，我兵大破之于波罗箐，追至法地屯，擒安坤，蛮方大定。'"

［13］安胜祖袭职时间说法不一。《清史稿·列传三百二·土司四》："水西宣慰司：康熙三年，吴三桂灭安坤，改设四府。二十一年十二月，谕大学士曰：'吴三桂未叛时，征讨水西，曾灭土司安坤，其妻禄氏奔於乌蒙，后生子安世宗。朕观平越、黔西、威宁、大定四府原属苗蛮，以土司专辖，方为至便。大兵进取云南，禄氏曾前接济，著有勤劳，仍复设宣慰使，令世宗承袭。'四十年，总督王继文以土司安世宗为吏民之害，仍请停袭，地方归流官管辖。"《水西安氏本末》："（康熙）二十二年

三月，上特命兵部侍郎库勒纳至贵州察议土司事宜……十二月，库勒纳会同云贵总督蔡毓荣上疏曰：平远、大定、黔西旧为水西安坤所辖……安胜祖宜去乌撒土知府衔，不得擅预军民事，所有水西宣慰使，仍以胜祖承袭，上允之。”《黔中杂记》则谓“康熙二十三年，朝廷念捐米功，授胜祖宣慰司衔，阿五六品长官司衔”，当以二十一年十二月朝廷准安胜祖袭职为准。

《清实录·圣祖实录》卷一九〇：“康熙三十七年十月甲寅，兵部复议从云贵总督王继文疏请：贵州水西宣慰使安胜祖病故，承袭无人，将宣慰停袭。其水西土司所属地方，改归大定、平远、黔西三州流管管辖。”

［14］“勲懋茂干城”在安文德家传中作“勳茂干城”。懋、茂一字异书，当作“勳茂干城”或“勳懋干城”。

［15］杨逆即杨凤，又名杨隆洗，亦作杨龙喜。《播变纪略》：“（咸丰四年）闰八月朔，贼杨凤叛桐梓，贼陈寿、李时荣并起应之。凤又名龙喜，桐梓九坝人，身颀而长，少狡猾，为诸贼魁，尝充役于县。一日有妖道谓之曰：‘吾阅人多矣，未有如公者，公殆真天子乎。’凤大惊，谢不敢。妖道曰：‘自古帝王皆起匹夫，公诚有心，吾助之，天下不难定也。’凤又虑众不附。妖道曰：‘吾已求得苏氏子，颇有福相，公于所亲扬言真主出世，能拜旗起立，得对众试之，其事集矣。’凤于是与所熟巨盗陈寿、李时荣谋试之，果然。寿等皆呼万岁。遂奉苏氏子，称江汉元年。刻木为印，方广各四寸，曰‘别有天号’。凤自封伪元帅，寿伪十霸王，时荣伪七王，尊其父伪太上皇。阴纠亡命，日夜造刀剑矛戟。凤与同役熊升有怨，思首劫升寝处焉。升闻，发其事于温水。经历口口以妖道事闻府，府令吏查之，则以无事反白。凤遂伪示榜桐民，署衔‘开国大元帅’，更‘九坝’名

‘赛波府’。”①

校记

【一】原文为“四$_{下}$十九$_{上}$”，“四”与“九”互乙，当为九十四。

【二】原文为“五$_{下}$十九$_{上}$”，“五”与“九”互乙，当为九十五。

第二节 旧谱题词跋语

一、吴永辅题词

安氏将军济火之子孙，于今为士为儒门。铁券虎符虽已矣，累叶忠勳今尚存。雄书世代称豪杰，文采风流殊夐绝继不忘孝子思[一]，绘图披籍求祖烈（原注：旧谱名曰先徽图，绘有真像）。君家祖烈正非轻，由汉而唐及有明。千百余年褒锡重，四十八部翼戴贞。卓哉坤配更奇特，姑妇朝天[1]袭守职。一声豪气忍须眉，无忝夫人封耐德[2]（原注：梅公曰：正妻曰耐德，非耐德所生者不许承袭）。褒公鄂公取次猜，赤胆忠心生面开（原注：凌烟阁图画功臣，鄂国公尉迟敬德第七，褒国忠庄公段志贤第十）。画工韩幹推前辈（原注：名

① 参见《近代史资料》1958 年第 3 期。

画记韩幹善貌写古今人物。杜诗有云：画手推前辈），蝌蚪文章手自裁（原注：安氏旧谱有彝书字汇，蒙古吉士手续完之）。我阅水西谱牒图，汗简当年信不诬。服尔先畴绳乃祖，从知泸水有神驹。

嘉庆辛酉秋七月

敬堂吴永辅[3]

［1］姑妇，即婆媳。朝天，朝见天子。姑妇朝天，指明代洪武年间奢香和子妇奢助朝见太祖朱元璋。（弘治）《贵州图经新志》卷三“列女”：“奢香，宣慰使霭翠妻也。洪武初相其夫输忠（卒）［率］土归附，贡马万匹，亡几，霭翠卒，其下有欲挟之作乱者，奢香不从，朝廷知之，喻使入见，奢香乃赴京。太祖高皇帝嘉其诚款，命中官引入内宫见太后，与语，大悦，赐珠冠殿花金带并彩缎筵宴，复颁诰封贤德夫人而归。”同卷“刘氏”条：“宣慰使宋诚母也。洪武间，地方初附，民物调瘵，累岁逋赋而有司催科不少假贷，民不堪命。刘氏躬至京师，以其情闻，免之。且命宴于谨身殿，复有珠冠金带彩缎白金楮镪之赐。时水西土官妻奢香为帅臣所挫，其下有欲扶之为乱者，上命刘氏召之。刘氏归奉宣慰意，奢香即偕子妇奢助因刘氏之京，纳款，地方以安，皆刘氏之功也。”《明实录·太祖实录》卷二二二洪武二十五年十月庚申：“水西宣慰使奢香遣其子妇奢助及其把事头目允则、陇住等来朝，贡马谢恩。诏赐奢香银四百两，锦绮各十疋，钞五十锭；奢助、允则、陇住等锦绮钞有差。”

［2］耐德，也作“尼德”“乃叶”“买待”。元人李京《云南志略》说：“正妻曰耐德，非耐德所生不得继父之位。若耐德无子，或有未及娶而死者，则为娶妻，诸人皆得为乱，有所生则为已死之男女。如酋长无嗣，则立妻女为酋长。”檀萃《滇海虞

衡志》卷一三："其部长正妻曰耐德，非所生不得继职。耐德无子或子早夭，始及庶出。无嗣，则立妻女。"《百苗图》云："正妻称'耐德'，编发为髻，用青布帕蒙之，多以银丝花贴额，耳垂大环。拖长裙三十六幅。其子非耐德所生，不得立嗣，如子幼，不能主事，即耐德为土官，代理土务。"① 舒位《黔苗竹枝词》："锦缎招魂野色宽，精夫红葬骨难寒；未妨月没教星替，梅额新加耐德官。"原文注："其酋死，则以锦缎裹尸，焚于野，子幼不能嗣，则妻为女官。"新中国成立前，彝族贵族男子可以娶三妻四妾，正妻曰"耐德"，次妻叫"买鸠"，妾称"买勒"或"买尼"。所谓"耐德"，即彝族对正妻的称呼"骂逗"一词之音译。"骂"（耐，古读那）即妻子，"逗"（德）即重叠。"骂逗"即重叠的妻子。彝族男子只有一妻者，其妻并不称"耐德"，有二妻（或妾）以上者，对正妻才称"耐德"。②

［3］《兴义府志》卷四七"职官表"：吴永辅，平远人，（嘉庆）五十九年任南笼府训导，有传。《道光平远州志》卷一一"选举"：吴永辅，乾隆五十四年任贵阳府教授。《兴义府志·名宦传》"金淳白象乾吴永辅附"：金淳，字惕庵，杭州人，嘉庆初官亦资孔驿丞，署南笼经历，事多善政，得士民心。嘉庆二年正月五日，狆苗反，知府曹廷奎触楹死，淳召把总杨文海等毅然曰："事急矣，太守死，郡城又无邑令，守城淳责也。淳誓以死守，城存与存，城亡与亡，愿诸君共矢忠荩，助淳守危城保生灵，答圣主。"入召妻及一子三女，结五缳于屋梁，与决曰："此去登城守义不反顾矣。幸而济如天之福，不幸而城陷，悉投缳毋遗忠魂羞。"皆曰："诺。"乃出与文海等巡城，议守御策。

① 李汉林：《百苗图校释》，贵阳：贵州民族出版社，2001 年，第 242 页。

② 普珍编：《彝文化和楚文化的关联》，昆明：云南人民出版社，2001 年，第 34 页。

时夜将半，遥望苗将薄城，而郡城将卒已调征铜仁苗，留城兵仅百名，淳计周守城堞须兵千二百有奇，兵少不能遍守，乃出奇计，燃香散插城堞，苗遥见以为燃炮之绳火也，疑兵足惧不敢攻。平旦薄城，则淳已幕义勇遍守矣。淳又令文海等搜城中粟，得三千石有奇，备兵食，出库银三千两，附以绅民助银千两，广商助银二千两备缓急。诸生周琛请以其山木供薪，从之。食饷筹定，淳令官绅义勇分守各门。北门至东门文海等守之；东门至龙井，训导吴永辅、外委徐广元等守之；龙井至南门，诸生邢思孔等守之；南门至大西门，教授白象乾、外委王元礼等守之；大西门至小西门，勇士张云吉、贡生张维世等守之；小西门至北门，郡绅张运崑等守之；城东北隅有平远大炮勇士赵申等守之；南门居一城最高处，淳自与武举人杨德荣等守之，而望城中以时策应，又令郡人郭怀仁等主支发银米事，文海、国珍等主召募义勇事，部署定，已漏下十二刻。苗数千攻北门至濠者三，皆伏兵击却之。苗束柴为炬火光如昼，城上望见逆首王囊仙张五色伞持白羽扇，左右环立，或画符或诵咒，壮士舞标枪冲杀，城上发炮击之。苗能禁炮，炮闭无声，药子不出，淳知为妖术所厌，乃以黑犬乌鸡血衅之，炮震苗始却。初城中丧知府，流寓士民咸欲缒城逃，已而苗掘寓人墓，妇女多被污辱，乃愤不出城咸出资助守，而淳又以时拊循激励之，故守益坚，淳忧城中无业，饥民为内应，复设厂施粥以聚之而弭其变。于是，苗屡攻不克，而淳令兵勇时出突战，勇士张运吉善射，罗天申、唐绍基善刀矛，逾数日辄出斩苗首。二月十四日，淳又命文海选壮士数百，五鼓出战，斩逆首王仙姑于东门桥，馘三百余级，生擒十余人，贼势稍原蹙。淳竭尽心力，露宿城上，凡死守六阅月而云贵总督勒保援师始至。围解事平，纯皇帝嘉淳等功，赐府名曰兴义，御制诗褒美，中有句云“守者劳非苟”，盖美淳也。淳以守城功升平越知州，署大定府事，后卒于贵阳。助守城之教授白象乾、训导吴永辅效功并升知县，卒。把总杨文海，别有传。

校记

【一】此句疑脱字。

二、张观国题词

左氏载范宣子言曰：昔匄之祖，虞以上为唐虞氏，夏为御龙氏，商为豕韦氏，周为唐杜氏，晋主盟为范氏，盖以此当（人）【一】古人不朽[1]之义以夸客也。然更历朝垂千余年胙土命氏，自古为难，不然如籍氏之忘其祖，此又何说焉？阅《黔志》知所谓济火者即安氏远祖也，自普露以下逮女官，载明宗图，并历朝史志悉收入焉。其渊源与范略同，而忠勳过之，以此昭兹来许，则家乘可传，先烈可铭，孝思可则，不朽之业在是矣。后世子孙睹此而扬其芳，则所谓斯爱斯传者又岂有既耶！

嘉庆辛酉年秋七月下浣[2]

西岩子敔张观国[3]题

[1] 语出《左传》。《左传·襄公二十四年》："二十四年春，穆叔如晋。范宣子逆之，问焉，曰：'古人有言曰"死而不朽"，何谓也?'"穆叔未对。宣子曰："昔匄之祖，自虞以上为陶唐氏，在夏为御龙氏，在商为豕韦氏，在周为唐杜氏，晋主夏

盟为范氏，其是之谓乎？”穆叔曰：“以豹所闻，此之谓世禄，非不朽也。鲁有先大夫曰臧文仲，既没，其言立，其是之谓乎！豹闻之，‘太上有立德，其次有立功，其次有立言’，虽久不废，此之谓三不朽。若夫保姓受氏，以守宗祊，世不绝祀，无国无之，禄之大者，不可谓不朽。”

［2］下澣，亦作“下浣”。唐、宋官员行旬休，在官九日，休息一日。休息日多行浣洗。下澣，即为官逢下旬的休息日，亦指农历每月的下旬。明杨慎《丹铅总录·时序》：“俗以上澣、中澣、下澣为上旬、中旬、下旬，盖本唐制十日一休沐。”

［3］（道光）《平远州志》卷一一“选举”：张观国，乾隆甲寅科举人，任湖北京山县知县。（道光）《平远县志》卷一四“孝义”：京山县令张观国博学能文，尤敦孝友，与兄居不分爨。自通籍出仕，凡所余廉俸悉资家用，延师教子侄，数十年间，家庭雍雍如也。其于人推诚相与，乖戾悉泯，人每乐瞻，德仪为令，时以廉名，宗族俱有所资，年七十二卒于官。（民国）《贵州通志》“人物志”：张观国，平远人，乾隆五十九年举于乡，官京山知县有廉名，年七十二卒于官。为人性孝友，事父母爱敬兼备，与兄同居，自童龀至白首无违言。居官所余廉俸不以自私，惟以分宗谱课子弟而已，人以此称之。《京山县志》卷九“名宦列传”：张观国，贵州举人，以教官任满升京山知县，道光十二年履任。乡民有送窃匪者，曰：尔饥寒所迫耶。辄予之钱，自行生理，而民不劝，窃案愈多。所谓“爱克厥威，允罔功”者，然究不失为长厚官。《仁怀直隶厅志》卷八“职官志”：张观国，平远州人，乾隆甲寅恩科举人，嘉庆十七年任。监修内泮、圜桥。道光六年升贵阳府教授。①

---

① 仁怀政协学习文卫委编：《仁怀文献辑存》，北京：中国文史出版社，2009 年。

校记

【一】原文为“当人$_{\text{三}}$古”，“人”字衍。

附录

募修流沙岩小引

张观国

岩以沙名，志虚也。而路出乎其间，往来行旅皆艰之，然使路不临河，即临河且非崩岩陡壁，尚有携持之处，如古人攀藤附葛，可以缘而上下焉，犹不险也，流沙岩绝不类是。但又闻之，蜀山多险，如五丁所开，剑客所铭，凡所谓天险不可升，地险山川邱陵者，皆以人力通其往来，则险者平之，虚者实之，殆非断不能为之数也。

凡事不能为者，前人必难以开其先，后人亦惟谨守其旧，如岩前所临大江，逆流而上至二郎滩，而舟不能进，必取道金竹岭，此莫可如何之势也。流沙岩虽云虚险，而有一线蹊径，故前人因修沿河一带，下至土城，上抵茅台，中间如观音岩，三阿椿等地，其险皆与流沙岩相峙，而相其山势，因其地宜，亦既一一而经始之，沙虽流溪不致为虑，惟是谋其始，必思有以图厥终。践此虚极之地，不置随时修理之资，则沙积而路阻，路阻而人仍不能行，偶一失足，性命以之，无怪经过者不寒而栗，而欷歔嗟悼也。

厅属向系蚕丛，而古称惊鹤愁猿，百步九折者，未必在此。且流沙相距，不过里许，有沙之虚，亦有石之固，惟日久未理，以致难行。有人起而经理之，则畏途即坦途矣。郡中水深民富，都人士皆各向义，更有欲首其事者，因聚而相商，结万众之因缘，成百年之善果，鸠工凿石，开挖修补，并思善后事宜有余，则又相其紧要险地培补之，真善举也。以此相劝，应为诸好善者所乐从，至于路皆沿河，必使寸步康庄，车马任其往来，尚有待于后之君子。是为引。

三、花杰题词

嘉庆十有八年癸酉，杰方奔归星里，适安氏昆仲过访，携家谱见示。盖其先世自汉、唐、宋、元、明，迄我国朝，均有武功，世居西袭职。杰与昆仲为贵横舍友，且其木水之思亦不可没，书此识获观之由。至于表扬远烈，则前代史、黔省志已备详矣，夫何赘。

贵筑花杰[1]识

[1]（民国）《贵州通志》“人物志”录《贵阳府志》《黔风演》《黔诗记事后编》及《访册》等文献谓：花杰，字建标，一字晓亭，贵筑人，中嘉庆四年姚文田榜进士，选庶吉士，散馆，改主事，以大学士朱珪奏仍留馆授编修，擢陕西道监察御史。十一年充广东考官，九年、十三年、二十四年俱充顺天乡试同考官，迁礼科给事中，以言事镌级历官刑部郎中，出为重庆知府，擢盐法道，升直隶按察使办鳌马边夷务，赏戴花矜翎，历广西福建布政使，护理广西巡抚，调江西布政使，卒于官。杰官御日，史与蜀人胡大成皆号为敢言之士，然其奏章多自焚，不以示人，故不传于世。子咏春，嘉庆二十四年进士，改庶吉士，掌河南道盐察御史，出为沂州知府。谦春，道光十三年进士，选庶吉士，改刑部主事。讷春，候选主事。

杰，一字蒨士。外和而内介，在官一意报称，廉公自持，绝无阿狥，人莫不敬而惮之，所作诗肖其为人，风流秀赏中翘然绝俗，而时露严劲之气，惜不可多得。

晓亭居谏垣号为敢言，时人比之殿上虎，以劾戴衢亨文端徇庇芦尚查有圻及读卷舞弊罢官。文端为睿朝亲信大臣，天下壮之。闻晓亭具疏劾文端，时入东华门，途遇文端，文端曰："今日花给谏有何封事？"晓亭曰："乃劾公也。"其伉爽如此。有《宝研斋诗钞》四卷。

杰之文词，尝与张船山、吴山尊、严匡山、白小山、宋芷湾、鲍觉生游，所为诗歌传诵一时。又捐赀建贡院号舍，嘉惠士林，年至六十卒。

附录

凌惕安之花杰传

花杰，字建标，一字晓亭，又号蒨士。嘉庆戊午科举人，联捷成进士，选翰林院庶吉士，散馆改主事，以大学士朱珪重其才奏仍留馆，旋授编修，擢陕西道监察御史。甲子充顺天乡试同考官。丁卯充广东乡试正考官，选礼科给事中。戊辰再充顺天乡试同考官。己巳以言事镌级。辛未给吏部奏请对品捐复郎中。次年选授刑部安徽司郎中。旋丁父忧回籍，巡抚景敏延修贵州通志。服阕复入京，选刑部浙江司郎中，总办秋审事宜。己卯三充顺天乡试同考官。俸满记名，以繁缺知府用。庚辰简放四川重庆府知府。道光甲申调任成都府知府，升盐茶道。己丑升授直隶按察使，署布政使。辛卯随扈春围，调四川按察使。癸巳会同四川提督杨芳办理越嶲马边军务，戴花翎，升授福建布政使。甲午入觐，以越南有警，特调广西布政使。丙申护理巡抚，兼代学政。丁酉调江西布政使，卒于官。当官御史时，与蜀人胡大成皆号为敢言。杰尤謇謇谔谔。持正不阿，气骨嶙峋，风峻峻迈，直声震天下，风纪为之一肃。时人谓之"殿上虎"，又或称曰"花老虎”。参会试总裁戴衢亨状元洪莹一事，尤为朝野所艳称。再蹶再起，不以险夷易操守。奏章上后，即自焚稿，不以示人，故不传于世。丁忧回籍，纂辑省志，体例完密，乡邦文献赖以不坠。又捐资增建贡院号舍，以嘉惠士林，时谓之花家号。总办秋审事务，慎重详明，勿枉勿纵，众咸敬服。迨一麾出守，大为历任总督蒋攸铦等所倚重，数与特荐，特升四川盐茶道。川省私枭充斥，完课不前。杰竭力整顿，日有起色。按察直隶，平反冀州人朱学武京控张大白强奸毙命一案，得议叙。越嶲马边军务除暴安良，民赖以安。越南瑶匪农文云之役，关系边防尤为劳瘁。到江西任后，以赣省连年荒欠，钱漕课税，民欠累积，州县难于催科。杰方妥为筹办，期裕国帑而厚民生，遽以疾卒，年六十岁。生平尤长于文学，尝与张船山、吴山尊、严匡山、白小山、宋芷湾、鲍觉生游，出其绪余，驰骋迭荡，一发于诗歌。又本工书，当世重其节慨，逾重其书，尺缣寸楮人争宝之。教子极严，子亦能世其家。雅善韬晦，奏稿既不以示人，而从政之大者亦不留牍。其《宝砚斋诗抄》则其子咏春所汇刊者也。后生小子仅得于兴寄之余稍窥襟抱，惜哉！①

四、史世光题词

我读黔志及国史，安氏渊源俱堪指。上下古今数千年，雄长西南恢赐履。今披图册颠末呈，鸟迹虫书极纵横。当年丰功与骇烈，标题曾向名公卿。屈子远托高阳

① 凌惕安：《清代贵州名贤像传》（第一集），明文书局清代传记丛刊（综录类），明文书局，1985 年。

裔，数典不忘重谱系。兹看绘像与鸿文，本支分明传百世。诸葛武侯昔南征，济火输诚助王师。积粮通道靖荒服，功封罗甸镇群夷。唐有阿珮宋普贵，元有阿画明霭翠。累世（承）【一】相承建奇勳，奄有爵土罔或坠。英雄还出巾帼中，奢香奢助矢孤忠。龙场九驿（贡）（道）【二】通贡道，赐姓锡封宠命隆。国朝命征艾刘贼[1]，坤公从军昭大节。旋遭飞语竟捐躯，吴逆授首冤始雪。胜祖继袭宣慰司，一一配亨名宦祠。世职今虽（世）【三】已久替，子姓犹尚衍边陲。宣子昔日欲夸客，御龙豕韦溯先泽。今之谱牒有明征，更有功业光简册。君世系不可当，或封诸侯或封王。或佩虎符拥节钺，或锡铁券并银章。罗施深兮龙山峻，四十八部[2]皆忠顺。宜有贤豪生于斯，文笔鸣凤翔千仞。今逢盛世享昇平，安氏子孙半儒生。霞蔚云蒸多国士，克绳祖武振家声。

道光己丑孟秋朔

毕阳史世光[3]识

[1] 艾、刘贼，指艾能奇、刘文秀。艾能奇（？—1648）亦作艾云枝、艾奇能，明末张献忠义子，以勇猛著称，与孙可望、刘文秀、李定国并称“四将军”。大顺元年（1644）封定北将军。献忠称帝后，封定北王。永历元年（1647）进攻东川（今云南会泽），进至距东川府三十里处，遭遇当地土司禄万钟的埋伏，中毒箭，不治身亡。《滇云历年传》卷一〇：“（顺治）五年戊子五月，流寇艾能奇死。”① 《李定国纪年》顺治四年，

① （清）倪蜕辑，李埏校点：《滇云历年传》，昆明：云南大学出版社，1992年，第501页。

“可望命艾能奇讨东川禄万钟，东川设备已久，且道路崎岖，禄万钟选弓弩手伏路侧林密处，箭镞尽涂以毒药，能奇领兵人，将至东川，尚离三十余里，不防伏弩齐发，带伤者甚众，能奇中箭死，遂罢征。能奇之丧，可望发兵送，民间老幼，尽往吊焉”①。

刘文秀，陕西延安人，明末张献忠义子。早年追随张献忠，崇祯十七年大西国建立后，受封为抚南将军，与孙可望、李定国、艾能奇合称为四将军。《滇云历年传》卷一〇评价刘文秀曰：“文秀仪度温雅，柔和谨慎。入滇之初，曾屠武定，心甚悔之。自后不妄杀一人，非可以同时流寇一例而观。盖古如张全义，亦起黄巾，面雍容和雅，有君子之风。刘文秀虽无政绩可见，乃庶几近之矣。”②

（康熙）《贵州通志》卷三〇闫兴邦《黔苗叛服本末》附《平水西》：“皇清顺治十五年，经略洪承畴率师平滇黔。二月，至沅州，时伪将军艾能奇、刘文秀等据守中路，师不得进，经略洪乃遣使招坤，许以如阿画、霭翠故事，坤大喜，随遣汉把曾经、熊彦圣二人缴印投诚。二人即引大兵由西路小径而进，势如破竹。”《滇黔志略》所记与（康熙）《贵州通志》同。然据《滇云历年传》，顺治十五年艾能奇已然亡故十年矣。

王鸿绪《明史稿》载，顺治十五年“四月，刘文秀卒”。③《西南纪事》卷一〇《刘文秀》：“丁酉夏四月二十四日，文秀薨。”④ 其时，艾能奇、刘文秀非据守中路之人，明矣。《滇黔志略》与（康熙）《贵州通志》疏略如此，本谱承其讹。

---

① 郭影秋：《李定国纪年》，北京：中国人民大学出版社，2006 年，第 76－77 页。

② （清）倪蜕辑，李埏校点：《滇云历年传》，昆明：云南大学出版社，1992 年，第 515 页。

③ （清）王崧编纂：《云南备征志》，昆明：云南人民出版社，2010 年，第 773 页。

④ （清）邵廷采著：《西南纪事》，台湾文献史料丛刊本，台湾大通书局，1987 年，第 110 页。

［2］四十八部，亦作四十八族，四十八目，皆为安氏宗亲。四十八部之说，由来已久。（弘治）《贵州图经新志》卷一“建制沿革”：“宣慰安氏亲领夷罗民四十八部，谓部长曰头目。”《明史·贵州土司传》：“初，安氏世居水西，管苗民四十八族，宋氏世居贵州城侧，管水东、贵竹等十长官司，皆设治所于城内，衔列左右。”四十八部名称，据《黔南识略》卷二四：“至于安氏从前所设之四十八目，在府亲辖境内者十有五：曰阿武，曰阿户，曰化沙，曰归宗，曰察革喇，曰务卜底，曰杓佐，曰补露，曰以腻，曰总机，曰以支，曰以列，曰得初，曰黑拱，曰罗氏。其在府属及水东者三十有三：曰以个，曰熊胯，曰得素，曰阿卦，曰黑胯，曰阿戈，曰龙耳，曰龙夜，曰遮勒，曰化那，曰底飞，曰租你架，曰陇胯，曰以马，曰阿世卧，曰丙列，曰纳虎，曰密受，曰阿底，曰糯腻，曰者代，曰郎白，曰巴架，曰阿乌迷，曰阿个，曰扒瓦，曰阿坦，曰巴底，曰阔波，曰纳额，曰归集，曰内露。今皆徒袭虚名而已。”

［3］（同治）《毕节县志稿》卷一三“选举”：“史世光，道光十五年乙未科举人，毕节增生，官荔波训导。”咸丰八年正月“荔波县教谕史世光及绅民妇女曹登相百余人，皆不屈死之”。

校记

【一】原文为“承$_{三}$”，“承”字衍。

【二】原文为“贡$_{三}$道$_{三}$”，“贡道”衍。

【三】“今虽世”，依文例“世”字疑衍。

五、谢佳霖题词

当年武侯南征日，曾闻济火实佐军。济火未受汉家檄，一腔忠荩何勤勤。以此论功得锡爵，西南一带赖锁鑰。历唐而宋而元明，代有褒封注纶阁[1]。奇哉更有女夫人，朝天奏对称枫宸。乾刚坤顺齐合德，家世传来奕禩新。问是谁为安氏裔，不道即我芝兰契[2]。阁典不忘旧云礽[3]，勤求祖烈思序继。绘成一册如生图，(衣)【一】冠裳藻采绶拖珠。旁求史传征其（取）【二】后，次披繙洵不诬【三】。不羡尔是故勳家，爱尔孝思蔑以加。往者已过来使续，岂徒认取眼前花。

谢佳霖[4]题

［1］纶阁，中书省的代称，为代皇帝撰拟制诰之处。语出《晋书·王湛王承等传论》："或寄重文昌，允釐於衮职；或任华纶阁，密勿於王言。"《初学记》卷一一："又中书职掌纶诰，前代词人，因谓纶阁。"

［2］芝兰，指芷和兰，"芝"通"芷"。《荀子·王制》："其民之亲我欢若父母，好我芳若芝兰。"芝兰"生于森林，不以无人而不芳"，后来比喻君子美德，又比作优秀子弟，称颂他人子孙昌盛。

［3］云礽，亦作"云仍"。《尔雅·释亲》："昜孙之子为仍孙，仍孙之子为云孙。"郭璞注："言轻远如浮云。"宋范成大《次诸葛伯山赡军赠别韵》："我家鸱夷子，竹帛照吴越。云仍无肖似，頮首媿前哲。"清龚自珍《己亥杂诗》之五九："端门受命

有云礽，一脉微言我敬承。”刘逸生注：“云礽，遥远的孙辈。”

［4］谢佳霖，乾隆四十二年拔贡。① 曾任修文教谕。谢佳霖，乾隆已亥举人，任广西恭城县知县。② 光绪十五年《恭城县志》不载。《清代官员履历档案全编·嘉庆朝》嘉庆十八年十月二十八日所呈履历，“谢佳霖，贵州大定府平远州人，年五十七岁，乾隆四十四年举人，候选知县”。③

校记

【一】原文为“衣$_{三}$冠”，“衣”字衍。

【一】原文为“其取$_{三}$后”，“取”字衍。

【三】依文例，此处有脱文，疑当为“取次披緐洵不诬”。

六、陈兴礼题词

君家谱系载端详，世笃忠贞自汉唐。以后累朝邀宠命，其间几代受封王。虎符铁券铭钟鼎，紫绶金章宝庙堂。继继绳绳霑祖德，衣租食税荷龙光。

陈兴礼题

① （道光）《平远州志》卷一一《选举》，第420页。

② （道光）《平远州志》卷一二《仕宦》，第428页。

③ 秦国经主编：《清代官员履历档案全编》（第25册），上海：华东师范大学出版社，1997年，第35页。

七、佚名题词

余读田小薑先生[1]《济火论》，慨然有述祖思；入武侯祠拜瞻祖像，感念先烈。幸吾先世渊源忠顺，俎豆千秋也。吾夫子尝曰：某，殷人也。而《离骚》亦云："帝高阳之苗裔兮，朕皇考曰伯庸。"古圣贤人焉其所自出如此。我安氏僻处西南，在汉以前未知几历年矣，而独于征南之一役，毅然崛起，剖符封王。自时厥后，世以忠顺为贻谋，历唐、宋、元、明至于本朝，上下千余年间，忠贞著绩，勳业彪炳，绘图职员，纪功太常，代有其人已。今披名宦之志，检土司之（职）【一】籍，遗烈犹班又大可考，岂不光昭史册、焜耀边土耶？今大宗缺嗣，停百年矣，而支庶纷繁，在昔四十八部之苗裔，犹各长子孙以继其禋祀，食旧德服先畴，[2]可无砥德砺行，思著文（下阙）

[1] 田雯，字纶霞，自号山薑，晚年号蒙斋，山东德州人，进士出身。清初著名诗人。《德县志》说他"主文苑骚坛者数十载，诗名并驾于阮亭，海内望之如泰山北斗"。康熙十八年（1679）任工部虞衡司郎中，管理节慎库。秋天，移居粉房巷，房屋因地震而倒塌，田雯于壁上题诗，即《移居诗》，其中有"墙脚残立山姜花"之句，次日传遍京城，名家"和者百余首"。此后人们便称田雯为"田山姜"。田雯著述甚丰，计有《山姜诗选》15卷、《古欢堂集》12卷、《黔书》上下两卷、《长河志籍考》10卷、《幼学编》4卷和《诗传全体备义》等。康熙二十六

年（1687）四月，出任贵州巡抚。“田小蕫”当为“田山蕫”之误。

［2］食旧德服先畴，语出班固《两都赋》。《谷梁传》：“古者有四民：有士民，有农民，有工民，有商民。”《汉书》：“学以居位曰士，辟土殖谷曰农，作巧成器曰工，通财鬻货曰商。”班固《两都赋》：“国籍十世之基，家承百年之业，士食旧德之名氏，农服先畴之畎亩，商循族世之所鬻，工用高曾之规矩。粲乎隐隐，各得其所。”

按：《族谱》原文下缺，作序者不详。

校记

【一】原文为“土司之职三籍”，“职”字衍。

第三节　雄书安氏谱序跋

一、安秉直序

家之有谱，犹国之有史也。史以纪兴亡，谱以载世系，大小虽（不）[一]殊，其不可无，一也。吾家于孟赾以下，（原注：夷书谓孟赾之世，人民浑噩，孟赾以下数十世多百余岁，与《蜀志》蜀之先世肇自人皇，因提之纪蚕丛、柏濩、鱼凫三君各数百岁相仿佛，而

《志》尤荒渺，然则孟赾为唐虞以前人也。夷谱谓赾之后三十一世为读慕，（避）【二】而读慕避洪水之灾，居乐宜之山，有子六人，分王六国。以洪水而论，当在尧时，然孔子删书，自唐虞荒裔。夷谱转能纪载唐虞以前数十世，或未必然，而《大定志》谓孟赾当是秦孝献时人，而以读慕之子齐齐为蜀汉时人，盖拘于火济与武侯同时而误以齐齐为火济，则由前以推三十余世，不得不以孟赾为秦孝献时人也。夷谱之所谓洪水，不言尧舜时，盖即《蜀志》周之叔世，蜀王杜宇时巫山壅江，蜀有洪水时也。以周之叔世上推三十余世，则孟赾实为殷周时人。考其所居之卢，助武纣者也。读慕之子六人，或当秦孝献时也。兹值重修宗谱，故正之。）未改土以前有夷书焉。夷书有二：曰晡蔡，纪父族也；曰睦蔡，纪母党也。[1]（原注：殷人尚质，历代世系仅载考妣讳名，而无年月，其事迹则另载一书，多半荒渺，或有佚阙，直又苦不识（字）【三】夷字，若听识者读而以汉语译之，或恐失实而不存其质；倘如泰西人殴罗巴各国夷（载）【四】书载有年代，则由今以推，可以知某世祖为某朝某代人，而其所纪事迹因得以借史考证，其无证者，亦知为何代时事，此西南夷书之所以简也，惟简而质，亦以见其诚而不诬也。今谨遵旧谱原本，而加原谱夷字于上以存其质，并载纪有合于史志者，考其时世细註于下，亦仍存其质也。）其书不惟一家有之，凡土司皆有之，掌其书者为慕施[2]，每举大礼则使慕施诵于庭两相宴会各之慕施对诵之（原注：或作幕史）。历代祖籍班班可考，是夷书不特为谱，亦且为史也。迨改土而后，夷书无续世系，由兹弗纪。及今不为之谱，后将数典忘祖矣。夫文献不足杞宋无征，今者不作，后将谁述？直生也晚未及上谙祖迹，且少孤不获悉聆先训，幸忆为儿时祖母杨夫人及母陇夫人所谈，以及家藏文契夷书（所）［纪］载，（者）【五】耆旧传闻，犹得其大略，谨述为谱，事惟求实，词不敢浮，遗之子孙，俾知祖宗功德，敦木本水源之思，尤期善继善述，恢宏前烈云。

百十一世孙秉直谨识

［1］女性入谱是彝族传统谱系的一大特色。彝族传统社会中，女性“在娘家有承袭权和积蓄私房权”，“在夫家有财产支配权和决定权”①，尤其是上层社会女性甚至在必要时可以担任君长。元李京《云南志略》：“如酋长无继嗣，则立妻女为酋长。”“子承父袭，虽为正道，妻继夫职，实系伦常。”② 檀萃《农部琐录》卷一二：“正妻曰耐德，非所生不得继职，耐德无子，或子早夭，始及庶出，无嗣则立妻女。”延祐六年，中书省臣曾言“云南土官病故，子、侄、兄、弟袭之，无则妻承夫职”。明“踵元故事”，仍令“土官无子，许弟袭。三十年，令土官无子、弟，而其妻或婿为夷民信服者，许令一人袭”。③《土官底簿》载东川军民府“摄赛系乌撒军民知府实卜长女，军民府女土官知府姑胜古长男阿发娶为正妻，夫故，前知府姑胜古年老，洪武二十年钦依承袭知府”。乌蒙军民府“实哲，系本府知府亦得曾祖母，洪武十九年七月……著令曾祖母实哲替职”。本谱奢香“霭翠……妻奢香代袭”。康熙贵州巡抚田雯《东川女官

① 沈乾芳：《明代至民国时期彝族上层女性的地位及作用》，《西南民族大学学报》（人文社会科学版）2011 年第 8 期。

② （明）陈子龙等：《明经世文编》（第六册），北京：中华书局，1962 年，第 5371 页上。

③ （明）李东阳等：《大明会典》（卷一二一），文海出版社影印万历刊本。

歌》云："我观女官如官画，阎立本绘《职贡图》。我观女官如异梦，奇形诡状非一徒。我观女官入破寺，阴风惨淡魍魎呼。古鬼昏灯揭钵立，老佛变相狮龙趋。妖狸髑髅抹粉黛，修罗甲胄呼笙竽。雌者青髻包蓬首，雄者碧眼拳髭须。女官气概伟丈夫，火浣大布缠其躯。九真藤杖红珊瑚，金环两耳垂蠙珠。腰下斜挂双湛卢，绣裙拖地莲花襦。"并言"罗罗以女官主事，诸土府及水西皆然"。①

四川总督勒保在《筹办马边、峨边夷务善后事宜》的奏疏中明确指出："生熟各夷，虽有驯悍之不同，而性大率好斗，凡遇鼠雀细故，以及互争界衅，既不赴官控理，亦不向土司申诉，动辄纠众好斗，彼此或有杀伤，数世仇恨不释，积久构衅，名曰打冤家，甚至汉夷交错之地，亦渐染成风。"② 双方在械斗的过程中，当出现大规模死亡并且胜负难分时，如有一方的黑彝女子驰立阵前，交战双方即使不情愿，也得立即罢兵。

彝族家庭在建房、立灶等事选择日期时，都以主妇生年命宫方和当年命宫方为准；子女算命，祈禳、婚娶时，先以母生己命宫方算，其次才算本人命宫方。父亲就一点也不提了。③

彝族对母党特别重视。舅舅在彝族的亲属关系中占据尤其显赫的位置，"在天地之间，以舅舅为大"。④《苏巨黎咪》："人生占三种条件，依托舅舅为上，有衣穿为中，有饭吃为下。"⑤"讲究姻亲的出身根底，这是现实啊。第一代舅舅根底差，让人说是

① （清）田雯：《古欢堂集》卷七。

② （清）常明、杨芳灿等纂修：（嘉庆）《四川通志·边防》（卷九一），文渊阁四库全书本。

③ 岭光电译：《凉山彝族习俗点滴》，北京：中央民族学院少数民族语言研究所，彝族历史文献编译室，油印本，第68页。

④ 《彝族源流》（13—16卷），贵阳：贵州民族出版社，1993年，第128页。

⑤ 《苏巨黎咪》，贵阳：贵州人民出版社，1998年，第22页。

非；第二代舅舅根底差，娶妻无法选择，若饥不择食；第三代舅舅根底差，说话分量轻；第四代舅舅根底差，得不到真传文章，如善马任人骑；第五代舅舅根底差，白日让人作笑料，夜里让人去说嫌；第六代舅舅根底差，好比毡摆拖地，像汗透出衣服，受他人鄙视；第七代舅舅根底差，饥寒起邪念，动手去行窃；第八代舅舅根底差，好比抓饭吃，地位像马镫；第九代舅舅根底差，就受人嘲笑，就遭人白眼。骑马垫的毡样被人欺，就怪舅舅根底差。现实就这样。"[①] 李京《云南志略》："娶嫁尚舅家，无可匹者方许别娶。"常隆庆《雷马峨屏调查记》："黑彝之女子，极为尊贵，凡家政上之一切事务，皆取决于女子。至于娶入之妇人姻娅关系，夫家有事，即可由妇家互助到底，生死以之，故男家高攀贵女，即可获莫大之保障。在妻子未死之前，男女两家的亲戚关系，无论如何，皆须维持到底。""由儿女姻亲发生联系的夷人支派，称为亲家，他们彼此之间，具有合作关系，一家有事，其他各家，即往驰援，互生共死。"《苏巨黎咪》也说："人生占三个条件：第一占宗谱，第二占权势，第三占婚姻……到舅舅家娶贤妻，淑女嫁与外甥。"[②] 彝族社会，尤其是上层人士对婚姻的重视程度可见一斑。

彝族社会对女性的重视，还体现在女性死后可以与男性同样入谱。彝族传统谱系中，女性入谱大概有如下形式：

母亲—儿子型

《增订爨文丛刻》（上）所收录《君代母系》："忍额佐的女儿，名额佐能冬，是脑雅洛的母亲。恩雅叶赫，是洛雅杓的母亲。细额能仰，是杓雅默的母亲。显额咪录，是默阿德的母亲。鲁歹妥的女儿，名妥雅尼套，是德阿施的母亲……"《乍氏史略》：

① 《苏巨黎咪》，贵阳：贵州人民出版社，1998 年，第 81—82 页。
② 《苏巨黎咪》，贵阳：贵州人民出版社，1998 年，第 50 页。

“乍祖米雅苦，与恒袅鄂连姻。恒袅鄂之女，诺雅余是正妻；与恒袅待连姻，待色吞之女，叫色吞叟舍，苦雅额之母。瞿确娄，是额雅待之母；阿府女侯，待皤娄之母；阿豆娄够，鄂雅那之母。”这种谱系仍以男性父子联名为中心，母亲或妻子的名字只是处于附属地位。所以这样的谱系，即使有母亲的名字，其实质仍是父子连名制。

祖母—儿子—孙女型

《西南彝志》载录《关于母系的叙述》：“娄额能冬出嫁，住在旨布那额，是策耿纪之母。耿继娄哎出嫁，住姆雅苏底，是格杰杰之母。杰杰珠出嫁，住且耿博委，是知那那之母。那那卧色出嫁，住姆雅苏嘎，是窦赤叩之母……”这种形式的谱系不仅记录了彝族的父女联名，而且从另一角度反映了母党在彝族传统社会中的重要地位。

母亲—女儿型

《叙姻亲》：“在那古时候，黎依诺苏氏，嫁给益那勾，生阿佐汝任，阿佐汝任，嫁到阿哲部，生德楚阿乌。德楚阿乌，嫁到乌撒部，是甸吐能彝氏，阿博苏能，额菊姆策之母。额菊姆策，嫁到阿哲部，生阿乌布克、生阿乌女汝、生阿乌亥叩、生阿乌咪宏。”“阿外惹部的，额苦舍觉，是诺阿能彝氏，朴娄舍恒之母。朴娄舍恒，嫁到阿哲部，生阿祛恒亥。阿祛恒亥，嫁到乌撒部，生录格毕姆。毕姆有女名奢色，嫁到阿哲部，生额必奎旨。额必奎旨，嫁到磨弥部，生费奢舍妥。费奢舍妥，嫁到阿外惹部，生额苦奢多。额苦奢多，嫁到乌撒部，生布依毕余。”①

这类谱系记录的全部是家族女性，与彝族通行的男性谱系已无二致，只是母女不联名而已。当然这种谱系和前面提到的母系社会的谱系是有本质区别的，最主要的一点就是强调女方“出

① 《彝族源流》（24－27卷），贵阳：贵州民族出版社，1998年，第239—245页。

嫁”，夫家也有确定的居住地。当然，彝族对男性先祖记载入谱并记录其配偶的，但究竟哪位男性先祖的配偶得以入谱却要受其子是否继承为君长这一非血缘世系条件的限制。

父亲—女儿型

《罗婺姻亲史》：“在矣妥之世，转姻亲根基，同慕俄格联姻。碑奢尼氏是，矣妥普曲母。斗金奢鲁是，普曲鲁耿母。德施为家侄，德布为外甥。”① 《阿哲母祖谱》：“沽色尼之女，尼颖咪哺，是米辞辞之母。尼洪鲁之女，洪鲁阿勾，是辞阿宏之母。洪鲁舍之女，舍雅伦多，宏阿德之母。舍仁邓之女，仁邓尼米，是德乌舍之母。皤娄舍昼，是乌蒙纠之母。热依咪娄，是纠阿堵之母。热额卓之女，额卓嫩多，是堵阿洛之母。”② 谱系中“舍仁邓之女，仁邓尼米”“额卓之女，额卓嫩多”，显然是一种连名制，并且是父女连名。

改土归流之后，随着彝族对汉文化的接受、认同，彝族的某些家谱也按照汉族家谱的格式编纂，有的彝族汉文家谱还留有女性入谱的某些痕迹，我们可借以窥测彝族谱系的惯制。（毕节）《杨氏家谱》中远祖的追记抄自彝文谱牒，加以考、妣的名称。

一世，考：穆阿卧；妣：伦元。

二世，考：卧阿烨；妣：都素……

五十二世，考：陇智陇格；妣：奢乐。

五十五世，考：阿玉阿姑即奢展公；妣：龙氏。

考：阿玉位基即化龙公；妣：安氏。③

尤其值得注意的是，杨氏五十五世祖取汉名入谱，随之而来

---

① 朱崇先：《彝族典籍文化》，北京：中央民族大学出版社，1994 年，第 45 页。

② 《彝族源流》（第 24－26 卷），贵阳：贵州民族出版社，1998 年，第 81—82 页。

③ 温春来：《中央王朝的开拓与少数民族地方政权承袭制度的演变》，《贵州民族研究》2004 年第 3 期。

的就是先妣彝文名字的淡化，直接采用汉化称呼——某氏。

［2］慕施，mɒ^{55} ʂɯ^{55}，亦作慕史、幕史。慕施是古代彝族社会中的一种职业，地位次于君长，是“慕魁”组成成员，和毕摩关系密切。（光绪）《黔西州续志》卷五“诸家土司宗派仪礼”：“其下执事之人位分四等，曰阿牧，曰披土，曰圆约，曰机那。事分九秩……曰诺唯，曰杩葩，言执事左右也，司文事；曰幕史，掌历代之阀阅，宣歌颂之乐章为一秩……皆作而行者也，位披土。”集史官、礼仪官、外交官等多重身份于一身。慕施通文字，精礼仪，善论辩，多智谋。在外交活动、祭祀宗祖、婚丧大事等仪式上，活动的主角就是慕施。彝族古代婚礼，新妇到男家后，“女家幕史歌一乐章，道有家之意。男家幕史亦歌一乐章以酬之”。生子后的礼俗，也要“幕史诵其祖制乐章，主唱宾和，亦工歌之意”。在丧祭活动中，慕施和毕摩共同主持各类仪式。毕摩、慕施分别担任主客角色，念诵经文。在近代丧祭活动中，毕摩在大堂主持仪式，慕施则在客堂主持仪式。作为客方的慕施，其实是毕摩身份的转化，他们只念诵《慕施苏》一类的典籍。慕施掌握的典籍是以用途来命名的。庆典与外交活动用的称为“慕久”；婚礼所用典籍称为“诺沤”；祭祖和丧葬用的典籍称为“慕施苏”。就内容来说，“慕久”多引用历史典故，“诺沤”侧重文学与礼俗，“慕施苏”则以谱牒和历史为主。所以，慕施不仅是古代彝族社会中的文艺家，也是彝族的历史学家。著名的彝族历史专著《西南彝志》就是水西惹窝土目家的世袭慕施编撰的。

校记

【一】原文为“虽不$_{三}$殊”，“不”字衍。

【二】原文为“避$_{三}$而读慕”，“避”字衍。

【三】原文为“不识字$_{=}$夷字”，前“字”字衍。
【四】原文为“各国夷载$_{=}$书”，“载”字衍。
【五】原文为“者$_{=}$耆旧”，“者”字衍。

二、安吉士等跋语

1. 敬阅宗名谱志感

罗施坠绪已（落）【一】茫茫，谁识千秋字几行。最是伤心后死者，无由考信溯宗潢。

校记

【一】原文为“已落$_{=}$茫茫”，“落”字衍。

2. 安吉士跋语

济火安氏，古西南一大家也。唐虞三代未入版图，在禹甸要荒外，故四泽不通，典册罕见。汉元鼎中始置西南彝道，班《志》，“蛮夷君长以数十”，安氏即统列其中，顾年世久远，华夷间隔，地志名籍随时变易，曰牂柯、夜郎，聚讼不一，而欲考往事于虫书，征名氏于方册，合汉彝两书以考核精晰，统归一致，使之足以信于今而传后世，实难已。虽然万物本乎天，人本乎祖，立乎其后而欲以荒渺而摈之，不可也。偶于晴窗间暇日（书）【一】尽出家藏汉彝志乘，考究安氏本末，顾事或相因而名氏各判，迹相援而复名年代悬绝，其他虽家各有说而龃龉不合类如此，故从阙从疑未肯深信，而唯此一篇，文义简明，千百年昭穆谱系鱼贯珠联略无所错，因仍其字画，取而续之，留为家传，庶传之后世不致没所自来也。或疑虫书字画不合大雅，盍译诸旁。窃谓不然，上古结绳何（书）【二】有书契？洛图羲画仅存奇偶，后世变蝌蚪为籀篆，变籀篆为八分[1]，变八分为行楷，习变相沿，即面非真，倘博雅之儒有能古黔画者，反为嗤为谫陋耶。况乎天地之大何奇不有，绿字赤文皆成巨观，鸟语方不遗撰著，余之仍此，盖即存彝鼎于夏、商之意也，而何疑其不雅也。听者无以诘，遂并书以跋。

裔孙安吉士[2]跋

［1］《梦溪笔谈》之《补笔谈》卷二“八分书”：“今世俗谓之隶书者，只是古人之八分书，谓初从篆文变隶，尚有二分篆法，故谓之八分书。后乃全变为隶书，即今之正书、章草、行书、草书皆是也。后之人乃误谓古八分书为隶书，以今时书为正书，殊不知所谓正书者，隶书之正者耳；其余行书、草书，皆隶书也。”

［2］安吉士，（民国）《贵州通志》“人物志”谓：“安吉士，比起土目。淦辛，吉士子也。父子皆好学能文，补学生，相继著《贵州新志》；淦辛又有文集。”《大定府志·艺文志》谓：“吉士，字蔼人，安氏虽夷贵种，不以文雅显。自改土归流后乃有列名黉序者。蔼人好学能文，与子淦辛共纂《贵州新志》，其书不传，未知体例何如，亦有志之士也。诗有《竹林山房集》。”《水城厅采访册》卷八《人物·潜德》载：“安吉士，厅属文生。水西宣慰之裔，通经学明礼教，教子以义方，无土目气习。”民国《大定县志》卷二〇《艺文志》载：“《贵州新志》八卷，《竹林山房集》一卷。安吉士撰。吉士字蔼人，乾隆中诸生，比

起土目也。”陈田《黔诗记略后编》传证《安秀才吉士传略》云：“安氏虽夷贵种，不以文雅显，自改土归流后乃有列黉序者。蔼人好学能文，与子淦辛共纂《贵州新志》，其书不传，未知体例何如，亦有志之士也。诗有《竹林山房集》。按淦辛本名家元，字一德，著籍水城诸生，有《凯楼集》。”

校记

【一】原文为“间暇日书$_{三}$尽出”，“书”字衍。

【二】原文为“何书$_{三}$有书契”，“书”字衍。

三、祠堂对

封罗甸[1]守牂柯[2]树大根多枝叶茂，府东川[3]司西水河深源远派流长。

滇水演天潢，德配盐仓，仁施罗甸，想当年膺图入贡服佩三珠，制剿狑獠狪猶，群推宣慰呼国主；

黔山分世胄，驱还芒部[4]，望重且兰[5]，思此日改土归流恩隆九陛，统设目撮骂裔[6]，共仰贤明长官司。

[1] 罗甸，亦作罗殿。罗殿之名，最早见于《新唐书·南蛮·两爨蛮》：“开成元年，鬼主阿珮内属。会昌中，封其别帅为罗殿王，世袭爵。”《旧五代史》卷三八：“（天成二年八月）乙酉，昆明大鬼主罗殿王、普露静王九部落，各差使随牂牁、清

州八郡刺史宋朝化等一百五十三人来朝，进方物，各赐官告、缯采、银器放还蕃。”南宋时于邕州设买马司，故多见罗甸买马的记载。《宋会要辑稿·买马》：“广西买发纲马，多是西南诸蕃罗殿、自杞诸国。”《玉海·马政》：“（绍兴）三年，即邕州置司提举，市于罗殿、自杞、大理诸蛮。”周去非《岭外代答》卷五：“马产丁大理国，大理国去宜州十五程尔，中有险阻不得而通，故自杞、罗殿皆贩马于大理而卖于我者也。”同书卷九：“南方诸蛮马，皆出大理国，罗殿、自杞、特磨，每岁以马来，皆贩于大理者也。”范成大《桂海虞衡志·蛮》：“其南连邕州，南江之外，稍有名称者，罗殿、自杞以国名，罗孔、特磨、白衣、九道以道名，此皆成聚落，地皆尽南诏。罗殿在融、宜之西，邕之西北，唐会昌中，封其帅为罗殿王，世袭爵。岁以马至横山互市。亦有移至邕，称守罗殿国王罗昌，押马者称西南谢蕃知武州节度使，都大照会罗殿国文字。”李心传《建炎以来朝野杂记·广马》云：“南诏，大理国也，去自杞国可二十程……罗殿又远自杞十程。”顾祖禹《读史方舆纪要》卷一二三：“罗殿国王，居普里（贵州普定县）。”罗殿国应在今贵州安顺地区。罗甸与罗施鬼国，不同时期互有盛衰，此长彼消，疆域时有相合。盖罗甸强大时以罗甸为大长，罗氏鬼国强大时以罗氏鬼国为大长，结合其他各部，即使分裂，只是一时。明末安邦彦也曾号称罗甸王。

［2］牂牁，汉郡名，自汉、晋至唐、宋时期并有此地名，各时期所包括的区域不同。顾炎武《肇域志·云南》：“牂牁郡，汉武帝元鼎二年开。属县，汉十七，及晋，县四。郡上值天井，故多雨潦。俗好鬼巫，多禁忌。畲山为田，无蚕桑。颇尚学书，少威仪，多懦怯。寡畜产，虽有僮仆，方诸郡为贫。王莽更名曰同亭。郡多阻险，有沿江、雾赤煎水为池卫。晋元帝世，太守孟才以骄暴无恩，郡民王清、范浪逐出之。刺史王逊怒，分鳖半为

平夷郡，夜郎以南为夜郎郡。”牂牁地名曾包有广阔地区，后人解释往往泛称。《史记》正义曰：“崔浩云：牂牁，系船杙也。”常璩《华阳国志》：“楚顷襄王时，遣庄蹻从沅水伐夜郎，军至且兰，椓船于岸，后人以且兰有椓船牂牁处，乃名其地为牂牁。”《滇志》：“牂牁者，立两桩于两岸，中系以绳而渡，所谓椓船也。盖其水性急，不容持楫也。”

［3］东川，默支系大宗阿于德部，或作阿芋陡、阿于歹、阿于甸，皆译音用字不同。《彝族源流》卷二二《阿芋陡的世系》，《西南彝志》卷八《德施氏的祖代叙述》记录了该部慕齐齐以后的七十代谱系，历时千余年。《西南彝志·德施祖代》所载慕齐齐后第二十世分支，勿阿纳为水西安氏支系，勿阿克为东川支系。《西南彝志选》：“必额勿之世，娶淑卜阿能，生子有三人。长为勿阿娄，迁居于妥体，孟卧然君长。次为勿阿克，承阿于德业。幼为勿阿纳，迁洛纳俄戛钩。”①《混一方舆胜览》东川路：“蛮名必伴部，又名大逻甸，蒙氏为东川郡。”必伴部（閟畔部）在《元史·地理志》多有载录。会川路“会理州，州在会川府东南。唐时南诏属会川节度，地名昔陀。有蛮名阿坛绛，亦仲由蒙之遗种。其裔罗于则，得昔陀地居之，取祖名曰绛部，后强盛尽有四州之地，号蒙歪。元宪宗八年，其孙亦芦内附，隶閟畔万户”。②“麻龙州，麻龙者，城名也，地名棹罗能。乌蛮蒙次次之裔，祖居閟畔东川，后普恐迁苗卧龙，其孙阿麻内附。”③建昌路“姜州，姜者蛮名也。乌蛮仲牟由之裔阿檀绛始居閟畔部，其孙阿罗仕大理国主高泰，是时，会川有城曰龙纳，罗落蛮

---

① 贵州省民族研究所：《西南彝志选》，贵阳：贵州人民出版社，1982年，第175页。

② （明）宋濂等：《元史》，北京：中华书局，1962年，第1475页。

③ （明）宋濂等：《元史》，北京：中华书局，1962年，第1475页。

世居焉。阿罗挟高氏之势，攻拔之，遂以祖名曰绛部。宪宗时，随閟畔内附，因隶焉”。① 乌撒乌蒙宣慰司：“今所辖部六，曰乌撒部、阿头部、易溪部、易娘部、乌蒙部、閟畔部，其东西又有芒布、阿晟二部。”明曹学佺《蜀中广记》卷三六《边防记第六》：“东川军民府，古东川甸。乌蛮仲牟由之裔骂弹得之，改曰那札那夷，属南诏。蒙世隆置东川郡，后乌蛮閟畔强盛，自号閟畔部。元初置万户府，至元中改为閟畔部军官，后改为东川府，隶乌撒、乌蒙等处宣慰司。洪武初，仲牟由之裔禄氏设姑归附，仍授东川土知府，隶云南布政司。”《明一统志》《读史方舆纪要》卷七三、《清一统志》也有相关记述。《明史·乌蒙土司传》：“东川、乌撒、乌蒙、芒布、禄肇、水西，皆出于罗罗，子姓蕃衍，各立疆场，无事则互起争端，有事则相救相援。”方国瑜先生认为，閟畔部大约始于公元 11 世纪初期，北宋仁宗时。②

［4］芒部，磨部（$mo^{13}bu^{33}$）音译。元、明史志或作茫布、茫部。以默部慕齐齐二十五世孙妥磨布名为部名，称为磨部或芒部。《混一方舆胜览》茫布路曰：“本名亦溪部，祖茫布，宋封西南蕃都巡检使。”《明一统志》镇雄府：“古为屈流大雄甸，昔乌蛮之裔阿统与其子茫布居此地，其后昌盛，因祖名号茫布部。宋置西南蕃都大巡检司。”（增订）《爨文丛刻·古史通鉴·德施氏》：“彝族默部的始祖是慕齐齐。默部即德施部。阿于德君长，阿哲君长，阿旺仁君长，芒部君长，四国君长共一个祖宗。”③ 即东川、水西、普安、镇雄四家均为默部慕齐齐后裔。《西南彝

① （明）宋濂等：《元史》，北京：中华书局，1962 年，第 1473 页。

② 方国瑜：《中国西南历史地理考释》，北京：中华书局，1987 年，第 110 页。

③ 马学良主编：《增订爨文丛刻》，成都：四川民族出版社，1986 年，第110—114 页。

志·六祖起源》说，勿阿纳传五代到勺雅妥，勺雅妥“生三子，在罢第妥太地方，成了三个房族。长子名妥取汝，妥取汝，未长成人而死去。次子妥芒部，分住在左面，赫默仲显地方，就是芒部府的君主。幼子妥阿者，分住在右面，慕卧格地方，就是阿者一家的君主”。勺雅妥“次子妥芒部，分住在左边，赫默仲显地方，就是芒部府的君主”。妥芒地区“巍峨又广阔，蓝天华光照，美景遍山岗，明暗很清楚，宜聚为根基。作长久计议，选罢第妥太，和赫默仲显，就居住下来。在此定居后，宗阿补建市，定收盐之根；在赫默仲显，不断地发展，如车轮旋转，如林木茂盛。规章完备了”。君长传七十二世乏嗣而传绝，余脉分布在今赫章县一带。

［5］且兰，译音地名，汉属牂牁郡。《史记·西南夷传》：“因犍为发南夷兵，且兰君恐远行，乃与其众反，杀使者及犍为太守。”又曰：“行诛隔滇道者头兰。”索引“头兰即且兰也”。《水经·江水注》：“且兰，一名头兰。”方国瑜先生以为，且兰与夜郎接壤，夜郎在安顺地区，则且兰在贵阳地区，而且兰地不必过大，释且兰在沅、无二水上源之都匀、贵定、黄平以外，包有贵筑、龙里等县。①《黔西州续志》卷五《夷字释略》：“且，音扯；兰，音勒。”且兰很可能是彝族扯勒部强盛时所建政权。

［6］骂裔，亦作祃裔、祃衣，译音用字不同。彝族世袭长官。（光绪）《黔西州续志》卷五“诸家土司宗派仪礼”曰：“当各君一部之时，称君长为苴穆，犹可汗、骠信之号。既附于朝，则为宣慰宣抚。嫡子仍袭其位，而分庶子为穆濯（译言名爵，今为大土目）。穆濯之嫡子仍袭穆濯，而分庶子为祃衣，为衣苏。故当时水西有四十八穆濯，百二十祃衣，千一百衣苏之

① 方国瑜：《中国西南历史地理考释》，北京：中华书局，1987年，第719页。

号，通谓之峨（译言贵胄，今小土目）。”《西南彝志选·阿哲的反叛》：“缅怀我祖先，勿阿纳创业，治国又治民，十二位骂色，四十七木濯，百二十马裔，千一百裔续，随君主行令。”

第二章　彝文谱系释读

谨按：列祖之讳初皆夷名，自有宣抚世职，始取汉名。然亦各有一夷名，故一人有夷、汉两名，其见于史者皆汉名，载于夷书者皆夷名，以史与夷书较之，不无抵牾。夫以朝廷太史纪边陲一司，自不如夷之详确，是以专用夷名。（编者注：下为彝文谱系。）

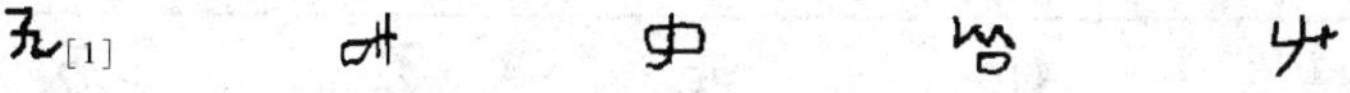

[1]

bi^{21}	ɣɯ^{21}	mu^{33}	ɣu^{33}	thi^{55}
毕	额	抹	勿	一

一世毕额抹勿

mu^{33}	ɣu^{33}	ʂu^{21}	ȵi^{32}	ȵi^{55}
抹	勿	杓	乃	二

二世抹勿杓

ʂu^{21}	ɣa^{33}	die^{21}	ȵi^{32}	sɯ^{33}
杓	雅	迭	乃	三

三世杓雅迭

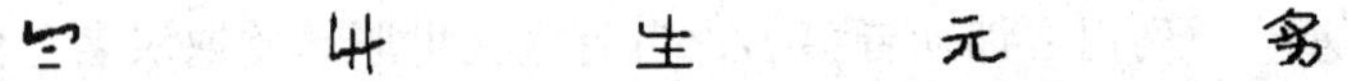

die^{21}	ɣa^{33}	və^{21}	ȵi^{33}	ɬi^{33}
迭	雅	维	乃	四

四世迭雅维

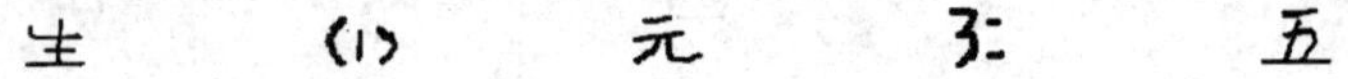

və^{21}	a^{33}	ȵi^{31}	ȵi^{33}	ŋu^{33}
维	阿	尼	乃	五

五世维阿尼

vɯ^{21}	ȵi^{33}	a^{33}	tshi^{21}	tɕho^{33}
额	尼	阿	赤	六

六世额尼阿赤

tshi^{21}	ɣa^{33}	ɖu^{21}	ȵi^{33}	ɕi^{55}
赤	雅	笃	乃	七

七世赤雅笃

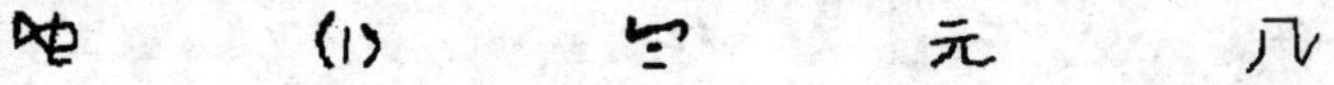

ɖu^{33}	ɣa^{33}	die^{21}	ȵi^{33}	hɪ^{32}
笃	雅	迭	乃	八

八世笃雅迭

die^{21}	ɣa^{33}	ndʑi^{33}	ȵi^{33}	tɕy^{33}
迭	雅	纪	乃	九

九世迭雅笃

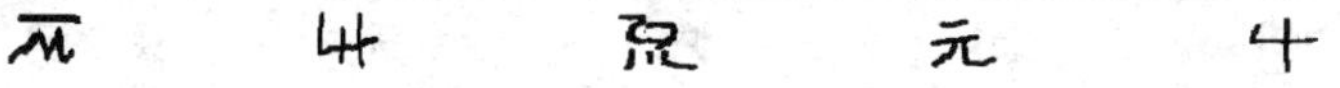

ndʑi^{33}	ɣa^{21}	ndə^{33}	ȵi^{33}	tsh ɤ^{21}
纪	雅	歹	乃	十

十世笃雅歹

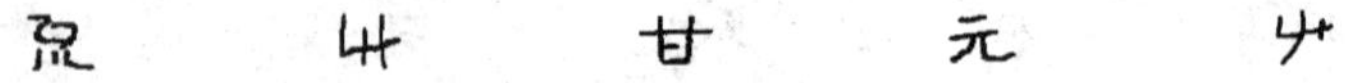

ndə^{33}	ɣa^{21}	du^{33}	ȵi^{33}	thi^{55}
迭	雅	堵	乃	一

一世迭雅笃

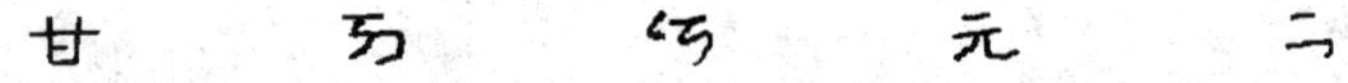

du^{33}	a^{33}	ɖɛ^{21}	ȵi^{33}	ȵi^{55}
堵	阿	叠	乃	二

二世堵阿叠

ɖɛ^{21}	a^{21}	ɖu^{31}	ȵi^{33}	sɯ^{33}
叠	阿	铎	乃	三

三世叠阿铎

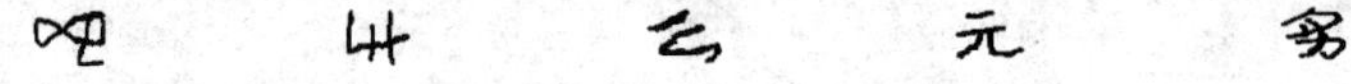

ɖu^{33}	ɣa^{21}	tha^{21}	ȵi^{33}	ɬi^{33}
铎	雅	沓	乃	四

四世铎雅沓

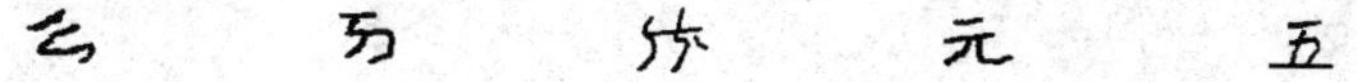

tha^{21}	a^{21}	tshy̩^{55}	ȵi^{33}	ŋu^{33}
沓	阿	萋	乃	五

五世沓阿萋

tshy̩^{55}	a^{21}	fo^{33}	ȵi^{33}	tɕo^{31}
萋	阿	甫	乃	六

六世萋阿甫

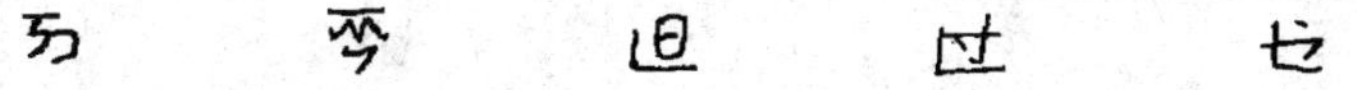

a^{21}	fo^{33}	na^{33}	tʂʅ^{55}	ɕi^{55}
阿	甫	那	知	七

七世阿甫那知

na^{33}	tʂʅ^{55}	ɖu^{33}	ɕe^{21}	hɪ^{31}
那	知	笃	贤	八

八世那知笃贤

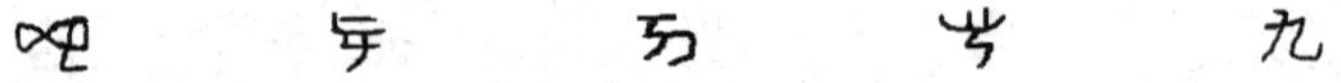

ɖu^{33}	ɕe^{21}	a^{21}	kɚ^{33}	tɕy̩^{33}
笃	贤	阿	格	九

九世笃贤阿格

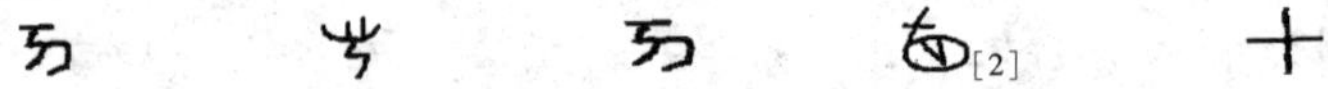
[2]

a^{21}	kɚ^{33}	a^{21}	vɪ^{31}	tsh ɤ^{21}
阿	格	阿	委	十

十世阿格阿委

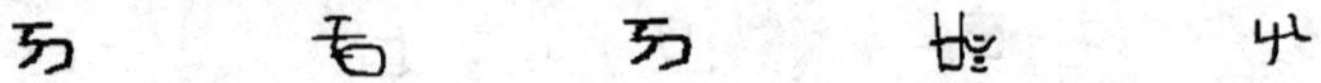

a^{21}	vɪ^{31}	a^{21}	ʂɿ^{55}	thi^{55}
阿	委	阿	施	一

一世阿委阿施

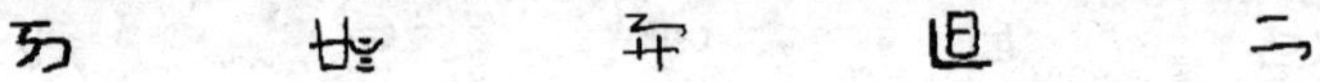

a^{21}	ʂɿ^{55}	lo^{33}	na^{33}	ȵi^{55}
阿	施	洛	纳	二

二世阿施洛纳

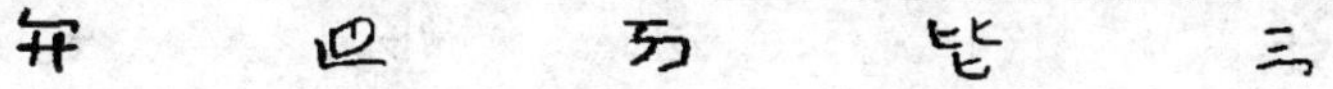

lo^{33}	na^{33}	a^{21}	kho^{21}	sɯ^{33}
洛	纳	阿	阔	三

三世洛纳阿阔

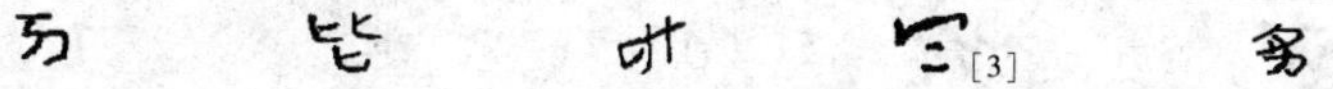

a^{21}	kho^{21}	ɣɯ^{21}	die^{21}	ɬi^{33}
阿	阔	额	迭	四

四世阿阔额迭

ɣɯ^{21}	die^{21}	ndʑy^{33}	tɕhy^{31}	ŋu^{33}
额	迭	纪	杞	五

五世额迭纪杞

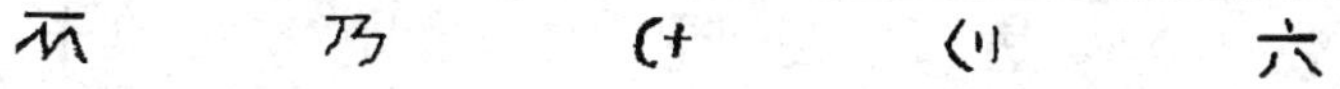

ndʑy^{33}	tɕhy^{31}	z ɤ^{33}	ɣɯ^{21}	tɕho^{31}
纪	杞	仁	额	六

六世纪杞仁额

			[5]	
zɤ^{33}	ɣɯ^{21}	phu^{21}	ɣe^{33}	ɕi^{55}
仁	额	普	蔼	七

七世仁额普蔼

phu^{21}	ɣe^{33}	ʑi^{33}	tsɚ^{33}	hɪ^{31}
普	蔼	亦	则	八

八世普蔼亦则

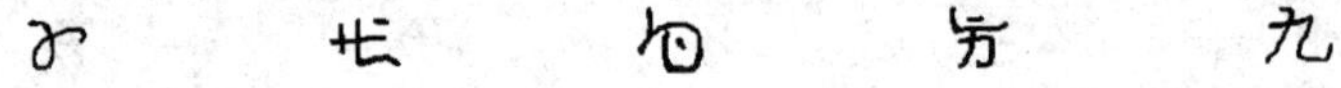

ʑi^{33}	tsɚ^{33}	lu^{33}	ʂo^{21}	tɕy^{33}
亦	则	鲁	杓	九

九世亦则鲁杓

lu^{33}	ʂo^{21}	ɖu^{21}	ze^{31}	tshɤ^{21}
鲁	杓	笃	仁	十

十世鲁杓笃仁

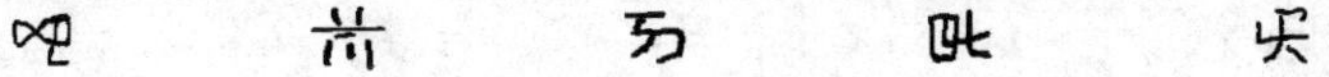

ɖu^{21}	ze^{31}	ɑ^{21}	tsu^{55}	thi^{55}
笃	仁	阿	租	一

一世笃仁阿租

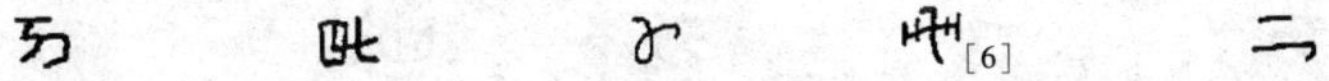

ɑ^{21}	tsu^{55}	ʑi^{33}	tɕhi^{31} [6]	ȵi^{55}
阿	租	亦	奚	二

二世阿租亦奚

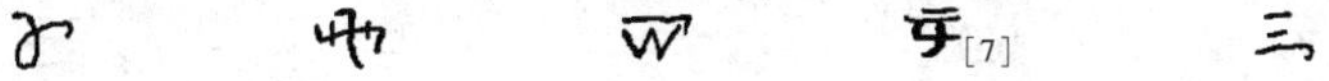

ʑi^{33}	tɕhi^{31}	phu^{21}	çe^{21} [7]	sɯ^{33}
亦	奚	不	薛	三

三世亦奚不薛

phu^{21}	çe^{21}	ɑ^{21}	ne^{33}	ɬi^{33}
不	薛	阿	乃	四

四世不薛阿乃

ɑ^{21}	ne^{33}	ɑ^{21}	ȵo^{31}	ŋu^{33}
阿	尼	阿	脑	五

五世阿尼阿脑

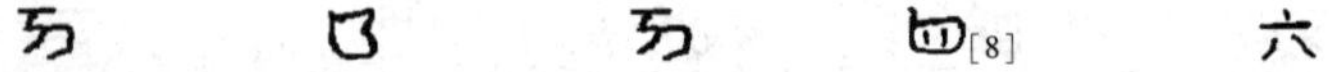

[8]

ɑ^{21}	ȵo^{31}	ɑ^{21}	xɑ^{31}	tɕho^{31}
阿	脑	阿	画	六

六世阿脑阿画

ɑ^{21}	xɑ^{31}	ʈɑ^{33}	ɣo^{21}	ɕi^{55}
阿	画	达	俄	七

七世阿画达俄

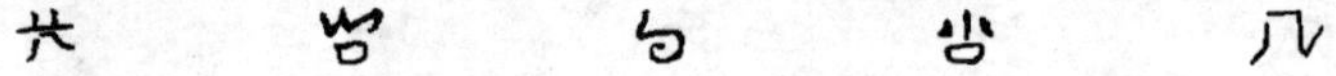

ʈɑ^{33}	ɣo^{21}	lu^{33}	ne^{33}	hɪ^{31}
达	俄	鲁	乃	八

八世达俄鲁乃

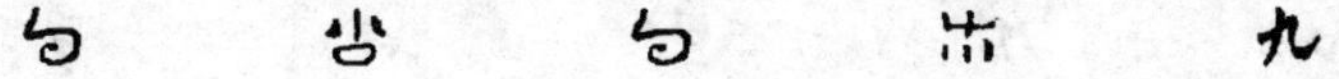

lu^{33}	ne^{33}	lu^{33}	tse^{31}	tɕy^{33}
鲁	乃	鲁	载	九

九世鲁乃鲁载

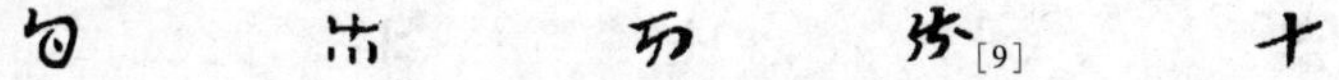

[9]

lu^{33}	tse^{31}	ɑ^{21}	tshy^{55}	tsh ɤ^{21}
鲁	载	阿	瞿	十

十世鲁载阿瞿

[10]

ɑ^{21}	tshy^{55}	lu^{33}	ndy^{55}	thi^{55}
阿	瞿	鲁	礋	一

一世阿瞿鲁礋

lu^{33}	ndy^{55}	phʊ^{21}	dʐʅ^{21}	ȵi^{55}
鲁	礋	濮	直	二

二世鲁礋濮直

phʊ^{21}	dʐʅ^{21}	na^{33}	khu^{33}	sɯ^{33}
濮	直	纳	喾	三

三世濮直纳喾

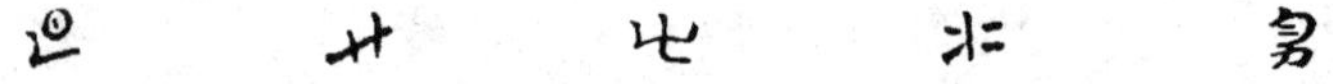

na^{33}	khu^{33}	pu^{21}	nʥɯ^{21}	ɬi^{33}
纳	喾	布	则	四

四世纳喾布则

pu^{21}	nʥɯ^{21}	lu^{33}	tʂɤ^{55}	ŋu^{33}
布	则	鲁	哲	五

五世布则鲁哲

[11]

lu^{33}	tʂɤ^{55}	lu^{33}	phu^{55}	tɕho^{31}
鲁	哲	鲁	铺	六

六世鲁哲鲁铺

[12]

lu^{33}	phu^{55}	bu^{21}	ndʑu^{33}	ɕi^{55}
鲁	铺	布	局	七

七世鲁铺布局

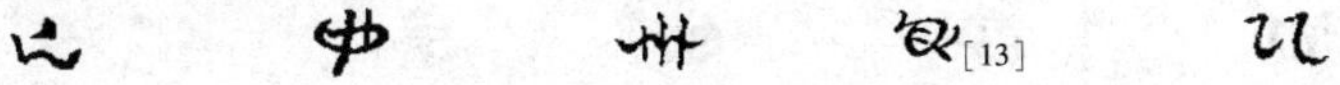

[13]

bu^{21}	ndʑu^{33}	dʐʅ^{21}	bɑ^{31}	hɪ^{31}
布	局	直	罢	八

八世布局直罢

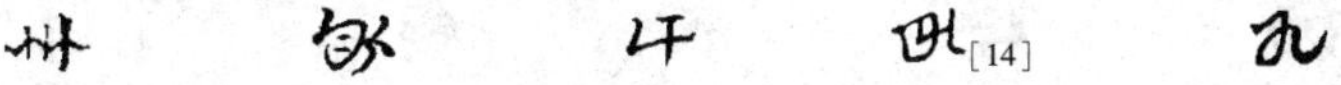

[14]

dʐʅ^{21}	bɑ^{31}	ŋɑ^{33}	tsu^{55}	tɕy^{33}
直	罢	安	宗	九

九世直罢安宗

[15]

ŋɑ^{33}	tsu^{55}	dʐʅ^{21}	ɣu^{21}	tshɤ^{21}
安	宗	直	俄	十

十世安宗直俄

dʐʅ^{21}	ɣu^{21}	lu^{33}	dzɯ^{31}	thi^{55}
直	俄	鲁	则	一

一世直俄鲁则

lu^{33}	dzɯ^{31}	bu^{33}	[16] ɕi^{21}	ȵi^{55}
鲁	启	哺	晰	二

二世鲁启哺晰

bu^{33}	ɕi^{21}	fe^{31}	[17] ɬo^{31}	sɯ^{33}
哺	晰	非	老	三

三世哺晰非老

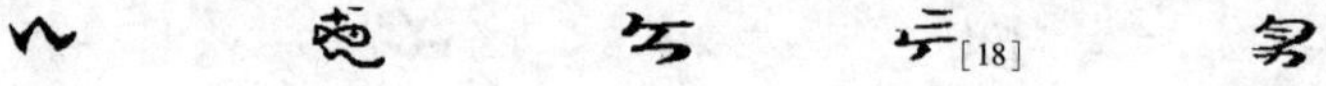

fe^{31}	ɬo^{31}	lu^{33}	[18] ɕi^{21}	ɬi^{33}
非	老	鲁	习	四

四世非老鲁习

[20]

lu^{33}	çi^{21}	lu^{33}	dɛ^{21}	ŋu^{33}
鲁	习	鲁	德	五

五世鲁习鲁德

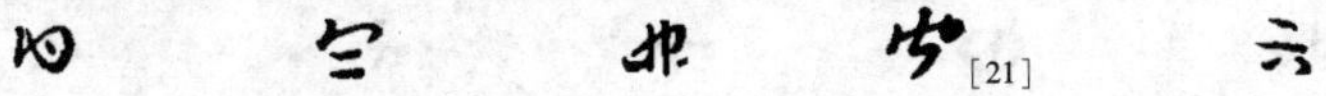

[21]

lu^{33}	dɛ^{21}	ɣɯ^{21}ɤ	fi^{21}	tɕho^{31}
鲁	德	额	非	六

六世鲁德额非

[22]

ɣɯ^{21}ɤɤ	fi^{21}	ɑ^{33}	tsi^{33}	çi^{55}
额	非	阿	赛	七

七世额非阿赛

tshi^{21}	du^{21}	ɑ^{21}	kho^{21}	ɑ^{21}	tɕe^{55}	ʑɑ^{2}	tɕo^{33}	se^{33}	mɒ^{33}
代	产	阿	阔	阿	先	啊	星	行	默

时代以阿阔为先，

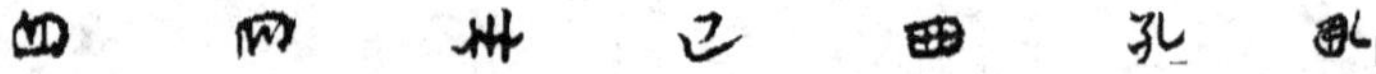 [19]

phɑ^{55}	phu^{21}	dʐʅ^{21}	lie^{13}	mɑ^{2}	de^{33}	ŋ ɤ^{21}
边	地	延展	来	吉	说	是

祖先庇佑默部土地不断拓展。

tha^{55}	phɑ^{21}	tsh ɤ^{21}	ɕi^{55}	tshi^{21}
上	面	十	七	代

上述十七世，

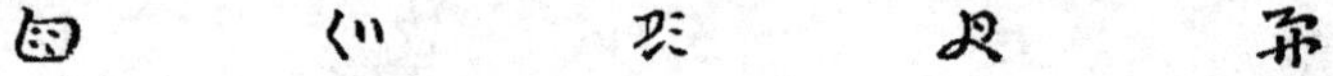

t ʂhɯ^{55}	ɣɑ^{33}	de^{55}	dʐɑ^{33}	lo^{33}
此	处	载	在	啰

载于此处了。

bi^{11}	lu^{33}	Vi^{33}	dʐɚ^{55}	ndʑi^{55}
转	轮	远	悬	离

转轮高悬索易断，

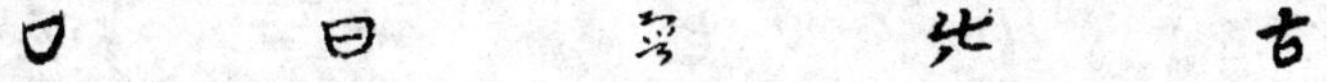

thu^{33}	lu^{33}	dʑi^{11}	tʂɑ^{33}	ʦho^{11}
宇	宙	日	转	立

太阳运转却稳固。

ȵi^{55}	ʂə^{33}	po^{33}	ʂɑ^{33}	zə^{33}
彝	权	覆	汉	操

彝权被汉把持，

mu^{33}	gɯ^{55}	ʂɚ^{33}	hi^{21}	ɬɯ^{21}
天	空	金	光	闪

似天空闪光芒，

thɑ^{21}	tho^{33}	ʣu^{33}	lɯ^{55}	ȵe^{33}
一	时	耀	去	是

闪耀一时而已。

mɚ^{33}	ɣɑ^{33}	mɑ^{21}	khu^{33}	ndʑi^{55}
好	之	吉	威	现

佳景彰威荣，

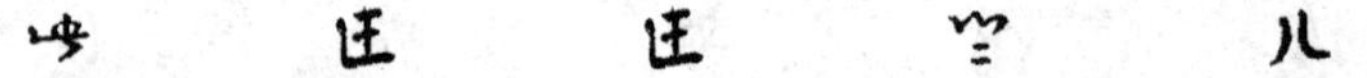

ȵi^{55}	ʣu^{21}	mv^{33}	mi^{33}	ʦhi^{31}
彝	居	天	地	世代

彝族源远流长，

ŋɔ^{2}	ȵi^{2}	ȵe^{11}	ndʐo^{33}	ve^{33}
想	心	是	美	也

心存善念有美德，

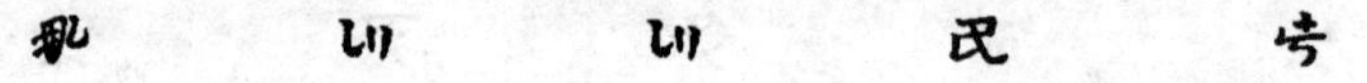

ŋə^{21}	vɑ^{33}	mɚ	ʦɯ^{33}	vɪ^{13}
是	之	尾	随	荣耀

苗裔永远荣耀。

phu^{33}	ȵe^{11}	he^{33}	mu^{21}	mi^{21}
祖	史	贤	高	史

祖先有高贵历史，

ne^{11}	ne^{33}	ve^{33}	ʥu^{21}	ʦhi^{31}
天	生	世	居	代

乃天生世家。

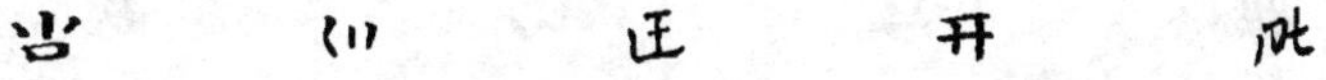

nei^{33}	ɣɑ^{33}	ʥʊ^{21}	ndʐə^{21}	nɖi^{55}
心	之	基	业	思

胸怀千秋业，

tʂhɑ^{21}	ɣɑ^{33}	ʑi^{55}	ʥɚ^{33}	ʥɚ^{33}
蒂	之	熠熠生辉	棵	棵

果蒂颗颗生辉泽，

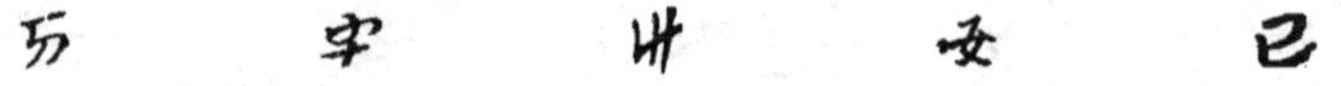

ɑ^{31}	mie^{33}	ɣɑ^{33}	tɚ^{33}	the^{33}
阿	微小	之	乾	坤

微小之中藏乾坤，

ɑ^{31}	mie^{33}	ŋ ɤ^{11}	ŋo^{11}	ʈhu^{13}
阿	微小	是	成熟	成功

微弱亦可成功业。

ʐi^{55}	mu^{33}	ɣu^{13}	gɯ^{55}
矣	慕	俄	格

在矣慕俄格，

ɑ^{31}	ndʐ ə^{21}	gɯ^{33}	ɳo^{33}	tʂo^{13}
阿	哲	大	多	随

阿哲有势力。

ɬi^{33}	tshɯ^{21}	ɕi^{55}	mu^{33}	tʂho^{21}
四	十	七	穆	濯

四十七穆濯，

hu^{13}	ȵi^{55}	tshɯ^{31}	ma^{21}	ʑi^{55}
百	二	十	祃	裔

一百二十祃裔，

tshɯ^{31}	di^{33}	mu^{31}	tso^{55}	so^{11}
十	一	臣	管，宰	者

十一位辅臣，

mi^{33}	dʑi^{55}	ɣo^{33}	ɣu^{33}	ɣɚ^{33}
地	盘	得	力	大

获得地盘势力大，

ɣo^{33}	ɳo^{33}	ɕi^{55}	mi^{33}	hu^{31}
大	小	七	地	山

大小七区域。

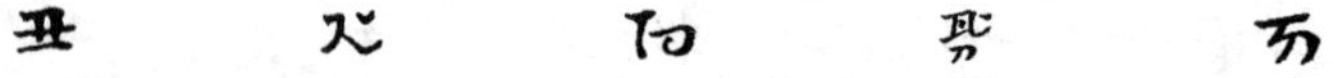

mu^{33}	ne^{21}	dʐɒ^{11}	mi^{33}	ɑ^{33}
高	低	有	命	啊

命有贵贱之别，

dɚ^{11}	gɯ^{33}	lɯ^{33}	lu^{33}	tse^{33}
埂	固	动	城	增

基牢城池众，

lɯ^{33}	lɯ^{33}	nthɤ^{33}	ɣɑ^{33}	lu^{33}
动	动	阻挡	之	拢

防御工事坚，

ti^{33}	me^{33}	ɣo^{13}	ʑɪ^{33}
底	尾	腹	灵巧

城墙牢固。

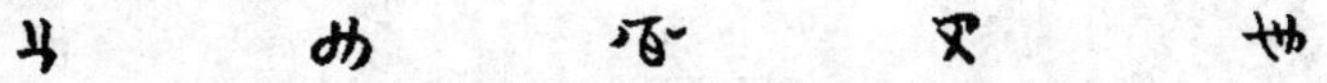

mu^{33}	gɯ^{55}	su^{13}	me^{33}	ʑo^{33}
慕	格	人	贤	育

上苍育贤士，

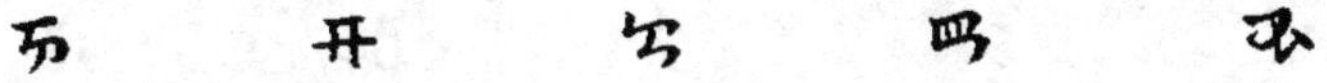

ɑ^{31}	ndʐə^{21}	ve^{33}	ʑɪ^{33}	ɳo^{21}
阿	哲	宗神	灵巧	顶端

阿哲宗神为至尊，

tsho^{21}	tshɪ^{55}	lɯ^{55}	ʈho^{33}
人	代	流	枝

世代源流长。

khu^{33}	hu^{33}	ɬo^{33}	fɑ^{13}	ndɯ^{33}
威	荣	福	禄	思

心想威荣与福禄，

sɿ^{55}	mo^{21}	ʐɑ^{33}	ɕie^{33}	tsɯ^{33}
知	见	样	新	繁茂

知识还是新颖好，

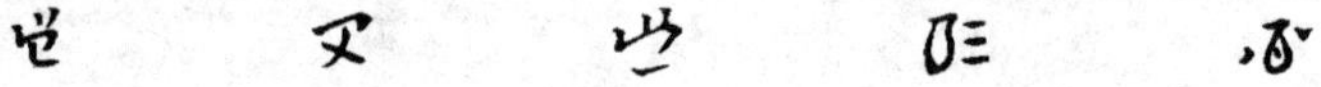

kho^{21}	me^{33}	kho^{21}	ŋgu^{55}	su^{13}
所有	贤	所有	幸福	人

所有贤良幸运之人，

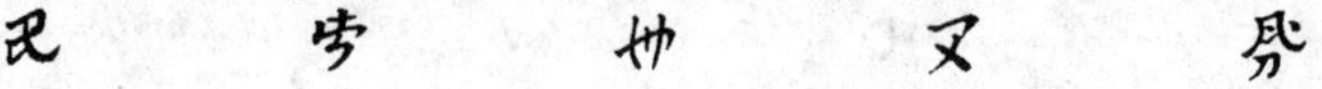

tsɯ^{33}	sɯ^{2}	ʐo^{33}	me^{33}	mi^{33}
同行		生，成长	贤，美好	命运

好运与他相伴，

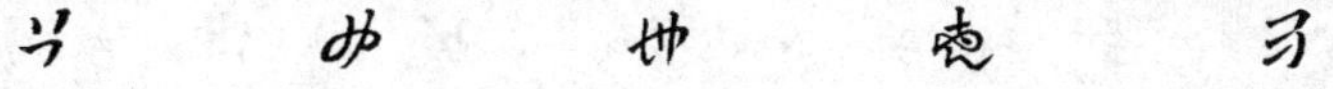

mu^{33}	gɯ^{55}	ʑo^{33}	ɬo^{33}	fɑ^{33}
上苍		生，成长	财	福

上苍赐予福禄。

tʂʅ^{55}	mi^{13}	khu^{33}	hũ^{33}
根	基	威	荣

根基和威荣，

tha^{31}	ʑi^{55}	bi^{11}	lɑ^{33}	di^{13}
一	些	上苍	之	主宰

皆由上苍主宰。

ȵi^{21}	ɣɑ^{33}	nɤ^{21}	tʂɒ^{21}	ɬi^{55}
尼	与	能	同	繁衍

尼与能共繁衍，

su^{13}	ɬie^{33}		dʑy^{21}	ȵo^{33}	tsɪ^{33}	sv^{55}
人	青年	聚集	日	端	耀	像

青年人才辈出犹如光芒四射。

ɣo^{21}	ɣɑ^{33}	ʑo^{33}	lie^{33}	su^{13}
后	之	育	来	者

后世子嗣，

zo^{33}	mə^{33}	mu^{21}	ŋu^{33}	ve^{33}
儿	女	贤	良	也。

儿女皆贤良。

ɬɯ^{33}	lo^{55}	kho^{32}	ʑɑ^{33}	ɣɑ^{33}	ȵu^{33}	ɕi^{55}
庚	寅（虎）	年	乙	酉（鸡）	月	辛

庚寅年乙酉月

[23]

$ȵi^{33}$	$ȵi^{21}$	pi^{55}	$ɳo^{55}$	tho^{55}	$tʂhi^{13}$	$ŋgo^{33}$
丑（牛）	日	丙	申	时	结	写

辛丑日丙申时敬书。

［1］（bi^{21}），原文阙，据《西南彝志》《爨文丛刻》等补。

［2］《族谱》原书彝文右侧以汉文标注“阿珮”。

［3］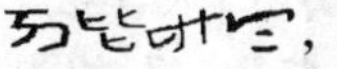，阿阔普迭，彝文右侧以汉文标注“普露”。《西南彝志》等彝文典籍记载为阿阔阿岱或阿阔额迭，（phu^{21}）与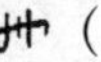（$ɣɯ^{21}$）形近而混。

［4］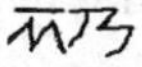，《西南彝志》记作 $ȵdʑi^{33}tɕhi^{33}$，译作纪启或纪杞。

［5］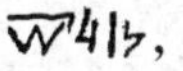，原彝文右侧标有“普贵”。《西南彝志·勿阿鼐世系》记作 $phu^{21}ɣe^{33}$，译作朴蔼；《彝族源流·阿哲君长谱》记作 $phu^{21}ʐɛ^{33}$，译作濮额。《大定府志水西安氏本末》谨按曰：“《宋史》罗氏鬼主有得盖及仆夜二人，谱状咸无其名。辜榷其时代，仆夜与五十四世普额相当，则普额即仆夜之声转无疑。”

［6］原彝文右侧标有“亦奚”。《西南彝志·勿阿鼐世系》为“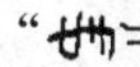”（$ɣɯ^{21}ku^{33}$），译作额果。《彝族源流·阿哲君长谱》为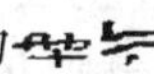（$ɣɯ^{21}tɕhi^{31}$），译作额启。

［7］原彝文右侧标有“不薛”。《西南彝志·勿阿鼐世系》为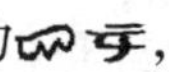，记作 $phu^{31}çie^{21}$，译作朴色；《彝族源流·阿哲君长谱》为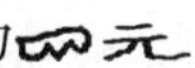，记作 $phu^{21}ȵi^{33}$，译作濮宜。本谱汉文部分不见这一世，而代以额归普色，额归普色和亦奚不薛之间有严整的语音对应规律，云南武定禄劝明刻本《益博且争》意译为《阴阳论》。“益博”在贵州《宇宙人文论》和其他译本中作“哎哺”。“公鸡”，大方读作 $ɣa^{33}phu^{33}$，而在禄劝读作 $ɣa^{33}pu^{33}$，路南则读作

ʑɑ^{33}phu^{33}；“到”，禄劝读作 tɕhi^{11}，凉山读作 ɕi^{33}，大方读作 khɤ^{11}，威宁则读作 kɤ^{33}；“主人”，禄劝读作 sɚ^{11}pho^{55}，大方读作 ɕie^{11}phu^{55}。可见，彝语方言中，ɤ 和 ʑ，p 和 ph，s 和 ɕ，舌面音 ɕ、tɕh 和舌根音 k、kh 有着严整的语音对应规律。《大明一统志·蒙化府》称巫师为西，称土地的主人为“弥西”。“弥”义为土地，其中信、西均为王或主人之义。而黔、滇、川凉山彝族均称巫师为毕摩，称部落首领和奴隶主为西或色。男称西颇，女称西摩。乾隆《云南通志》第一一九卷曰：“巫号大溪波。”元李京《云南志略》也说：“惟用男巫，号曰大溪波。”20 世纪 50 年代初，川滇彝族称男奴隶主为“西颇”，女奴隶主为“西摩”。又有称男奴隶主为“米西颇”，意为“地的主人”，“米”即“土地”。“色颇”即“主人”“男主人”；与此相对的“色嫫”，意为“女主子”。“颇”和“摩”“嫫”区别人之男女。① 故“信”“西”“溪”“色”等，均为彝语表示主人、王、巫师等同一含义的词语的译音。《族谱》彝文之亦奚不薛即为汉文“罗甸安氏世系”，《大定府志》所附“安氏谱”及“安胜祖状”之额归普色、《西南彝志·六祖起源》之额戈卜邪。

明周洪谟成化间所作《安氏家传序》：“自济火传至普贵凡五十六代，其先间皆封以王爵。《大明一统志》称普贵宋开宝间纳土归附，赐王爵以镇一方。普贵卒……其后有曰不薛，仍袭王爵。”周洪谟是如何知道安氏世系的呢？安贵荣“遣把事阿佐，以其父遗命，谓谱系太简，恐有疏虞，遂致湮没，求作家传，以遗后嗣。予故为次梗概，以为传云”。可知，安氏世系是时任宣慰使的安贵荣提供给周洪谟的，也就是说安贵荣还能清楚地知道“不薛”为安氏先祖。

---

① 刘尧汉：《中国文明源头新探——道家与彝族虎宇宙观》，昆明：云南人民出版社，1985 年，第 40 页。

《水城厅采访册》卷四“族姓”：“安氏谱系谓其祖有堵穆者，其第六子曰穆济济，济济子曰济济火，历十数世为奶阿助，助死，助阿补嗣，支子为助阿扒瓦。补死，补阿暑嗣。暑死，暑阿统嗣，其长子曰统莫补，为芒部陇氏，其少子曰统阿者，为阿鲊部。阿者死，阿者比於嗣，历十数世为都阿遮，遮死，遮阿朵嗣，其支子曰遮阿以芝。又数世为主色阿更，其子曰阿更阿珮，历四世为普露，其弟凡四十有七，有曰以列、曰白义者，历二世为普贵，历五世为阿榨，其子曰阿榨亦奚，亦奚子曰亦奚不薛，历数世为阿画，为霭翠，历数世为安贵荣，其子曰万锺，锺无子，弟万镒、万铨。镒子仁，仁子国亨，亨死，安疆臣嗣，其弟曰尧臣，子曰位，俱无嗣。安坤者，万铨之裔。”这份家谱所记虽和《族谱》略有出入，但必定有所本。所以，《元史》所记亦奚不薛、亦乞不薛、亦奚不薛、一奚卜薛、也可不薛均为一人，即安氏远祖无疑。至于其所处时代，结合《元史》所记亦奚不薛事迹及《招捕总录·宋隆济》所载“床兀儿掠得阿容者：始因徵征八百媳妇人夫马匹，亦奚不薛之子曰人马不办，官锁其项，曰耻忿，与隆济议，纠合阿八、阿纳、许波、泥帖等反”。我们基本可以断定，亦奚不薛是宋末元初人。

[8] 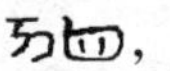，原彝文右侧标有“阿画”。《西南彝志·勿阿鼐世系》《妥阿哲世系》写作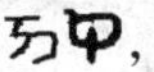，记作ɑ^{21} tɕhy^{21}，译作阿瞿。周洪谟《安氏家传序》：“阿拂即阿画，至大元年袭，授武略将军，顺元等处军民宣抚使，袭带原降虎符。泰定间赐名帖木儿不花中奉大夫，护国侍卫亲军都指挥八番沿边宣慰使，至顺元年升授资善大夫，云南行省左丞，后以征伐有功，授昭勇大将军，重授三珠虎符，升顺元八番等处军民宣慰使加龙虎大将军，封顺元郡罗甸国侯。至元元年，赴大都回至彰德，薨，追封济国公。”按《元史》无阿画（畫）而有阿昼（晝），《元史·仁宗本纪》：“延祐四年（1318），顺元等处军民宣抚使阿昼以洞蛮酋黑冲子

子昌奉方物来觐。”

［9］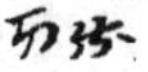 原彝文右侧标有“霭翠”。

［10］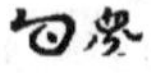 原彝文右侧标有“明洪武赐姓始此”，“安的”。

［11］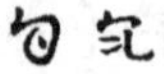 彝文右侧标有“安陇富”。

［12］ 彝文右侧标有“安观即补居”。

［13］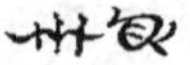 彝文右侧标有“安贵荣”。

［14］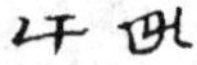 彝文右侧标有“安万锺”。

［15］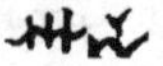 彝文右侧标有“安万镒”。

［16］ 彝文右侧标有“安万铨”。

［17］ 彝文右侧标有“安仁”。

［18］彝文右侧标有“安国亨、疆臣、尧臣”。就目前掌握资料来看，安国亨与安疆臣、安尧臣当为父子或叔侄关系。三者并列，可能作者认为三人为同一辈分，抑或别有他意。待考。

［19］彝文右侧标有“安位无出，安世入继”。

［20］彝文右侧标有“安承宗”。

［21］彝文右侧标有“安坤”。

［22］彝文右侧标有“安胜祖”。

［23］下有画就方形印章两颗，如图：

第三章　罗甸安氏汉文连名世系

第一节　一世孟□至五十五世勺阿火

一、孟赿至读

洪荒以上世远难稽，吾安氏之先自一世祖讳孟赿者居卬之卢（原注：卢或作卤卬，即越嶲。卢即《周书》之助武伐纣者也。《括地志》："戎府以南皆卢地。"戎府即今叙州府，而泸水亦以卢名。卢，黑也。夷以黑为（名）[一]大姓，后世乌蛮之称由此。夷谱子必连父名称之，与《唐书》南诏同。南诏之先曰蒙柘，与孟赿音近。南诏为昆明种，亦卢蒲之属也。"卢"与"濮"见《左传》，杜预注"罗与卢戎两军之"曰"卢戎即南蛮"；注"麇人聚百濮于选"曰"建宁郡南有濮夷"，建宁即今云南，叙州府称戎州，以卢戎得名。戎府以南，即今昭通镇雄、大定、平远、威宁也）。二世大觚　三世觉世　四世立　五世萌　六世橐皋（原注：音诧规，居濮及乌）七世足　八世泽　九世宗　十世燮　十一世居　十二世柏　能十三世道　十四世孟论（原注：夷读阴平声）十五世池　十六世宿　十七世投　十八世奚斯(原注：夷读革臭梭）十九世多　二十世毕兒　二十一世都　二十二世熹思　二十三世记　二十四世泰　二十五世乌二十六世褒　二十七世亨　二十八世臁（原注：读若乌）二十九世落错（原注：即乐作）三十世读（原注：一作祝）[1]

[1] 从孟赿到笃慕之间究竟相差多少世，各种记载说法不一。《增订爨文丛刻·笃慕源流》："在天地之间，出现了有生命会动的人。彝族从希慕遮开始传代：希慕遮；遮道古；古珠诗；诗雅立；立雅密；密喳拐；喳拐作；作雅且；且雅宗；宗雅贤；贤雅已；已迫勒；迫勒道；道慕尼；慕尼作赤；赤雅索；索雅德；德喜所；喜所朵；朵必额；必额堵；堵洗显；洗显陀；陀阿大；大阿武；阿武补；补珠武；武洛撮；撮珠笃。"《西南彝志·六祖源流》："从希慕遮开始：一世希慕遮，二世遮窦古，三世古珠诗，四世诗雅黎，五世黎珠密，六世密乍轨，一共有六代，创建君基业。一世希堵佐，二世佐窦额，三世额雅铺，四世雅铺投，五世投乍蚩，一共有五代，创建王基业。六世乍轨卓，七世卓雅且，八世且雅宗，九世宗雅色。一世色雅纪，二世纪朴娄，三世朴娄窦，四世窦慕尼，五世慕尼赤，六世赤雅索，七世索雅德，八世德洗琐，九世洗琐朵，十世朵毕额。一世毕额堵，二世堵洗舍，三世洗舍陀，四世陀雅迭达，五世达阿武，六世阿武哺，七世哺珠笃，八世笃珠武，九世武洛撮，十世撮珠笃。一世笃慕俄，笃慕俄以前，从希慕遮数起，到笃慕为止，共计三十五代。"写于乾隆二十年（1755）的《罗婺氏连名谱》："堵阿

青，阿青俄，俄起元，起元柱，柱阿得，阿得松，松更保，更保秋，秋本来，本来立，立阿苴，苴期顺，期顺弄，弄苴肯，肯阿达，阿达期，期阿色，阿色保，保阿琴，阿琴维，维起胜，起胜者，者力苴，力苴青，青阿夫，阿夫额，额坦子，坦子松，松麻者，麻者荣，荣阿勒，阿勒引，引莫俄，莫俄松，松阿理，阿理子，子尼荣，尼荣尾，尾阿更，阿更那，那阿林，阿林咪，咪苴莫，苴莫朵，朵兴罗，兴罗云，罗云得，得阿柱，阿柱者，者苴色，苴色子，子俄松，俄松兴，兴阿勒，阿勒斗，斗木林，木林磨，磨基过，过桑子，桑子俄，俄阿育，阿育奭，奭苴氏，氏蒙苴，蒙苴眉，苴眉契，契堵佐，佐道古，古朱诗，诗嘎立，立嘎咪，咪乍拐，乍拐作，作嘎且，且嘎宗，宗嘎贤，贤嘎己，己迫勒，迫勒道，道孟尼，孟尼赤，赤嘎索，索嘎德，德喜所，喜所朵，朵碧额，碧额堵，堵洗显，洗显陀，陀阿大，大阿武，阿武补，补朱勒，朱勒武，武洛撮，撮朱笃，笃阿慕。”代数和父子连名谱与此相同的还有《诏奭氏连名谱》。“契堵佐”与“希母遮”当为同音异写，这份连名谱比《笃慕源流》还要多出66代。

校记

【一】原文为“为名三大姓”，“名”字衍。

二、读慕至必额勿

三十一世太始祖讳读慕[1]（原注：《大定府志》作祝明，又作主木。慕德《杨氏乘》作烛明，又作竹明。

北陔《安氏谱》作祝穆，永宁《余氏谱》作隆穆，皆一音之转，以夷语译华音，传写各异，如天竺、印度、忻都皆一地，而传写各异），世居硌宜之山（原注：硌，夷语石也，见《方舆纪要》。宜，夷语又为业，青也。谓承祧为宗子，即鬼主也。硌宜或作乐宜，又为罗邑，或又称为罗业，或又称为泸阴，皆一音之转也），娶妻三人，长嫡觚君宜之女曰孟补（原注：觚亦作姑，孟补亦作弥布），生二子：长曰慕阿楷（原注：《定志》载楷世守乌，为白勒氏，夷名大革，一名普里，即今安顺、普定、兴义诸土司之祖也），次曰慕阿怯（原注：居于笮，为孟氏，又为蒙氏，后孟获氏仍长其部，为南诏、安南诸土司之祖，后仕汉为御史大夫，载《黔西州志》）；次娶义君能之女曰孟都（原注：亦作弥都），生二子：长曰穆阿赛（居于卢，亦作弄，即今建昌、雷波、凉山、黄郎、波卜诸土司之祖，即元罗罗斯也），次曰慕阿卧（原注：卧为赫之祖，即乌蒙扯勒。居于协，古为窦地甸，为格亨氏，分二部。乌蒙即今昭通陆氏；扯勒今永宁、毕节八土司之祖也，载大定府各州县志）；次又娶布君齿之女（原注：君齿亦作蚩）曰孟堵（亦曰乌突），生二子：长曰慕克克（原注：克居于濮，亦曰密，为德布氏，即今沾益、宣威、普安、乌撒、安陆各土司之祖，见大定黔西志。威宁八目：以几、赤兔乌、居吁、马摆、起处、妈姑、雄所、阿底），少曰慕齐齐（原注：齐居于闽，为德施氏，分三部：一曰东川，号兜主，今属云南；一曰芒部，即今镇雄陇氏祖；一曰水西，即今大定、黔西、平远土司祖也）。弟兄六人各居一邑（原注：或谓即六诏也）。我德实氏（原注：亦为德施氏）自三十二世慕齐齐[2]

（原注：居业东川，号苴慕，称雄长，号兜主，生子曰齐齐活）三十三世齐齐活（原注：活生阿德，后世误作汉济火。详注后）三十四世活阿德[3]（原注：德生乌沙）三十五世德乌沙[4]（原注：沙生乌穆）三十六世沙乌穆[5]（原注：穆生乌穆菊，亦作者菊）三十七世乌穆菊[6]（原注：菊生阿糯）三十八世菊阿糯[7]（原注：糯生阿罗，亦作阿龙）三十九世糯阿罗（原注：罗生阿杓）四十世罗阿杓[8]（原注：杓生脉）四十一世杓阿脉[9]（原注：脉生阿特，亦作阿德）四十二世脉阿特[10]（原注：特生阿舍）四十三世特阿舍[11]（原注：舍生二子：长脉乌，次戛纳）四十四世舍脉乌（原注：乌生莫牒，亦作莫得）四十五世乌莫牒[12]（原注：牒生牒堕，亦作阿堕）四十六世莫牒堕（原注：堕生阿委）四十七世堕阿委（原注：委生乌所）四十八世委巫所（原注：所生比额）四十九世所比额（原注：额生勿，勿作烘）五十世比额勿[13]（原注：勿作烘，生三子：长烘阿轮，创业郎岱，即陇氏祖也，今为扒撒。次曰烘阿奶，创业普安，即龙氏祖，今为广西岑氏。次三烘阿纳，一作勿阿纳，居承东川本业）

［1］《西南彝志·六祖起源》："笃慕俄之时，大地的四方，地被开光了，洪水泛滥，人全被淹没，只剩笃慕俄，到远处开亲。高高的天上，三君的三个姑娘，策耿纪允诺，叟汝业做媒，嫁给笃慕俄，是六祖的母亲。星出的左方，布色赤之女，赤额伍吐，是慕雅且、慕雅苦之母。二子有能耐，武祖慕雅且，乍祖慕雅苦。武乍是大儿子，分布到南部楚吐，居住在南部。月出的右方，尼色能之女，能额咪多，是慕雅热、慕雅卧之母。二子有能

耐，糯祖慕雅热，恒祖慕雅卧。糯恒是次子，开拓北部娄博，居住在北部。日出的左方，沽色尼之女，尼额咪补，是慕克克、慕齐齐之母。布祖慕克克，默祖慕齐齐。布默是小儿子，遍及中部实益，居住在中部。笃慕的名下，六子有三母。”《西南彝志》卷一七《笃慕世系》：“当笃慕之世，沽君尼之女，名尼以咪哺。能君伦之女，名伦以咪都。布君蚩之女，名蚩以武吐。三君主之女，和笃慕成家。”

（道光）《大定府志·水西安氏本末》：“有曰祝明者，居堂琅山中，以伐木通道为业。久之，木拔道通，渐成聚落，号其地曰‘罗邑’；又号其山为‘罗邑山’。夷人谓邑为业，谓山为白，故称为‘罗业白’。主木，娶妻曰堵，生克及济。”

（道光）《大定府志》卷四九“白皆土目安国泰所译夷书九则”：“主木居罗业之山，诸夷奉以为君，娶三妇。长姑君宜之女，曰宜恩密补（宜恩，犹言宜氏；密补，其女名），生二子：曰穆阿枯、曰穆阿怯。次义君能之女，曰乃恩密朵，生二子：曰穆阿赛、曰穆阿卧。三布君齿之女，曰齿恩乌堵，生二子：曰穆克克、穆济济。兄弟六人，分居六国，曰巫（枯之后）、曰乍（怯之后）、曰糯（赛之后）、曰恒（卧之后）、曰补（克之后）、曰貊（济之后），为六大姓。其后子孙繁衍，各君一部，大者方数百里，小者方数十里。《史记》所谓‘西南夷君长以十数’，《汉书》所谓‘邑侯君长’，《续汉书》所谓‘邑君邑长’者也。”

（咸丰）《安顺府志》卷二二“普里本末”：“夷书曰一世孟赾，自旄牛徼外，入居于印之卤，为卤氏，亦以字为孟氏赾氏。三十一世祝明，居庐阴之山，取觚君宜之女曰孟补，生子二，曰楛曰怯；又取义君能之女曰孟都，生子二，曰赛曰卧；又取布君齿之女曰堵，生子二，长曰克，少曰齐。昆弟六人，各居一邑。”

[2] 慕齐齐，《元史》作“蒙次次”，译音用字不同。《元

史·地理志》："麻龙州，下。麻龙者，城名也，地名棹罗能。乌蛮蒙次次之裔，祖居闷畔东川，后普恐迁苗卧龙，其孙阿麻内附。至元五年，为建蒂所并。十二年，属会川；十四年，立管民千户，隶会川路。十七年，立为州。二十七年，割属闷畔部。"①

［3］《西南彝志》作宏雅德，齐雅宏次子。《西南彝志·妥阿哲世系》："齐雅宏之时，洪鲁舍之女，舍额娄珠，是宏二子之母。长子宏雅补，不幸逝世了。"

［4］《西南彝志》作德伍舍，宏雅德次子。《西南彝志·妥阿哲世系》载宏雅德有二子："长子德伍尼，是著名的布摩。次子德伍舍。"

［5］《西南彝志·妥阿哲世系》作舍伍姆，德伍舍第五子。《妥阿哲世系》："舍子分五房：舍伍楼，变成娄额人；舍阿铎，变成白彝；舍布任，住合谟洪索；舍哺果，变成堵珠人；小是舍伍姆。"

［6］《西南彝志》作伍姆纠，舍伍姆次子。《妥阿哲世系》："长子伍姆史，变成外族了。次子伍姆纠。"

［7］《西南彝志》作纠雅努，伍姆纠次子。《妥阿哲世系》载长子"变成濮了"。

［8］《西南彝志》作鲁雅杓，努雅鲁次子。《妥阿哲世系》："长子鲁雅壸，迁到别处去了。次子鲁雅杓。"

［9］《西南彝志》作杓雅默。后世"默部"之称，源于此。

［10］《西南彝志》作默雅德。《妥阿哲世系》："舍额咪禄，是默八子之母。"但没有八子的具体分支。

［11］《西南彝志》作德实耿俄。德施氏或德实氏源于此远祖。

［12］《西南彝志》作武抹迭，实默武（《族谱》之舍脉乌）次子。《妥阿哲世系》："长子武嘎那，成嘎那土目。次子武抹

① （明）宋濂等：《元史》卷六一，北京：中华书局，1962 年，第 1475 页。

迭。”《蜀中广记》卷三六“边防记第六”：“东川军民府，古东川甸。乌蛮仲牟由之裔骂弹得之，改曰那札那夷，属南诏。”马长寿《彝族古代史》认为，骂弹就是《西南彝志》卷九《勿阿纳家的叙述》之乌莫德（武孟迭），即《六祖起源》中的默武孟迭，[①] 亦即《族谱》所谓乌莫牒。

［13］必额勿之子，一说有三子，一说有四子。《西南彝志·六祖起源》：“必额勿之世，娶勺朴阿苡为妻，是勿三子母，长子勿阿娄，迁居娄米妥体，是孟卧然（一作米卧热）之君主；次子名勿阿克，德君长家总管；第三子勿阿纳，住褒佐史卧，理迫默地方。”《西南彝志选·六祖的后裔默部》：“必额勿之世，娶淑卜阿能，生子有三人。长为勿阿娄，迁居于妥体，孟卧然君长。次为勿阿克，承阿于德业。幼为勿阿纳，迁洛纳俄戛，住谷木额以；在褒左史卧，在扒默四周，都曾居住过。到扒默之后，就当了君长。”[②]（咸丰）《兴义府志》卷四五：“火济之后十八世，有曰翁者，有子三人：曰阿轮，曰阿台，曰阿纳，生于梁时。阿轮据有梁之漏江县地，蛮语称其地曰阿外格，即今之普安县地是也。阿台据有梁之毋棳县地，蛮语称其地曰顺帅格，即今之兴义县地是也。”（道光）《大定府志·水乌世系通考》：“翁生子四：长世守闽邑，曰闽君，夷人谓为阏畔君；仲曰轮，居来南，为郎岱陇氏之祖；叔曰台，居濮隈，为普安龙氏之祖；季曰纳，为翁所爱，及翁卒，伯兄嗣立，嫂谮之，纳东徙居于濛坡之裸里，遂长其地。”

---

① 马长寿：《马长寿民族史研究著作选》，上海：上海人民出版社，2009年，第21页。

② 贵州省民族研究所：《西南彝志选》，贵阳：贵州人民出版社，1982年，第175页。

三、勿阿纳至勺阿火

五十一世勿阿纳[1]（原注：阿纳，比额勿之少子，其父爱之，其嫂嫉焉，谮于兄。父死，兄逐之。惟老奴支乌突希珠从，携米一升，瓦鬲一具，煮粥松下，松枝坠，鬲毁粥覆，希珠号伤。阿纳曰："勿悲。丈夫贵自立耳。行将太牢食也。"时当汉桓灵之世，西南夷大乱，由东川创业鹿里及水西。鹿里即今镇雄，为芒部；水西即今黔地。生二子：长阿纵，承芒部为兜主；次扒瓦，今镇雄芒部陇氏祖）五十二世纳阿纵（原注：纵生阿卜）五十三世纵阿卜[2]（原注：卜生阿勺）五十四世卜阿勺[3]（原注：勺生阿火，亦作阿匆）五十五世勺阿火[4]（原注：亦作阿匆，生三子：长火济，管阿札即水西，三阿则七，即郎岱、且里祖；次为卢氏大宗，为得布氏，分普里即普定，夷名白勒，又作播勒。居大革即今安顺，大革曰须白勒，平彝县海氏为诺白勒。夷语"须"是东也；"诺"是西也，言东西两大家也）

[1] 勿阿纳，或作勿阿鼐，毕额勿幼子，为水西安氏开基先祖，是一位颇具传奇色彩的人物。（道光）《大定府志》卷四九"白皆土目安国泰所译夷书九则"："恩阿勒，阏畔（今东川）君之少子。其父爱之，其嫂嫉焉，谗于其兄。父死，兄立，逐之。惟老奴支乌突希珠从，携米一升，瓦鬲一具，煮粥松下，松枝堕，鬲毁，粥覆。希珠号伤，阿勒曰：'勿悲，丈夫贵自立耳。行将太牢食也。'其后创业，为芒部、水西之始祖。"《西南

彝志·助孔明南征》：“勿阿鼐创建基业，妥阿哲发展基业，住在慕俄勾。”

［2］纵阿卜，亦作宗雅哺、宗阿补，纳阿宗的幼子。《彝族创世志·谱牒志·右耐妥阿哲寻源》：“凯阿耐，耐阿宗，宗阿补，可乐洛姆，耐四宗以聚。长者宗必索，次者宗阿慕，次者宗拍勿，幼者宗阿补。”《西南彝志·妥阿哲世系》：“有四家阿宗，一家是宗毕索，住毕索妥体。一家是宗迫维，住姆督叟施，管理嘎娄区域，是迫维土目。宗雅哺之时，他是个君长。”《西南彝志·有关勿阿鼐的叙述》：“小儿子宗雅哺，住罢第妥泰。”《西南彝志·芒布的又一支系》：“祖为勿阿纳，居总脑各姆。长孙宗阿茂，居局楚俄姆。阿亨苏期者，北方六域中，他得一域住；次子宗扒瓦，居孟笃色施；少子宗阿补，承君长基业。”所记略有矛盾，宗阿补为幼子无疑。

［3］卜阿勺，纵阿卜之长子。《西南彝志·有关勿阿鼐的叙述》：“哺有两个儿子，长子哺雅杓，住在勾洪勾纪。哺雅杓长大了，长子有作为……在罢第八方，大量开辟土地，定发展基业计划，山岭变了样。”

［4］（嘉靖）《四川总志》卷四〇“乌蒙军民府”：“古为窦地甸，汉为牂牁郡地。唐时乌蛮仲牟由之裔曰阿统者，始迁于窦地甸，至十一世孙乌蒙始强，号乌蒙部。宋时封阿杓为乌蒙王。”此说亦见《明一统志》。“镇雄军民府”：“古为屈流大甸。昔乌蛮之裔阿统与其子芒布居此地，其后昌盛，因祖名，号芒布部。”据方国瑜先生考证，这些记载出自李京《云南志略》。[①] 樊绰《云南志》卷四“两爨”条载：“南宁州都督爨归王妻阿姹，乌蛮女也。子守隅，袭南宁州都督。”南诏蒙归义灭爨部后，“守隅归阿体，从此与皇化隔绝。阿姹自为乌蛮部落主，从京师

① 方国瑜：《彝族史稿》，成都：四川民族出版社，1984 年，第 184 页。

朝参，大蒙恩赏”。“阿体”即阿统。方国瑜先生认为，阿统为公元8世纪中叶人。① 若此，彝族文献记载可以和汉文献相互印证，但是关于济火、笃慕年代的一些观点则面临巨大挑战。

《西南彝志·六祖起源》载，勺雅妥“生三子，在罢第妥太地方，成了三个房族。长子名妥取汝，妥取汝，未长成人而死去。次子妥芒部，分住在左面，赫默仲显地方，就是芒部府的君主。幼子妥阿者，分住在右面，慕卧格地方，就是阿者一家的君主”。（道光）《大定府志·水西安氏本末》：“阿乍（火阿济）弟兄四人，伯曰孟布，仍居鹿里为芒部。芒者蒙之转音。仲曰晟，居泸西之沙陌为阿晟部。季曰擘麻，居汉阳之苴里为阿苴部。乍始居绿水，仍为卢鹿部，绿水彝语谓之陇居，陇更、裸巨、裸革、裸主皆一音之转，即今毕节也。”今人共同的认识是：芒部、孟布、莫布、莫哺同是一人，为后来芒部的始祖。

第二节　五十六世火阿济

一、火阿济（济火）家传

五十六世火阿济[1]（原注：即火济，助武侯征孟获者，《明史》作火济，《贵州通志》及《黔书》因夷谱三十三世有齐齐活之名，遂误以为济济火而称为济火

① 方国瑜：《中国西南历史地理考释》，北京：中华书局，1987年，第719页。

将军，火济以鹿里分与其兄莫布，即芒部为德实氏，而创业贵州，今《镇雄州志》有七星营为武侯收济火处，见《镇雄志》。又云莫布为济火之子，火济深目长身面黧色而白齿，习战斗，尚信义，善抚其众，诸蛮戴之，武侯使李恢由平彝通道进盘江，火济献粮通道，助兵有功，世长其土，火济牂柯帅，实我罗甸中兴之祖，后世混作始祖慕齐齐及齐齐活，今正之。其后牂柯界普里蛮叛，后主诏火济讨平之。史载武侯征南当建兴三年，岁在乙巳，时火济年已耆艾，封罗甸王赐镂银鸠杖，以宠异焉。生子比五)

汉牂柯帅济火公序

按《黔名宦志》济火牂柯帅，善抚众，闻诸葛武侯南征，积粮通道以迎师，遂佐武侯平西南彝，擒孟获，封罗甸国王，已乃攻普里诸种，拓其境土，即安氏远祖也。今省城武侯祠塑像陪祀像前立木主。先赞云：率部南征聚粮通道，助顺酧勳封爵授诰。乌罗尔裔宜祖是傚，立像以享忠武之庙。

[1]《西南彝志》《爨文丛刻》《彝族源流》等书均作妥阿哲或妥阿者，唯此作火阿济。《彝族源流·汉人入彝地》："武刘啥的兵，由武孔明派，派出三支军，左军由左进，渡那益大河，右军从右近，渡补益大河，中军中间行，渡欧仇大河，蜀汉大兴兵，开拓彝地路。到默姆葛仲，米凯白扎戈，布阻录勾。汉兵的营房，如团团黑云。汉兵的队伍，如成群绵羊。到慕俄勾，妥阿哲家。

"大本营内，慕俄勾，妥阿哲家，杀牛又打马，杀猪又宰羊，阿哲与蜀汉，杀牲议结盟。如此之后，阿哲部，替蜀汉开道，替蜀汉喂马，给蜀汉背物，给蜀汉牵马。兵马的粮草，成百上千担，快速入飞鸟，迅疾如猿猴，往李所氏运，大兵营里送。

“上千万汉兵，遍布在彝地，孔明所派遣，由李所统领，经德勒录果，进纪俄勾部。纪俄勾部，朴娄鲁迂氏，在鲁楚杆芍嘎，杀牛议事。这样做过后，由布驾汝古，调兵布阵，抵御蜀汉兵；桓阿俣家，在巴底妥太嘎，杀牛议事，由俣俄达汝，调兵布阵，抵御蜀汉兵；武阿仇家，在夸都旺朵，大河对岸山，杀牛议事，由仇助鲁育，调兵布阵，抵御蜀汉兵。窦米能子孙，各部彝人，成千上万，都纷纷抵抗，战不过蜀汉。汉主帅李所，从米卧益尼，开通一条路，经叟卓谷姆，进攻阿着地。

“米帕待卧，罗纪盂祖家，有一口宝钟，只要撞它，就发清脆声，野兽阵出动，虎豹打头阵。罗纪家，用野兽作战，一天打三仗，两天打六仗，三天打九仗，罗纪得胜仗。遍地是血流，遍地有尸体，兽阵攻击未停止，鸟阵又出击。战斗停下后，武啥尼一家，周年余时间，撤出溃兵，安营扎寨后，狡猾的孔明，设出一条计，兵装成麒麟，都带上火种，备铜渣石渣，麒麟阵呐喊，火矢射纷纷，野兽阵溃败，就像这样了。”① 那益大河，即金沙江。补益大河，即北盘江。欧仇大河，即鸭池河。

“汉皇帝之世，慕卧格这家，跟孔明先生，大破南蛮主。祖先妥阿哲，献粮又通道，蜀汉皇帝说：‘妥阿哲此人，乃一世忠臣，敕封给王爵，罗甸八藩主。’红印盖手本，记威荣功名，乃皇帝赏赐。”②

---

① 毕节地区彝文翻译组编，王继超、王子国编译，毕节地区民族事务委员会审定：《彝族源流》第22—23卷，1997年，第110—124页。

② 贵州省民族研究所：《西南彝志选》，贵阳：贵州人民出版社，1982年，第194页。

《西南彝志·助孔明南征》："蜀汉皇帝时，孔明先生出兵，征讨南方，与叛帅交战时，祖先妥阿哲，出兵助汉皇，供给军粮，为其后援，攻无不克。汉皇帝说：妥阿哲此人，是一位忠臣。将长官职位，赐给妥阿哲，加上红印敕命，一并赐给妥阿哲。汉皇帝之时，妥阿哲成长官，皇帝又给晋爵，叫他攻打南方，其地一攻即破。北向扯勒地推进，到恒那达的，所属地方。到北部扯勒地方，从四方攻占其地。勿阿鼐创建基业，妥阿哲发展基业，住在慕俄勾。"

《西南彝志》卷一〇"水西祖代的兴起"记载，"在乌纳俄戈居住四家支，有勿阿纳者，雄心创基业，另寻好处所，于是就迁移"。《彝文丛刻·治国经》也载："君长勿阿纳……建都贵州大方城。"勿阿纳开基贵州，其后代世袭为水西地区的统治者，其五世孙火济（汉文史书称火济，亦写为济火，《西南彝志》作妥阿哲），于诸葛亮南征时，"献粮又通道"，被封为"罗甸王"，建立"慕俄格"地方政权。关于火济被封为"罗甸王"，明、清史书和地方志中也有记载。《明史·贵州土司传》记载说："蜀汉时，火济从诸葛亮南征有功，封罗甸王。"《黔记》"黑罗罗"条记载："蜀汉时有火济者，从丞相破孟获有功，封罗甸国王，即今宣慰使安氏远祖也。"彝汉文字记载内容基本相同。足见彝族先民首领火济在滇东北及黔西北活动有一定的根据，绝不是凭空捏造之词。

按：宋吴儆《竹洲集》卷一〇"邕州化外诸国土俗记"："自邕北出功饶州、梵凤州，至横山……渡都泥江，沿江而北，历罗幕州及诸山獠，至顺唐府、西南番、罗殿国、阿者国，皆汉西南夷故地。西与大理、自杞，东与黔南为邻，各有君长、姓氏，自言诸葛武侯所留戍卒后裔，有武侯碑在西南番境中。"此所谓"阿者国"疑即明代之水西，水西的彝语名为慕俄勾或阿哲，阿哲、阿者译音用字不同。果如此，则为水西见于汉籍史料之始。“自言诸葛武侯所留戍卒后裔”，与明以后历代相传之水西先祖助诸葛亮南征颇为一致，未必尽是巧合。

（弘治）《贵州图经新志》卷一《公署·贵州宣慰使司》载录都御史孔镛《记》：“予按旧《志》，贵荣始祖起于蜀汉，从汉丞相诸葛亮南征有功，封罗甸国王，居寓水西，开拓境土。”《人物》：“济火，一名济济火，善抚其众，时闻诸葛武侯南征，通道积粮以迎，武侯大悦，遂命为先锋，（赞）［替］武侯以平西南夷，擒孟获，及归，克普里仡佬氏所与争雄者，拓其境土。武侯以昭烈，命封为罗甸王，即今安氏之远祖也。”《安氏家传序》：“贵州宣慰使司，《禹贡》荆梁南境，东至龙里，西接乌撒，南连泗城，北抵播州，广及千里，轮半之，其先有慕济济者，与普里部仡佬氏争为君长，迭有盛衰。其后有曰济济火，善抚其众，时闻诸葛公南征，通道积粮以迎武侯，武侯大悦，遂命为先锋，赞武侯以平南夷，擒纵孟获。及归，仡佬氏拓其境土，武侯封为罗甸国王。”

二、汉罗甸国王济济火碑铭

将军讳济火，牂柯郡人，西南彝之君长也，其先无考，书缺有间矣。而说者不一，或曰荆芊之后，叔熊逃难于（汉）［濮］而蛮，或曰令尹子文食采于（彝）［爨］[①]。今曲州有（彝）［爨］[②] 王碑，西南夷酋长多其族姓。又楚庄豪伐滇，道梗，当王滇，后世迁黔，将

① 原文“爨”字很明显后改，用蓝色钢笔墨水写就。
② 原文“爨”字很明显后改，用蓝色钢笔墨水写就。

军其裔云。然而不可知。嗟乎，屈大夫之述祖曰："帝高阳之苗裔些。"吾打将军亦云将军生而奇，拟有文武才，擅古奇杰士之风，能以政教治其部落，怀滇黔千里而遥，诸蛮戴之，为牂柯帅。建兴三年，越嶲太守朱褒与益州守将雍闿结连棘蛮酋孟获，生蜀边衅，诸葛武侯南征，将军闻之，率所部数十万，首先输忱，刊山通道，遂佩先锋印，聚粮供军，身先士卒，罔避艰险，协汉翊亭侯李恢、彭乡亭侯马忠三道并进，先攻褒、闿，不百日，褒、闿悉平，继进擒获，于是自银坑以北历茅州庆殿而东，以及乎飘国、木鹿、都噜、普坎之间，七纵七擒，虽帷幄军略，将军亦与有力焉。班师，丞相为奏军功，封罗甸国王。俾世掌其土，镇抚诸蛮，后又奉汉诏征服普里仡佬氏之负固者，斯时将军年已耆艾，精神矍铄，仍以伏波征五溪方之帅，还，叙功，后帝赐以镂银鸠杖，以宠荣焉。其后将军卒，恪恭守土。阿佩内服，在唐会昌中。普露入贡在唐天承中。普贵奉敕来朝在宋开宝中。阿画在元以军功秩赐帖木儿不花，谥晋国公。霭翠仕明初为贵州宣慰使，卒，妻奢香代理，以报献龙场九驿功封顺德夫人[1]。明太祖皇帝赐其子姓安[2]，西南益辟。巡抚陈仪[3]奏狮子孔之之【一】平，由是致宣慰观与子贵荣统步众二万，先攻白石岩[4]，甫四旬而克。家自给饷，口不言功，（宣）[宜]【二】奖擢，特给观正三品遗勇将军诰，贵荣布[政]【三】使司参政怀远将军。荣尊贤礼士，勤政嗜学，师事阳明先生，为卿之贤大夫云。播之役，宣慰疆臣、土府尧臣协郭抚军子章、刘总兵廷大水田关娄山关之战而克，疆臣晋亚中大夫，卒，谥曰忠清[5]。尧臣继袭，遂为贵州顺元等路宣慰使。今滇、黔间其子孙犹有存者，记有之以死勤事，以劳定国能御大灾，能杆大患，则祀之。我国家崇德报功，恩至渥典至巨也，如将军者功在社稷，泽在边疆，故自顺德以上将军以下六世者，例得从祀贵州名宦。铭曰：黔山苍苍，江水泱泱。独生伟人，掘起蛮荒。助明树勳，受诏封王。虎符龙节，铁券银章。丰功懋绩，汗简馨香。名宦世世，休有烈光。我朝恩荣，俎豆锡光。立像配亨，丞相祠堂。

化沙裔米罗安家元[6]

[1] 顺德夫人，《安氏家传序》及（弘治）《贵州图经新志》、（嘉靖）《贵州通志》、（万历）《贵州通志》均为贤德夫人。官方志乘皆为贤德夫人，私家著述田汝成《炎徼纪闻·奢香》："奢香等叩头谢，乃封奢香顺德夫人，刘氏明德夫人。"郭子章《黔记》卷五六《宣慰列传》沿袭其误。可能田汝成奢香故事流传日久，加之清代方志文献沿袭其误，以致"顺德夫人"成为奢香的"封号"，而真正的封号"贤德夫人"反被湮没。

[2] 关于水西安姓的来历，前贤已有论述。① 主要有"赐姓"说和"以安为姓"说两种观点。"赐姓"说似乎更占上风，"赐姓"说又有洪武赐姓和正统赐姓两说。目前所见最早关于安姓来历的记载是（嘉靖）《贵州通志》所载周洪谟于成化十年（1474）② 写的《安氏家传序》："（洪武）十九年霭翠殁。其事略见《大明一统志》。明年弟安的袭职。二十二年，贵州都指挥

① 朱屏：《贵州宣慰使是明正统七年赐姓安氏的》，《贵州文史丛刊》1997 年第 4 期。余宏模：《明代贵州宣慰使"赐姓安氏"例证》，《贵州文史丛刊》1998 年第 1 期。

② 参见黄彰健：《明史贵州土司传记载霭翠奢香事失实辨》，载《大陆杂志》1984 年 68 卷第 2 期，第 4—11 页。

同知马烨激变水西头目，奢香与安的阻止不听。时侍郎郑彦文在贵州公干，奢香窃路走告侍郎，以其事闻。朝廷遣使取烨回，仍宣奢香赴京朝见。太祖皇帝悦，命内侍臣引入内宫见后，蒙赐珠冠鈒花金带及彩缎筵宴，封贤德夫人以归。安的亦能承继祖业，抚理地方，其后子孙遂以安为姓。"我们可称之为"以安为姓"说。田汝成《炎徼纪闻》"安贵荣"条："奢香死，霭翠之弟安匀立，子孙遂以安为姓。"郭子章《黔记》"宣慰安氏"条："霭翠故，子安的袭。十四年授亚中大夫，其后遂以安为姓。"万斯同《明史》卷四〇九《土司传》："水西安氏者，霭翠后也。自奢香之死，其弟安匀、孙安贵荣后承袭，故世称安氏。"① 均持此说。但是，我们不应该忽略的一个事实是，《明实录》从安的起，所记宣慰使均以安为姓，但是所载水西舍人、把事如果不是汉姓则以"阿×"命名。檀萃《农部琐录》卷一四《爨语·释官民》："通夷汉语者，曰通事，一曰把事，一曰目把，总曰通把。"舍人，究竟是什么职务，文献缺少明确记载，但我们从安陇富曾经被称为"舍人"这一点可以知道，舍人应该是彝族的上层，并且多以宣慰使近臣或应袭土官充之。我们把《明实录》记载的贵州宣慰使司所派遣的舍人、把事罗列如下：

《太祖实录》卷二四一"洪武二十八年九月辛酉"条："四川贵州宣慰使安的遣把事阿沙贡马。"《宣宗实录》卷一二"洪熙元年十二月甲午"条："贵州土官宣慰使安中遣把事阿路……等贡马及方物。"《英宗实录》卷七八"正统六年四月壬午"条："贵州宣慰使司舍人安陇富遣把事阿意等……俱贡马及方物。"《英宗实录》卷八七"正统六年十二月庚申"条："贵州宣慰使司土官舍人安陇富遣把事阿卓等……来朝，贡马及银器方物。"《宣宗实录》卷二五"宣德二年二月壬戌"条："贵州宣慰使安

① （清）万斯同：《明史》，续修四库全书本，上海：上海古籍出版社，第481页。

中遣弟者封……等来朝贡。”《宣宗实录》卷五一“宣德四年二月甲午”条：“贵州宣慰使安中遣侄怯……等贡驼马及方物。”《宣宗实录》卷六三“宣德五年二月戊寅”条：“贵州宣慰使安中遣弟嘉……等贡马及方物，贺万寿圣节。”《英宗实录》卷六二“正统四年十二月乙未”条：“贵州宣慰使安聚、舍人陇富遣把事阿杰……等俱来朝，贡马。”《英宗实录》卷七八“正统六年四月壬午”条：“贵州宣慰使司舍人安陇富遣把事阿意等……俱贡马及方物。”《英宗正统实录》卷八七“正统六年十二月庚申”条：“贵州宣慰使司土官舍人安陇富遣把事阿卓等……来朝，贡马及银器方物。”正统七年正月，安陇富自陈其祖父以来累朝皆赐金带，乞如例赐予。《英宗实录》卷一三〇“正统十年六月乙巳”条：“贵州宣慰使安陇富等遣舍人安阿朔等来朝，贡马及方物。”《英宗实录》卷二一九景泰附录三七“景泰三年八月己巳”条：“贵州宣慰使司宣慰使安陇富遣舍人安克等来朝，贡驼、马及方物。”《宪宗实录》卷八七“成化七年正月庚子”条：“贵州宣慰司并大龙番长官司土官宣慰使安观等遣头目安伍等各来朝，贡马。”《宪宗实录》卷二七五“成化二十一年十二月己丑”条：“贵州宣慰使司宣慰使安贵荣遣舍人安沐等各来朝，贡马及方物。”《孝宗实录》卷一四七“弘治十二年二月戊午”条：“贵州宣慰使司宣慰使安贵荣遣舍人安亨等来贡。”《孝宗实录》卷一七九“弘治十四年九月乙未”条：“贵州宣慰司土官宣慰使安贵荣老疾，遣舍人安武等来贡。”《武宗实录》卷一二“正德元年四月庚戌”条：“贵州宣慰使安贵荣遣舍把安诚等……各来朝，贡马匹方物。”《武宗实录》卷三七“正德三年四月戊辰”条：“贵州宣慰使司土官左参政安贵荣遣舍人安宗等贡马。”《武宗实录》卷五五“正德四年闰九月癸亥”条：“贵州宣慰使司土官右参政安贵荣遣舍人安居等贡马。”《武宗实录》卷七一“正德六年正月甲戌”条：“贵州宣慰使司土官参政安贵荣差舍人安仁等贡马。"《世宗实录》卷三三"嘉靖二年十一月丁丑"条："贵州宣慰司应袭土舍安万镒差舍把安然等贡马。"《世宗实录》卷五四"嘉靖四年八月甲寅"条："贵州宣慰使安万锺妻奢播遣舍把安元等来补元年马匹。"不烦多举。

我们可以发现一个很有趣的现象：正统七年（1442）之前，舍人、把事如果不是汉姓则以"阿×"命名。而在正统七年之后，《明实录》所载贵州宣慰使所遣舍人把事均以安为姓。最有意思的是"正统十年六月乙巳，贵州宣慰使安陇富等遣舍人安阿朔等来朝，贡马及方物"。"安阿朔"明显地呈现出从"阿"到"安"的过渡状态，既有先前"阿×"的痕迹，也呈现后来变为"安×"的趋势。正统七年之前的"阿×"，很可能就是后来的"安×"。至于宣慰使，由于身为朝廷命官，很可能是史官为了表示对其尊重，不书"阿"而代以词义文雅并且读音相近之"安"。万历二十年安国亨所撰《水西大渡河建桥记》："安氏邦者，予祖昭勇将军之裔，内露其首封。即弟于怀远将军讳贵荣者。水西诸地，实有带砺壤也，奕叶守土。迄白芍、白叶、白著，世有奇勋茂绩，载在简册，历历可记，至今龙脉之子，盖五世焉。"安贵荣之弟曰"内露"，而不是"安贵×"，其后世也只是称为白芍、白叶、白著，显然不合乎汉化姓氏命名规律。这也可以作为上说的一个佐证。

正统七年赐姓安的说法出自《水西安氏本末》："裸至娶奢氏，无子。诸罗有阔坡土目者，娶奢氏之女弟，生子，昭穆与相当，奢氏取以为子，曰陇富（《谱》作陇铺）。裸至卒，陇富幼，诸罗欲择各目之年长者立为宣慰使。奢氏入朝自陈，英宗许之，乃以陇富袭。乌蛮之俗，例不署姓，久之，因自忘其姓。奢氏之以陇富人觐也，英宗问其姓，答曰：'无姓。'英宗曰：'原籍何地？'答以'安西'，因赐姓安氏。乌蛮爨氏本南宁大族，自言安邑人，故诸罗相传，自谓为安西人。安西，盖安邑之讹云。

时，正统七年也。”赐姓一说虽颇有可疑之处，但所记陇富为奢氏女弟之子则可与《明实录》相关记载相互印证。四川巡按御史钱桓于万历三十五年（1607）五月所上《土舍方有结局之机黔抚忽有更端之议疏》驳斥“又谓水西镇雄原是一家，镇雄姓陇，水西无姓，而谓尧臣为陇富之后”，谓：“臣查四川土夷考，镇雄土官并无陇富过继水西之文，而尧臣何以为之后？乃尧臣原以入赘已故知府陇清之妻奢氏而来，此事彰明较著，孰不耳而目之，乃谓无姓，更捏称陇，不情甚矣。夫安疆臣世为贵州宣慰司，列圣以来，授之衣冠三品土司，俨然民夷之上，而安尧臣其的弟也，果无姓乎？抑有姓乎？果姓陇乎？抑姓安乎？假使不为安姓，则又何所据而姓陇？”① 钱桓于此并未提及安氏赐姓，照理而论，如果安氏果真朝廷赐姓，钱氏不会不加述说。

虽然我们断言“正统七年赐姓安”还缺少有说服力的证据，但前述《明实录》对舍人、把事姓氏的记载不是巧合所能解释的。

［3］陈仪，陈俨之误。（嘉靖）《贵州通志》卷九“名宦”：“陈俨，巡抚贵州，抚绥有方，口口安业，尝讨西堡叛寇，境内帖然，寻升工部左侍郎。”（万历）《贵州通志》卷二“名宦”：“陈俨，庐陵人，成化十六年任（巡抚）。讦谟远识，屹然负天下望，尝讨平西堡叛寇，境内帖然，寻召为工部右侍郎。”“陈俨，字时庄，庐陵人。景泰甲戌进士。成化十四年，巡抚贵州，兴利剔弊，惟恐不及。西堡寨苗弗驯，躬往谕之，归化者半。有终弗率者，请于上，躬擐甲胄捣其巢，号令严明，信赏必罚。于是，凭崖伏洞者望风请降，或持牛酒诣军门罗拜。捷闻，赐勒褒嘉。仲子昶从军有功，抑弗报；将佐请遣之奏捷，亦不听。官至

① 续修四库全书编纂委员会：《万历疏钞》卷四二，上海：上海古籍出版社，1996年，第571页。

南刑部侍郎。"①《明史》有传。

[4] 白石岩，亦作白石崖，位于今贵州紫云县白石崖乡。《肇域志·贵州》"安顺府西堡长官司"："白石崖，去司五十里。崖高顶平，泉四时不竭，一径攀缘而上，蛮人常恃为梗。成化间，官军破之。"《读史方舆纪要·贵州》"安顺府西堡长官司"："白石崖，在司西南五十里，崖甚险峻，惟一径可以攀援。顶平广可居。又有泉，四时不竭。蛮尝据此为硬寨。成化中，官兵讨破之。"

[5] 忠清，并非安疆臣的谥号。(道光)《大定府志》卷一八："宣慰使安万镒墓，在城东二十五里凰山下，石垣广里许，中有三宣慰墓。其二碑文漫漶不可读。其一书曰：'明诰封亚中大夫赐谥忠清贵州宣慰使太宇安公之墓。'墓前有石坊，书'金紫灵邱'，旁书'十四年二月建''都御史陈'。上下咸漫漶，其阴书'贞节慈仁'，旁书'诰封安母陆太夫人赠'，其下亦漫漶。捡《贵州通志》，明代巡抚姓陈者凡四人，曰陈宜、曰陈俨、陈天祥、陈克宅。宜以成化元年莅职，六年去；俨以十四年莅职，二十三年去；天祥以正德八年莅职，十一年去；克宅以嘉靖十四年莅职，十五年去。是所谓'都御史陈'非俨即克宅也。俨之时，宣慰无卒者；克宅莅职正当宣慰使安万镒卒后，太宇其即万镒之号欤?"同卷"宣慰使安疆臣墓在城北螺蛳塘，即罗氏塘也，检讨贵定邱禾实为之铭。铭具《文征》中"。(道光)《大定府志》卷五六《文征》载丘禾实所作《封亚中大夫贵州宣慰使安君墓志铭》并未提及安疆臣谥号，则忠清非安疆臣之谥号，明矣。又《明史概》卷五〇："黔抚郭子章念事急安杨必合，合则决不可破，以先离安氏为上策，移蜀檄尧臣，兵合疆臣同进。

① 续修四库全书编纂委员会：《万历疏钞》卷四二，上海：上海古籍出版社，1996年，第571页。

召至省城，与盟厚待之，许以归所侵地，安氏始尽力。应龙厚餽尧臣，立斩使，餽仪归于官。郭奖赏甚厚，李总督给大红缎旗，书‘忠清’二字褒之，始有大水田之捷，并烧桃溪衙之捷。”① 《平播全书》卷一五：“一件军务事。左监军道呈，首杨应龙妻田氏馈送陇澄礼物、折程银两。由详。批：壮哉陇澄！杜私交，绝利媒，申讨贼之义，寒逆贼之胆，岂不毅然烈丈夫哉！使向来当事及各土司皆立心秉节若此，曷至逆贼得遂其贿结之私，致成滔天之祸也。已另行奖赏，仰该道再制大红缎旗一面，上书‘忠清’二字给之，令每战树于马前，以作士气。此缴。”②“忠清”很可能是安尧臣的谥号，《大定府志》所谓安万镒之墓极可能是安尧臣之墓。

［6］为统一体例，署名移植于此。安家元，《水城厅采访册》卷八《人物·潜德》：“安家元，系厅属文生，号白西，吉士之长子，少颖异嗜学，游庠后，目不窥园，旁搜博览，辑《西南夷志》为数十卷，与人言恂恂然，无矜躁气。居家尤孝友，服食器用悉遵庭训。”卷九《艺文》录其诗一首：“闲课儿童读爨书，千年虫篆复虫鱼。莫嫌言语侏离陋，水木根原见太初。”

校记

【一】“之”字，疑衍。

【二】宣，当为“宜”字，形近致误。

【三】“政”字，据文意补。

① 《皇明史概》据台湾影印原刊本影印，扬州：江苏广陵古籍刻印社，1992年，第1706页。

② （明）李化龙：《平播全书》（点校本），北京：大众文艺出版社，2008年，第525页。

第三节 五十七世济比五至九十二世陇赞

一、济比五至主色阿更

五十七世济比五[1]（原注：分阿五，即仁育里普裕公之祖也。生二子：长慕翁，一名莫翁；次慕得，得即义渐里果氏祖也）五十八世莫翁[2]（原注：翁生阿说）五十九世莫翁说（原注：说生阿歹，亦作阿台）六十世说阿歹（原注：歹生阿瓦）六十一世歹阿瓦（原注：瓦生额俑，一作额你）六十二世瓦额俑[3]（原注：俑生阿扯，亦作阿尺）六十三世俑阿扯（原注：亦作阿尺，生二子：长阿住，一作阿读；次底苏。苏即水城沙氏祖也。时比那有革獠王名巴慕蜡酗酒暴虐，扯讨之，遂得其地，即今平远。合族基业始此）六十四世扯阿住（原注：亦读阿读，读生阿特）六十五世住阿特[4]（原注：亦作阿得，特生阿沮）六十六世特阿沮（原注：沮生阿業，亦作阿牒）六十七世沮阿業（原作：亦作阿牒，牒生阿都）六十八世業阿都（原注：都生三子：长阿遮，次阿户，三以支，即仁育里阿户、以支二氏祖也）六十九世都阿札[5]（原注：亦作阿遮，生二子：长阿朵，次那奔。奔即水城那奔祖也）七十世札阿朵[6]（原注：朵生二子，长阿塔，次得额，即乐贡里得额祖也）七十一世朵阿塔[7]（原注：塔生二子：长阿趣，趣卒，其弟六牒承袭。牒亦作業，牒生二子：长阿凤，次堕泥，泥即水城堕泥祖也）七十二世叶阿凤[8]（原注：亦作凤，生纳志）七十三世凤纳志[9]（原注：志生主色）七十四世纳志主色[10]（原注：开基贵州，名姑糯，又名黑羊箐，即今贵阳。按《安胜祖状》以祖色为一世祖，又云齐齐火传四十代至后汉时，主色佐武侯擒孟获，封罗甸国王，传三世至唐开成元年阿佩归顺，仍袭原职云云【一】。盖安胜祖知齐齐火为上古时人而不知勿与火音近，乍与济音讹，时夷谱误以火济为勿乍，而不知莫布即火济之子，武侯之收火济实在芒部七星营，夷书失载。武侯征孟获之事，求其人而不得，遂以主色之创业贵州误为从征孟获之人，方能创业贵州而以主色当之。故《大定志》辨其传三世至唐开成元年阿佩，为年世不合，实为乱道。盖武侯之南征，当建兴三年岁在乙巳，历东西晋迄宋、齐、梁、陈、隋至唐开成元年约五六百年，何以传三世而至。盖主色当在周，则天万岁通天二年，史称昆明内附之时，七十五世主色阿更，《唐书》《贵州志》皆云唐宪宗元和八年，罗甸王普宁王表献所侵牂柯地千里，即阿更也。今正之。色生二子：长阿革，次以义，即悦服里以义祖也）七十五世主色阿更（原注：亦作阿革，生三子：长阿尾，即阿佩；次阿隆，三扒撒，即水城扒撒、（隆）【二】阿隆二氏之祖也。）

[1]《增订爨文丛刻》作阿哲必额，妥阿哲次子。《西南彝志·妥阿哲世系》说，妥阿哲娶古额咪那为妻，是阿哲三子之

母，“长子阿哲阿武……小儿子阿哲琪，住古额娄益，是阿哲琪土目。次子阿哲毕额，继承君长权”。（道光）《大定府志·得初土目、监生安光祖所译夷书四则》：“则阿五，即今仁育里土目阿五之祖。则比五为裸主。阿则七即郎岱阿则七土目之祖，今为沙氏所继，皆出阿则。”据此，则妥阿哲有则阿五、则比五、阿则七三子。

［2］《增订爨文丛刻》作必额莫，《彝族源流》作毕额孟，《西南彝志·妥阿哲世系》作比额抹勿。阿哲毕额长子。《西南彝志选·德施氏源流》：“必额生二子，幼子为土目，即必额孟额。长子承君位，乃必额莫翁。”道光《大定府志·得初土目监生安光祖所译夷书四则》：“慕翁居木柯，今大定东九层衙是也。”

［3］贵州毕节专员公署民委会翻译组《西南彝志·六祖起源》（油印本）、《西南彝志选》所录世系与此相同。《西南彝志·妥阿哲世系》所载世系与此略有不同，依次为：抹勿杓，勿杓尼，杓尼维，尼维额。

［4］住阿特，亦作笃雅迭，赤雅笃长子。《西南彝志·妥阿哲世系》载，赤雅笃生了二子：“小儿子笃底素，住益额苦帕，是底素土目。长子笃雅迭，继承君长权。”

［5］都阿札，《西南彝志·妥阿哲世系》作堵阿叠。“八世堵阿叠。小儿子阿叠阿甫，称楚能尼益，是阿甫土目。长子叠阿铎。”《西南彝志·有关勿阿鼐的叙述》：“堵阿叠有三子，三家建立了家园……堵阿叠，掌管九十村寨，开辟土地，山林土地数第一，征收租赋多又好。”一说堵阿叠有二子，一说有三子，存疑。

［6］《西南彝志·妥阿哲世系》作叠阿铎，堵阿叠长子。“小儿子阿叠阿甫，称楚能尼益，是阿甫土目。长子叠阿铎。”贵州毕节专员公署民委会翻译组《西南彝志》卷八《六祖起源》

（油印本）："堵阿达生二子，幼子阿达阿户，居住在楚伦嫩益，是阿户土目之祖。长子袭君位，即阿达阿垛。"

[7] 叠阿铎长子，《西南彝志·妥阿哲世系》：叠阿铎"小儿子阿叠益直，是益直土目。长子铎阿沓"。《西南彝志选》："阿垛生二子，长子垛阿塔，为十四世君。幼子传土目，称支朋能液，阿塔德额者，德额土目祖。"

[8]《西南彝志·妥阿哲世系》于此多出两代：沓阿萋，萋鲁迭。"十世铎阿沓，一世沓阿萋，二世萋鲁迭，三世迭阿甫。"《流衍图》有趣六牒一世，此处却无。《族谱》前后龃龉若此。

[9] 叶阿风长子。《西南彝志·妥阿哲世系》："小儿子甫铎尼，是铎尼土目。长子甫那知。"

[10]《西南彝志·妥阿哲世系》作勾阿维，笃色阿勾长子。"小儿子阿勾尼益，称勾徐尼益，是尼益土目。长子勾阿维。"

校记

【一】原文为"仍袭原职云$_{=}$"，改重文符号为"云"。

【二】原文为"隆$_{=}$阿隆"，前"隆"字衍。

二、阿更阿佩家传

七十六世阿更阿佩[1]。（原注：亦作阿委，史称文宗开成元年，昆明卢鹿（诸）（部）【一】暴蛮诸部阿佩内附。武宗会昌二年封阿佩为罗甸王，又封其别帅为滇王。佩生二子：长阿是，次那威，即平远那威祖也。）

唐罗甸王阿珮公序

按《黔名宦志》：阿珮开成元年为罗甸鬼主，率土彝内属，会昌中袭爵为王。又《土司志》开成元年阿珮内属，会昌中封罗甸国王，世袭其爵，又封其别帅为滇王。

[1]（弘治）《贵州图经新志》卷三“人物”：“阿珮，开成元年为罗甸鬼主，率土内属，会昌中封为罗殿王，世袭爵。”

校记

【一】原文为“卢鹿诸$_{三}$部$_{三}$暴蛮”，“诸部”二字衍。

三、阿佩阿是至沮渠则额

七十七世阿佩阿是[1]（原注：是生二子：长陇那，次归宗，即嘉禾里归宗祖也）七十八世是陇那[2]（原注：那生阿阔，亦作阿可）七十九世陇那阿可[3]（原注：或作阿阔，五代史称唐明宗天成二年昆明大鬼主罗甸王普露静王九部落遣使附牂柯国入贡，生九子：长普露，即懿德，又作额牒，袭王爵；次曰阿勒，即水城阿勒祖也；三曰得基，即黔西白舍祖也；四曰簸窝，即乂渐里簸窝祖也；五曰白铺，六曰补露，七曰以利，皆悦服里三家祖也；八曰革利，九曰益兹（原注：亦作以苴）托泥，黔西阿户祖也。夷书所称所谓阿可之九子，九部落也）八十世阿可额業（原注：亦作普露，袭罗甸国王，天成二年慕化来归，率其九部入贡。生四子：长（渠）【一】沮渠，次曰德初，三曰白皆，四曰得几，并分义渐里，皆三家之祖也）八十一世额業沮渠[4]（原注：生则额，亦作惹额，分以世）八十二世沮渠则额（原注：亦作惹额，生九子：长普贵，宋开宝中袭王爵；次卧这，三以角，四阿惹，五以增，六法怯，七飞兄，八遮借，九阿克。大有里卧这祖，悦服里法怯祖，义渐里飞兄祖，水城以角祖，平远，阿克、阿惹、遮借三家祖也）

［1］勾阿维长子，一说为三子。《西南彝志·妥阿哲世系》："阿维有三子，小儿子阿维阿努，是阿努土目。次子阿维朴泽，是朴泽土目。长子阿维阿施。"《西南彝志选》："阿外生三子，长子为土目，即阿外阿糯，阿糯土目祖。次子为土目，即阿外濮查，濮查土目祖；幼子袭王爵，乃阿外阿诗。"

［2］阿外阿诗长子。《西南彝志选》："阿诗生二子，长子袭王爵，乃阿诗洛纳。"

［3］据《西南彝志·妥阿哲世系》载，洛那阿壳为阿施洛那长子。"小儿子洛那耿作，住博维苟嘎，是耿作土目。长子洛那阿壳。""洛那阿壳，有九个嫡子，十三个庶子，全都是土目。"《西南彝志选》："洛纳生二子，幼子为土目，乃洛纳耿宗，居白勺耿戛，耿宗土目祖。长子袭王爵，即洛纳阿阔。"《西南彝志·有关勿阿鼐的叙述》："洛那阿壳，身体壮实超群。阿壳此人，有如日月之明，长到十二岁，就坐在主位上，善于听好话；长到十六岁，年轻人拥护他，老年人支持他，掌管大基业，威高势又大。"

（道光）《大定府志·白皆土木安国泰所译夷书九则》："那

阿可，母庶，嫡妒，生不敢育，弃于野，群燕覆翼之。父禄那知之，以为祥，育之，传以国。夷语‘燕阿可’，因名‘阿可’。有四十八子，宗支甚繁，而国以强。”（道光）《大定府志·水乌世系通考》：“可有子四十八人，其嫡妻生者九：伯曰懿德，仲曰勒叔、曰禹祖、曰柏舍、曰播和、曰革利、曰伯溥、曰普露，季曰禹鳌。勒为阿勒土目之祖；禹祖无后；曰（编者注：当为“柏”）舍为白舍土目之祖；播和为簸窝土目之祖；革利无后；柏溥为白铺土目之祖；普露为铺路土目之祖；禹鳌为以利土目之祖。”

［4］《西南彝志·妥阿哲世系》：“额迭德楚，称列启尼益。额迭德纪，是德纪土目。二世额迭纪启，纪启是长子，不幸早逝了，麻舍纪，亦不幸早逝，原许布播勒家，到后来，因为她早逝了，播勒家祭祖，逐代数到她，同样祭奠她。她的弟弟，继承君长权，又受德楚基业，离开家园，住果倮抹倮，是博尼尼益，纪启土目是长房。纪启益组，是珐珠尼益。纪启者洁，在纪启仁额掌权，是者洁土目。纪启姆德，纪启阿仁，都是土目。”

校记

【一】原文为“长渠$_{三}$沮”，“渠”字衍。

四、则额普贵家传

八十三世则额普贵[1]（原注：生额增，宋太祖乾德五年普贵内附，命为贵州刺史，仍封王爵。〇普贵分密受）

宋罗甸王普贵公序

按《黔名宦志》：普贵一名宇贵，开宝中诏谕西南彝，普贵遂纳（编者注：疑有脱字）归顺，赐王。宋祖谕普贵敕云："予以义正邦，华夏、蛮貊罔不率服，唯尔贵州，远在要荒，先王之制，要服者来贡，荒服者来享。不贡，有征伐之兵，攻（典）[一]讨之典。予往年为（播）[二]扶播杨南氏之弱，劳我王师，罪人斯得，想亦闻之。有司请进兵惩问不贡。予曰：'远人不服，则修文德以来之，穷兵（绩）［黩］武，予所不忍。'寻乃班师。近得尔父子状，知欲向化，乃布兹文告之：尔若挈土来庭，爵土人民，世守如旧。故兹制旨，想宜知悉。"

［1］《西南彝志妥阿哲世系》作仁额朴蔼，彝文作""，读音记为 $zɯ^{33}$ $ɣɯ^{21}$ phu^{21} $ɣe^{33}$。（道光）《大定府志》附录《安氏谱》作"则额普额"。《安胜祖状》则为"普贵"。

（嘉靖）《贵州通志》卷一一所载周洪谟《安氏家传序》并引《大明一统志》：自济火传至普贵，凡五十六代，其先间皆封以王爵。《大明一统志》称普贵，宋开宝间纳土归附，赐王爵以镇一方。普贵卒，其后嗣被邻封诖误，宋帝命将征讨，普氏子孙具状以闻，遂班师，不入其境，降敕谕之曰：予以义正邦，华夏蛮貊无不率服。惟尔贵州远在要服。先王之制，要服者来贡，荒服者来享，不贡故伐之。予往年为扶播南杨氏之弱，劳我王室，罪人斯得，想亦闻之，有司因请进兵尔土，惩问不贡。予曰：远人不贡，则修文德以来之，穷兵黩武，予所不忍。寻乃班师，得尔母子状，知欲向化，乃布兹文告之辞，［曰］：尔若挈土来庭，爵禄、土地、人民世守如故，予不食言，故兹制旨，想宜知悉。

（弘治）《贵州图经新志》卷三“人物”：“普贵，一名宇归，五代末为罗甸国王，宋太祖开宝中招降西南夷，以诏书谕普贵曰：‘予以义王邦，华夏蛮貊无不率服。惟尔贵州远在要服。先王之制，要服者来贡，荒服者来享，不贡有攻伐之兵，征讨之典。予往年为扶播南杨氏之弱，劳我王室，罪久斯得，想亦闻之，有司因请进兵尔土，惩问不贡。予曰：远人不贡，则修文德以来之，穷兵黩武，予所不忍，辱乃班师，近得尔母子状，知欲向化，乃布兹文告之：尔若挈土来庭，爵土、人民世守如旧，予不食言，故制兹行，想宜知悉。’普贵遂纳土归顺，仍赐王爵，以镇一方。”

按：《宋史·泸州蛮》：“庆历初，泸州言：‘管下溪峒十州，有唐及本朝所赐州额，今乌蛮王子得盖居其地。部族最盛，旁有旧姚州，废已久，得盖愿得州名以长夷落。’诏复建姚州，以得盖为刺史，铸印赐之。得盖死，其子窃号‘罗氏鬼主’。鬼主死，子仆射袭其号，浸弱不能令诸族。”仆射，亦作仆夜。《皇宋通鉴长编纪事本末》卷八八：“（熙宁七年）五月乙亥，西南蕃乌蛮罗氏鬼主仆夜为银青光禄大夫、知羁縻姚州。”仆射很可能是普额的译音字。

校记

【一】原文为“攻典$_{三}$讨之”，“典”字衍。

【二】原文为“往年为播$_{三}$扶”，“播”字衍。

五、额则至阿糯

八十四世普贵额则[1]（原注：亦名额增，生三子：长陇杓，次陇舍阿呼，三则窝阿呼，次与三，并黔西陇舍二家祖也）八十五世额则陇杓[2]（原注：杓生二子：长主赞，次比起阿乌迷，即黔西阿乌迷祖也）八十六世陇杓主载[3]（原注：亦作主赞，赞生阿宗，宗生额姑）八十七世主载额归（原注：亦作额姑，生普色）八十八世额归普色（原注：生阿膩）八十九世普色阿膩（原注：生六子：长阿糯，次马摆，三总几，四凹书，五妈烘，六帕那，五氏并仁育里五氏祖也。又分阿乾引底）九十世阿膩阿糯[4]（原注：生子阿画。元世祖十五年内附，为安抚使，佩虎符）

[1]《西南彝志选》："濮额生三子，曰濮额米勺，曰濮额德却，二家皆土目；濮额额则者，五十五世君。"

按：增订《爨文丛刻·古史通鉴·土地、民奴和则溪的管理》："斗堵则溪城堡和营寨的主管者是阿克额增。请阿克额增，代濮叶额增行事；请瓦尼老内，代大俄老内行事；请撒都规哺，代本哲陇知行事。三代聘任代理官。"

[2]《西南彝志选》："额则生二子，一子传土目，即额则录里；一子继君位，乃额则老勺。"

[3]《流衍图》陇杓主载之后有主载阿宗，《西南彝志选·六祖的后裔——默部》："笃仁（《族谱》之主载）生二子，曰笃仁必奇，称陇舍能液，阿乌迷土目；曰笃仁额果，袭爵为君

长。”没有阿宗一代，而《西南彝志选·水西祖代的兴起》及《彝族源流·阿哲君长谱》在笃仁之后还有阿宗或阿租。主载阿宗（租）、主载额果是父子关系还是兄弟关系，待考。

［4］《安氏家传序》：“至于胡元，有曰阿委氏，其妻奢湛夫人，阿委卒，把事普加专权作乱，不修职责，元帝命将刘平章来讨，师既临境，奢湛密计斩普加首诣军前请罪。平章命阿委之子阿那仍仍守其土，用是元始去其王爵。至正十九年，以阿那授三珠虎符昭勇大将军、顺元路总管。”黄缙《金华黄先生文集》卷二五《武宣刘公（国杰）神道碑》：“蛮酋蛇节，水西土官阿那之妻也，有权略，郡蛮咸听其命。”颇疑阿那或即《族谱》之阿糯，译音用字不同。

六、济国公阿画家传

九十一世【阿糯阿画】[一][1]（原注：大德七年，徙顺元宣抚司于亦奚不薛，以阿画为宣抚使，授武略将军。仁宗延佑五年，阿画以洞蛮酋黑冲子昌奉方物来觐。文宗至顺元年，以八番顺元沿边宣抚使阿画赐帖木儿不花，加资善大夫，为云南行省右丞，从豫王进讨云南，屡立战功，加龙虎大将军，封罗甸侯，卒，赠济国公。画生三子：长乍俄，俄卒，弟陇内袞。内卒，弟陇赞袞）

元龙虎大将军赠济国公阿画公序

按《黔名宦志》阿画，一名阿拂，普贵之后，至大元年授武略将军，顺元等处军民宣抚使。泰定间赐名帖木儿。又《土司志》阿画以军功授昭勇大将军，佩三珠虎符，顺元等处宣慰司加资善大夫，为云南行省右丞，从（从）[二]豫王进讨云南，屡立战功，加龙虎大将军，封罗甸侯，卒，赠济国公。

[1]《西南彝志·妥阿哲世系》彝文作“
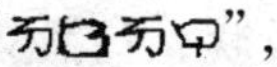
”，读音记作“a^{21}ɳo^{33}a^{21}tɕhy^{21}”。后多写

作

，读音也随之为“xɑ^{21}”，“阿脑阿瞿”也就变成了“阿脑阿画”。

阿画，《元史》作阿昼。《元史·本纪》延祐五年“五月辛酉朔，顺元等处军民宣抚使阿昼以洞蛮酋黑冲子子昌奉方物来觐”。(弘治)《贵州图经新志》卷三“人物”：“阿画，一名阿拂，普贵［孙］，州人，至大元年，授武略将军，顺元等处军民宣抚使，寻边，元降虎符。泰定间，赐名帖木儿卜花，升中奉大夫，兼升侍卫亲军都指挥八番沿边宣慰使。至顺元年至改升善大夫，云南行省左丞，后以征伐有功，授昭赠大将军，佩三珠虎符，顺元八番等处军民宣慰使，加龙虎大将军，封顺元郡罗甸侯，卒，赠济国公。”周洪谟《安氏家传序》：“弟阿拂即阿画，至大元年袭，授武略将军，顺元等处军民宣抚使，袭带原降虎符。泰定间赐名帖木儿不花中奉大夫，护国侍卫亲军都指挥八番沿边宣慰使，至顺元年升授资善大夫，云南行省左丞，后以征伐有功，授昭勇大将军，重授三珠虎符，升顺元八番等处军民宣慰使加龙虎大将军，封顺元郡罗甸国侯。至元元年，赴大都回至彰德，薨，追封济国公。”

关于阿画（昼）的受赏及征伐之功，据《元史·本纪》梳理如下：大德五年，蛇节被斩后，顺元宣抚使阿昼徙居水西，罢亦奚不薛总管府。泰定帝时，以军功赐阿昼名帖木儿不花，迁八番顺元沿边宣慰使，不久降顺元宣抚司为安抚司，阿昼宣慰使如故。至顺元年三月戊午，以八番顺元宣慰使帖木儿不花为云南行省左丞，从豫王由八番道讨云南。四月乌（蒙）［撒］土官禄余杀乌撒宣慰司官吏，降于伯忽。云南贼禄余以蛮兵七百余人拒乌撒、顺元界，立关固守。二年九月庚寅，禄余寇顺元路。丁酉，云南行省遣都事那海、镇抚栾智等奉诏往谕，禄余及授以参政制命，至撒家关，禄余拒不受。俄而贼大至，那海因与力战，贼乃退。及晚，乌撒兵入顺元境，左丞帖木儿不花御战，那海复就阵宣诏招之，遂遇害，帖木儿不花等敛兵还。三年正月己丑，四川行省言："去年九月，左丞帖木儿不花与禄余贼兵战，被创，贼遂侵境，乞调重庆、叙州兵二千五百人往救之。"

校记

【一】原文脱"阿糯阿画"四字，据文例及上下文补。

【二】据文意，后"从"字疑衍。

七、宣慰使陇赞霭翠

九十二世阿画陇赞[1]（原注：赞生阿砌，即霭翠）

九十三世陇赞霭翠[2]（原注：明太祖洪武四年，霭翠来朝，罢八番顺元宣慰司都元帅府，置贵州卫，改顺元宣抚司为贵州宣抚司，十二月，改隶四川行省。六年，霭翠请陇居，不许，升贵州宣抚司为宣慰司，诏霭翠位各宣慰之上。十六年，贵州宣慰使霭翠（遗）［遣］【一】其妻禄德氏之女奢香率土酋入贡，赐姓安。生子陇弟，后改安的）

元明封宣慰使司霭翠公序

按《黔名宦志》：霭翠，阿画之后，仕元朝为四川行中书左丞，兼顺元等处宣慰使。洪武四年，与同知宋钦[3]归附，以翠为贵州宣慰使，统四十八部，号最强。明太祖谕宣慰司敕云：天生一代之君，必成一代之治，自古以来，莫不皆然，而其间治有隆污，政有得失，亦由人君善用人与不善用人之所致也。朕承大统之后，矧今既为天子，而肯私以怨恶加于人耶？故用人尽忠于过者，虽仇必赏。朕仰遵成宪，俯察舆情，推至公之心，广仁厚之化，嘉惠海内，子育元元，欲比隆前代以臻（至）［郅］治。尔天下土官，遵守朕训，各尽乃心，勿妄怀疑，以速咎戾，则可以（保）【二】共保富贵于无穷。[4]

［1］《水西安氏本末》："陇内卒，无子。有弟陇赞，顺帝元统二年四月乙丑，赐名伯颜溥花，诏袭顺元等处军民宣抚使、八番等处沿边宣慰使。先是，罗氏自比五以来，辄数世而支族入袭，因以为常，及陇内之卒业，部人欲仍其旧，帝以阿昼有功，不许。故特赐名而命之焉。自是，阿昼子孙恒有水西云。"《元史·本纪》元统二年夏四月："乙丑，命顺元等处军民宣抚使、八番等处沿边宣慰使伯颜溥花承袭父职。"

《西南彝志·妥阿哲世系》在陇赞之前多出阿瞿达俄、达俄鲁佴两代。

［2］据《流衍图》从霭翠到安贵荣世系：霭翠—安的—卜葩—阿布—安忠—褒兹—安聚—珑富—安观—安贵荣。因为《族谱》残缺，从九十三世霭翠到百一世安贵荣未知汉文入谱者谁何。

周洪谟《安氏家传序》："其（阿画）从子霭翠袭，授中顺大夫、四川等处行中书省左丞兼顺元等处世袭土官宣慰使，加镇国大将军三珠虎符，其妻奢香聪慧过人，辅助于内，其臣总管陇约小心谨慎协赞于外，适元季明王真据蜀，伏遇太祖高皇帝龙飞九五，平定中原，贵州所属水西产有良马数十匹，令把事重译从镇远达沅湘，买路赴京进贡。荷蒙高皇大喜，厚赏以归。时闻天兵南下，西蜀以平，备马百匹齎本司印信拜授牌面，赴重庆府总兵官缴纳。时夏国主明昇以全蜀降，献龙马。命学士宋濂作赞，是马出于贵州养龙坑者也。宋濂作赞见《文集》。洪武四年，钦蒙设贵州宣慰司授土官宣慰使。五年授广威将军，诰命子孙世袭。六年升本司为贵州宣慰使司，本年授明威将军及赐水字号勘合文范。七年授怀远将军诰命，子孙世袭。十三年大将征讨云南，师至沅州，霭翠命总管陇约迎至镇远，通道积粮以候大军。既至百蛮破胆，靡不悦服。霭翠备马一万匹，米一万石，毡一万领，刀弩牛羊各一万以助军资。蓝傅二总兵官甚喜，度本司地方道路开设十一驿、四巡检司而去。十七年霭翠及陇约赴京朝见，赏赐甚厚。十九年霭翠殁。”

（弘治）《贵州图经新志》卷三“人物”：“霭翠，阿画之后，有牧民才，仕元为四川等处行中书省左丞，兼顺元等处宣慰使。洪武初归附，授怀远将军，世袭宣慰使。”

（弘治）《贵州图经新志》卷一《公署·贵州宣慰使司》载录都御史孔镛《记》：“予按旧《志》贵荣始祖起于蜀汉，从汉丞相诸葛亮南征有功，封罗甸国王，居寓水西，开拓境土。至元有霭翠者，受亚中大夫，世袭上官，宣慰闻我朝太祖高皇帝奄有万方，纳土入贡。洪武四年，天兵南下，授霭翠前职，升广威将军，于贵州北门内即顺元宣抚司故址，建贵州宣抚司。洪武六年，升为宣慰使司。洪武七年，怀远将军。宣慰使诏命子孙世袭。洪武十三年开故贵州龙里一十七驿、陆广等四巡检司。霭翠卒，弟安的袭职，其后子孙遂以安为姓。今贵荣得世袭其职，思祖宗之勳业。”

［3］（弘治）《贵州图经新志》卷三“人物”：“宋钦，阿重孙，旧名蒙古歹。元时以平寇保境功授招勇将军，八番顺元等处宣慰使，都元帅加镇国上将军，兼四川等处行中书省参知政事。洪武初，同霭翠归附，赐今名，授怀远将军，世袭宣慰使，有善政。”《大明故怀远将军轻车都尉贵州宣慰使司宣慰使宋公（斌）墓志铭》①：“至大口口，钦先赐名‘蒙古歹’。国初，慕义款附，授明威将军贵州宣慰使口口，授怀远将军。”

［4］所谓太祖谕乃由明成祖敕谕摘编而成。明成祖朱棣永乐元年四月敕谕天下文武官员军民人等：“朕惟天生一代之君，必成一代之治。自古以来，莫不皆然。而其间治有隆污，政有得失，亦由人君善用人与不善用人之所致也。且以唐宋言之，唐太宗有拨乱反正之材，抱济世安民之德，克致贞观之治，斗米三钱，外户不闭，四方肃靖，蛮夷率服，近古鲜比。求其故，太宗盖能用天下之贤，王珪、魏征释之于嫌怨，李靖、尉迟敬德举之于仇敌，房玄龄、杜如晦用之于异代。宋太祖起介胄之中，践九五之位，抚辑四方，削夷列国，与世休息，迄于丕平，开三百年之洪基，兴声名文物之风俗。求其故，太祖亦能用天下之贤，范质、王溥皆先代之旧臣，石守信、王审琦俱前朝之宿将，太祖举而任之。由此观之，唐太宗、宋太祖推赤心以用人，故人皆尽心以事之，遂皆成一代之明君贤臣，载在信史，昭然可鉴。朕以高皇帝嫡子奉藩于燕。高皇帝以燕地与胡虏接境，屡属以边事。后懿文太子薨，高皇帝以朕堪属大事，欲正位东宫，永固基本。不幸高皇帝宾天，允炆矫遗诏嗣位，戕害诸王骨肉，怀衅之意已甚，疑朕之心实深。即位未几，首遣奸臣围逼，如釜鱼置兔，决无生理。朕实不得已，起兵自救，初岂有心于天下哉！竟以一隅

① 《宋斌墓志铭》，载孙定朝、孙建朝、孙昊：《家谱研究管窥》，1998 年，第 208 页。

之众，敌天下之兵，三四年间，大战数十，小战无算，制胜克捷，卒平祸乱，此岂人力所能为也。赖天地宗社之灵，父皇母后之祐，天命所集，人心所归，是以至此。朕自即位之初，不敢用一毫之私，思天下者父皇之天下，军民官员皆父皇之赤子，除更改父皇成宪、浊乱父皇天下之奸恶，悉已诛戮，其余文武官员，仍旧用之无疑。升赏黜罚，一从至当而已。夫以唐太宗、宋太祖尚用异代之臣，况朕父皇之臣，素非雠怨他人之比。近者间有无知小人，尚怀疑心，不思朕推赤心委任之意，居闲则妄生异议，处事则不肯尽心，此徒盖不达天命故也。人君代天理物，故曰天子；奉行天命，故曰天吏。若不有天命，凡有力者皆得之。且以近代论之，元有天下，海宇之广，生齿之繁，国用之富，兵甲之盛，孰得而胜之？及天命已去，群雄并起，我太祖高皇帝不阶寸土一民，卒平祸乱而有天下，盖亦用才于异代，释憾于怨仇，所以创业垂统，制礼作乐，身致太平，余四十年。由是观之，亦不越乎用人之所致也。我父皇积功累仁，圣德格天，天命眷顾之隆，垂裕无疆，故福被朕躬，以承大统。朕岂敢违天命与父皇之德，以为治乎！思朕往者亲当锋镝之际，所获将士，不杀一人。于此之时，尚不杀之，矧今既为天子，而肯私以怨恶加于人耶！故用人之际，无分彼此，视为一体。若尽忠于国者，虽雠必赏；若心怀异谋者，虽亲必诛。且以奉天征讨将士论之，从朕征战，身当矢石，万死一生，以报朕父皇之恩，其有犯法者，朕亦不宥。何则？法度本父皇法度，朕岂敢私！今天下一家，四海一统，军民相乐，共享太平。敢有不思太祖之恩，妄兴异议，自分彼此，心怀疑忌，志有不足，讪毁怨谤，不安其职者，必有天灾人祸。事发到官，族灭其家。朕仰遵成宪，俯察舆情，推至公之心，广仁厚之化，嘉惠海内，子育元元，欲比隆前规，以臻至治。尔天下文武官员军民人等，遵守朕训，各尽乃心，毋妄怀疑以速咎戾，则可以皆保富贵于无穷矣。故此敕谕，宜体至怀。”①此“敕谕”，在《明太宗实录》中所载甚略：“帝王图治必审于用人，或取诸亡国，或举于仇怨，惟其贤而已。若唐太宗用王桂、魏征、房玄龄、杜如晦、李靖、尉迟敬德，宋太祖用范质、王溥、石守信、王审琦辈，相与协心比力，共建功业，载在信史，垂光后世，昭然可鉴也。朕太祖高皇帝嫡子奉藩于燕，荷天地宗社之灵，肃清奸宄，遂正大统。莅阼以来，思惟文武群臣皆皇考旧人，惟诚用之，纤细无间。此闻群臣犹有心怀危疑不安于职者，此盖不达天命，不明朕心故也。”② 可见，所谓“明太祖谕宣慰司”云云乃删节成祖敕谕而成。

校记

【一】遗，当为“遣”字，形近致误。

【二】原文为“可以保$_{三}$共”，“保”字衍。

---

① 吴晗辑：《朝鲜李朝实录中的中国史料》（第一册），北京：中华书局，1980年，第187—189页。

② 参见《明太宗实录》卷一九“永乐元年四月戊申”条。

第四节 摄宣慰使奢香

一、明封顺德夫人禄德氏奢香序

按《黔建置志》：霭翠（遗）[遣]【一】奢香见太祖，愿效力开西鄙世保境，以乞除都督马晔，太祖许之。[1]御赐姓安氏。《平远州人物志》：宣慰霭翠遗【二】妻奢香率土酋入贡方物、马匹，太祖（太）[大]【三】悦，杂赐文绮、织锦、珠翠、如意冠、金环、绣衣。翠死，香代立，循例赴阙，封顺德夫人。又《黔西土司志》：洪武十七年，香开（槁）【四】偏桥、东水以达乌蒙、乌撒及容山草堂诸境，且立龙场九驿，岁贡马匹、廪积以通往来，而西南益辟。二十三年五月己酉，摄贵州宣慰使奢香遣其子阿的入朝，且请肄业（焉）【五】太学，许之。十月，香又遣其子妇奢助率土酋入贡，上赐安的三品服，命还。十一月，置贵州宣慰学。二十六年正月，奢香贡马。二十九年，香死，朝廷遣使祭之。贵州提学副使吴国伦[2]《次奢香驿》诗云：我闻水西奢香氏，奉诏曾谒高皇宫。承恩一诺九驿通，凿山刻木穿蒙茸。至今承平二百载，牂柯僰道犹同风。西溪东流石齿齿，呜咽犹哀奢香死。中州男儿忍巾帼，何物老妪亦青史。君不见，蜀道之辟五丁神，犍为万卒迷无津。帐中坐叱山河走，谁识奢香一妇人。[3]

[1] 奢香、马晔事始见于周洪谟《安氏家传序》："二十二年，贵州都指挥同知马烨激变水西头目，奢香与安的阻止不听。时侍郎郑彦文在贵州公干，奢香窃路走告侍郎，以其事闻。朝廷遣使取烨回，仍宣奢香赴京朝见。太祖皇帝悦，命内侍臣引入内宫见后，蒙赐珠冠鈒花金带及彩缎筵宴，封贤德夫人以归。"（弘治）《贵州图经新志》卷三"列女"："奢香，宣慰使霭翠妻也，洪武初相其夫输忠（卒）［率］土归附，贡马万匹，亡几，霭翠卒，其下有欲挟之作乱者，奢香不从，朝廷知之，喻使入见，奢香乃赴京。太祖高皇帝嘉其诚款，命中官引入内宫见太后，与语，大悦，赐珠冠殿花金带并彩缎筵宴，复颁诰封贤德夫人而归。"同卷"刘氏，宣慰使宋斌母也。……时水西土官妻奢香为帅臣所挫，其下有欲挟之为乱者，上命刘氏召之，刘归，奉宣慰意，奢香即偕子妇奢助，因刘之京，纳款，地方以安，皆刘之功也。"其后田汝成加以演绎，将事件加以传奇色彩。王世贞对此曾有辩驳。明王世贞《弇山堂别集》卷二一："田氏（汝成）文可谓核而事可谓奇矣，然考之史，有未合者。按《一统志》霭翠元宣抚使阿哈子，以元宣慰使兼四川行省左丞降。宋钦旧名蒙古岱，亦以元宣慰使兼四川行省参政降。以霭翠为水西宣慰使，宋钦为贵州宣慰使而诏霭翠位在诸宣慰上，钦卒，子诚袭。十五年，诚母刘氏名淑真入朝，赐纱罗袭衣，又赐米三十石，钞二百锭，衣三袭遣归。十六年，刘氏复入朝。十七年霭翠遣妻奢香率土酋入朝贡方物，赐文锦绮帛珠翠如意冠金环绣衣。洪武二十一年二月，长兴侯耿炳文承制遣陕西都指挥同知马煜率西安等卫兵三万二千人屯戍云南。六月，水西宣慰使霭翠、贵州宣慰使宋斌贡马，赐钞帛。斌，

当是诚弟也。九月，霭翠尚以巤逋租贡马谢恩，而明年正月，进马者则为霭翠妻奢香遣其把事人等，盖翠已卒矣。二十三年，宋宣慰奏苗蛮乱，遣延安侯唐胜宗等讨平之。二十四年，置永宁至沾溢邮传四十八。贵州都指挥马煜巡视谓，未有邮卒请以戍军应役。二十五年正月，都督何福讨云南都匀九名九姓及毕节啰啰诸蛮，克之。寻，遣人奏故宣慰霭翠妻奢香亦桀骜不服，请兵讨之，不许。十月，奢香遣其子妇奢助及把事头目允则陇往来朝，赐银钞锦绮甚厚。至二十六年正月，贡马方物。按奢香二月内独有贵州宣慰使安的称贡，而奢香、宋诚亦绝响矣，岂奢香殁而霭翠之弟安的代之，为安匀误耶？将宋斌者亦殁，而水西宣慰改为贵州，贵州之宋宣慰降为同知耶？史于土夷殁袭俱略不书，第于贡贺赏劳一端，尚可考见，然所谓马煜者都指挥耳，非都督也。都督诛死，史必书之，今阙不载，而奢香之不服在何福请讨之前，子妇奢助之入朝在奉诏不许讨之后，若刘氏入朝其时高后尚在，后宫之宴或有之，而奢香入朝则高后已宾天二年矣。奢香之代任与马煜之在镇，又五年矣，奢助之入朝又三年矣。后宫之见与谨身殿之宴何人也？马煜为都指挥而顾成为普定卫指挥使，其时已着勋进都督佥事镇贵州，至永乐初，复以镇远侯镇之，成之威名岂煜所可拟，且又非顾晟也。今贵州所隶驿分有之奢香者，疑即其所首建二十四年事耳。”谢国桢进而论曰：“高皇最严宫闱之防，西洋、暹罗口口口用金紫表进中宫，皆不许，宁有一夷妇遣入宫中相见之理？谨身殿居正朝之后，岂有皇后于此赐宴夷妇之理？是皆当考证者。”①

《阿哲的反叛》：明洪武之世，霭翠君主者，归附明王朝。

① 《皇明史概》据台湾影印原刊本影印，扬州：江苏广陵古籍刻印社，1992年，第1703页。

洪武皇帝说，他是个忠臣，赐红印手本，封给官爵：贵州宣慰使。他受封回来，管水西地方，设衙于古糯，各宣慰之首。霭翠升天了，妻奢香代立。皇帝的使臣，贵州都指挥，又叫马都督，来奢香之地。城乡的人说："这马都督啊，手段很毒辣，他辱打奢香，想激反水西，以引起兵祸。"奢香不愿反，宋妻刘淑贞，二位来商议，控诉于洪武。洪武帝说道："马都督无礼，撤职而诛之，给你报了仇，该如何谢我？"奢香奏本说："我阿哲地方，愿纳贡归附。输军粮赋税，驿道我来开。"洪武皇帝说："这是个忠臣，赐袭宣慰使，给印信手本，封顺德夫人。"① 或者是翻译者的缘故，或者文本原来就如此，故事情节明显受田汝成《炎徼纪闻》的影响，其中不实之处已见前说。

［2］吴国伦，字明卿，号川楼子、南岳山人。武昌府兴国州尊贤坊（今湖北省阳新县）人，嘉靖二十九年（1550）进士。初授中书舍人，后擢兵科给事中。因触忤严嵩，被贬为江西按察司知事。后严嵩垮台，复起为建宁同知，历任邵武、高州知府。隆庆五年（1571）十二月丁酉，升广东高州府知府吴国伦为贵州按察司副使提调学校。吴国伦与李攀龙、王世贞、谢榛、宗臣、梁有誉、徐中行七人并称"后七子"。《明史·李攀龙传》称"诸人多年少，才高气锐，互相标榜，视当世无人"，"名播天下"。

吴国伦，字明卿，湖广兴国州人。亦与宗臣同年进士，授中书舍人，选补兵科给事中。国伦故负才气，与臣共赙杨继盛，为相嵩所衔。已见攀龙辈，艳之，跳踉阑入社。其自品题，谓梁、徐未远过，宗、谢不及之。尝与元美及子与饮蔡子木臬副，子木自吟其所作夔州诸咏，就席上歌之，歌甫阕，国伦辄鼾寝，鼾声与歌声低昂，歌竞，鼾亦止，其慢世若此。从饮社中，尝发酒

① 贵州省民族研究所：《西南彝志选》，贵阳：贵州人民出版社，1982 年，第 197 页。

狂，殴子相几折齿。子相目之曰："狂奴。"子相有与于鳞书曰："忆昔五子结盟，羲掩白日。风波中起，羽翼相乖。谢榛以白发负心，梁生以青鬓长往。俯仰人事，但可悲叹。吴生亡赖，耳目纵横，意常驾仆。仆发短心长，颇得意于此生。此生矫厉，非仆富之，几负矣。"坐他事谪江西按察知事，稍起司理南康，改归德，弃去，治田下雉。嵩败，即家起同知建宁，历河南左布政使，罢归。国伦识高气峻，不能迎合，而闳议坦怀，风流不减古人。与桂林张凤鸣相善，而黄冈人黄同轨、歙人尚方賨、吴人俞安期，皆为国伦所许可。国伦尝出所撰著属凤鸣较理，凤鸣辄论六子得失。国伦请益，凤鸣曰："意自我生，语忌人后，则善矣。"国伦卒，凤鸣素衣式临，悲响迸溢，诗罢而诔，目为之青。国伦所著为《甔甀洞稿》。①

［3］吴国伦《甔甀洞稿》卷八《次奢香驿因咏其事》诗云："我闻水西奢香氏，奉诏曾谒高皇宫。承恩一诺九驿通，凿山刊木穿蒙茸。至今承平二百载，牂柯僰道犹同风。西溪东流石齿齿，呜咽犹哀奢香死。中州男儿忍巾帼，何物老妪亦青史。君不见，蜀道之辟五丁神，犍为万卒迷无津。帐中坐叱山川走，谁道奢香一妇人。"

校记

【一】遗，当为"遣"字，形近致误。

【二】遗，当为"遣"字，形近致误。

【三】"太悦"，"太"当为"大"字，因上文而误。

【四】原文为"开槁三偏桥"，"槁"字衍。

【五】原文为"肄业焉三太学"，"焉"字衍。

① （清）查继佐：《明书》，济南：齐鲁书社，2000年，第2517—2518页。

二、明诰封顺德夫人贵州水西宣慰使司夫人奢香墓志文

奢香夫人者，明初宣慰使霭翠妻也。宣慰早卒，夫人矢志柏舟，总诸罗而代立，诸罗尊事之如宣慰，然其节其才盖卓卓矣。于时指挥马晔欲谗歼诸罗以倖功，借故激夫人，将逼为兵端。诸罗忿甚，夫人谕止之，驰告天子，愿效力开西鄙以通乌蒙，请除晔。天子嘉其诚而鉴其冤，罪指挥，赐姓安，封为顺德夫人，厚赏而归之，其事载在志册。今其裔于城北播间，复识其墓，[1]将崇封之，乞予为文以志。夫人之节与才，固有足多，而吾独谓能忍辱而出于顺其德而之所全者，大也。当夫人见激时，诸罗欲为雪其忿，即合千万众之生命，以致死于指挥，亦其所甘，然以一人之怨，而欲恃众以相仇，其相残为已多矣，乃独明于顺逆，一人忍辱而万众生全，不为鄙夫之勇而著纲常之大，世之称大丈夫者罕识此量，而竟于巾帼中遇之。夫洪武去今已数百年矣，乃瓜瓞绵緜，世嗣繁衍，而其故冢犹得于荒烟蔓草间寻识而志之，顺天者存，不其然欤？国朝声教覃敷，罔不率服，俾安氏奕叶霞蔚云蒸，多读书修德而荷宠光者，其他登乡会列胶庠以及纳名膺职者，尤不一而足。圣化之沦洽者深，抑亦夫人之遗泽孔长也。将益人敦礼义，户习诗书，熙熙皞皞，共游于荡平正直之宇，于以（编者注：疑此处有误，“于以”不辞）世起簪缨，用光门阀，上戴天恩，即所以远继祖志也。余故乐为之

志，以题其墓。

道光癸巳嘉平月

知大定府事东鲁王绪昆[2]拜撰

三、吴嵩梁题诗

五朝封爵靖边隅，杖赐银鸠佩虎符。大谳椎牛收部落，高秋贡马入皇都。勳名继起惟良玉，谋略同参有赎珠。巾帼岂惟兼智勇，男忠妇节古曾无。

锦伞朝天剑倚霜，雪冤雨泣悟高皇。为销边衅收都督，重耀军威服夜郎。九驿路通山失险，一坏人拜土留香。崇祠未建吾滋愧，先勒贞珉字几行。[3]

兰雪吴嵩梁[4]拜题

顺德夫人宣慰使，大节千秋功万里。华年十四嫁通侯，二十孀闺守孤子。四十八部九郡兵，一日不戢边患生。丹阙恭承天子诏，银询坐镇夫人城。马煜何物[一]称都督，抚驭乖方恣贪酷。阴谋激反歼诸罗，命妇公然受廷辱。熊罴十万气[二]可吞，誓死不负中朝恩。赎珠同心出奇计，奢助偕行叩九阍。沉冤上诉高[三]皇帝，哀哉[四]六宫[五]亦流涕。愿诛一将定蛮天，愿铲千峰作平地。雪栈云林路险艰，碧鸡金马[六]著[七]层峦。一自龙场开九驿，顿忘鸟道极千盘。旌旆如云送归国，珠冠霞帔邀天泽。世世分茅赐姓安，吉语分明喻磐石。谯国前有冯夫人，石柱后有秦将军。生平巾帼筹边壮，身殁恩荣谕祭文。五百年来陵谷改，一抔荒土嗟犹在。不念三珠旧虎符，谁勒丰碑禁樵采。马鬣崇封表废阡，护持终赖裔孙贤。新祠筑近埋香地，合种梅花作墓田【八】[3]。（下阙）

[1]（道光）《大定府志》卷五九《文征》："北郭外乌龙坡有顺德夫人奢香墓，岁久湮没，道光癸巳郡守王绪昆清其遗址，立石墓道，吴嵩梁刺史以诗纪之。诗藏阿户安氏耦柏山房。"卷一八《古城地冢墓记第七》："明宣慰使霭翠墓在城东火焰山下，顺德夫人奢香墓在北门外文龙山下。夹注：墓已无碑可考，俗呼为太子坟。道光十八年知府王绪昆、黔西知州吴嵩梁为之立碑，书'明顺德夫人摄贵州宣慰使奢香墓'，又镌'奢香夫人故里'于路侧。今路碑无存，惟顺德夫人墓碑立于墓前。"（道光）《大定府志·古迹志》录有"明顺德夫人摄贵州宣慰使奢香墓"。墓碑阴所刻之安淦辛（安家元）《请修顺德夫人祠墓禀》及时任知府王绪昆批，具录于下：

敬禀者，为崇德报本，详请建祠修墓事：

窃惟圣德之深，不遗朽骨；仁政所播，顿揭覆盆。钱王恪恭于吴越，观启表忠；羊叔功德在荆襄，碑传堕泪。河中有置守之坋，柳下有禁樵之令。此国家所以崇德报功名宦，特隆祠祭录贤，旌善列女，用纪史书。恩至渥也，典至钜也。今有奢香夫人墓，在郡城北雾龙坡，年久倾圮，行者伤之。勋垂竹帛，在国为功臣；守励冰霜，于家为节妇。当其代夫袭职，奉诏朝天，范甲拟其胸韬，费丁饶有力佐。手持虎节，驿献龙场。辟蚕丛之道，达金鸡、金马之遥；靖铜鼓之声，环乌撒、乌蒙以外。奠一十三则溪于磐石，固四十八部于苞桑。二路十二部以平，八番十八卫并辟。赐姓以安，用镇紫姜苗之顽与红仡佬之悍；不战而胜，何烦八校尉之击而九节度之征。城遂筑而降受，楼未起而边筹。建置之志特书，开辟之功独伟。如许不世绩，乃属未亡人。宜其荣膺顺德之封，永从名宦之祀。夫以思南纳土，田祐恭尚纪贞珉；洪边入朝，宋阿重且留神道。石柱表女官之烈，岂让独为将军；生祠陇佛之忠，并无愧于慈母。乃驱车遥望，郭北之墓徒存，改土归流，播间之祭谁主。牛眠有地，马鬣不封。青山魂何处，华表月空明。仰惟府主大人，钦承使命，荣篆大方。弱翁之治平，朝廷已知第一；中牟之德化，闾阎传颂有三。拥铜符而施政教之原，奉简书而重輶轩之采。无幽不阐，有隐必扬。伏祈详请饬赐，修垄树碑，镌颜段之劳绩，建祠设祀，表欧柳之芳型。田中丞之论载黔书，吴学使之诗题古驿。共摩墨宝，同勒名山。宠赐高文，并传不朽。恩均存殁，感共生成。绘图一幅，附呈均鉴。

道光十三年十月十二日禀

二十六日奉知惠州大定府正堂八寨清军知府加五级纪录十次王（绪昆）批：顺德夫人义笃忠贞，志坚金石，名垂竹帛，望重华夷。路通九驿，凿山著磐石之功；坐镇百蛮，赐姓滇苞桑之固。实千古伟人，幸一抔尚在，宜加奖藉，以励精诚。着候给文勒石，用垂不朽。至该职员等，如何修建，曾否捐置田亩，以作荐享之资，即行逐细具禀，以凭详明藩宪批示立案，图并发。

所谓“其裔于城北播间，复识其墓，将崇封之，乞予为文”，当即此时。道光癸巳嘉平月即道光十三年农历十二月。

［2］王绪昆，据（道光）《大定府志》卷二二：“王绪昆，山东济宁人，贡生，道光十二年六月初八日任。”

［3］此诗文字多有不同，不知作者所据何本。吴嵩梁《香苏山馆诗集》卷一九《访奢香夫人墓》：“五朝封爵守边隅，杖镂银鸠佩虎符。大谳椎牛开帅幕，高秋贡马入皇都。勳名继起惟良玉，方略同参有赎珠。巾帼岂徒兼智勇，臣忠妇节古曾无。”

（道光）《大定府志》卷五八《拜顺德夫人墓》："锦伞朝天剑倚霜，殿前雪涕见高皇。能销边患收都督，为戢军心服夜郎。九驿路开山失险，一抔人拜土留香。丛祠未建吾滋愧，衰草寒烟泪数行。"吴嵩梁《香苏山馆诗集》卷一九《访奢香夫人墓》："锦伞朝天剑拂霜，殿前雪涕见高皇。能消边衅收都督，重戢军心服夜郎。九驿路开山失险，一抔人拜土留香。丛祠未建吾滋愧，先泐贞珉字数行。"

［4］吴嵩梁，生于清高宗乾隆三十一年，卒于宣宗道光十四年。嘉庆五年（1800）举人，由内阁中书官贵州黔西州知州。《清史稿·列传二百七十二·文苑》："吴嵩梁，字兰雪。以举人官中书，选知黔西州。著香苏山馆集。声播外夷，朝鲜吏曹判书金鲁敬以梅花一龛供奉之，称为诗佛。日本贾人斥四金购其诗扇。其名重如此。"

［5］此诗吴嵩梁题，（道光）《大定府志》题作《明顺德夫人奢香墓诗》。吴嵩梁《香苏山馆诗集》卷一七诗前有序曰："明顺德夫人领贵州宣慰使奢香墓在大定府城北乌龙坡，湮没久矣。其裔孙今访得之，将为立碑建祠赋诗以纪。"其诗无题，云："顺德夫人宣慰使，大节千秋功万里。华年十四嫁通侯，二十孀闺守孤子。四十八部九郡兵，一日不戢边患生。丹阙恭承天子诏，银甸坐镇夫人城。彼哉马氏称都督，抚驭乖方恣贪酷。阴谋激反歼诸罗，命妇公然受廷辱。熊罴十万气可吞，誓死不负中朝恩。赎珠同心出奇计，奢助偕行叩九阍。沉冤上诉高皇帝，哀感六宫亦流涕。请诛一将定蛮天，愿铲千峰作平地。雪栈云林路险艰，白厓赤水阻重关。一自龙场开九驿，顿忘鸟道极千盘。贞可闲家忠报国，子孙世世承恩泽。华衮荣褒赐姓安，茅土从今固磐石。谯国前有冯夫人，石柱后有秦将军。蛾眉同画筹边策，凤綍曾邀谕祭文。五百年来陵谷改，一抔荒土嗟犹在。更无华表树嶙峋，谁勒丰碑禁樵采。马鬣崇封整废阡，护持终赖裔孙贤。修

祠合近埋香地，补种梅花作墓田。”

校记

【一】“镇夫人城。马煜何物”8字，据（道光）《大定府志》补。

【二】“妇公然受廷辱。熊罴十万气”11字，据（道光）《大定府志》补。

【三】“计，奢助偕行叩九阍。沉冤上诉高”13字，据（道光）《大定府志》补。

【四】“哀哉”，（道光）《大定府志》作“哀感”。

【五】原文有脱字，“宫”字据（道光）《大定府志》补。

【六】“一将定蛮天，愿铲千峰作平地。雪栈云林路险艰，碧鸡金马”23字，据（道光）《大定府志》补。

【七】“著”，（道光）《大定府志》作“阻”。

【八】“一自龙场开九驿，顿忘鸟道极千盘。旌旆如云送归国，珠冠霞帔邀天泽。世世分茅赐姓安，吉语分明喻磐石。谯国前有冯夫人，石柱后有秦将军。生平巾帼筹边壮，身殁恩荣谕祭文。五百年来陵谷改，一抔荒土嗟犹在。不念三珠旧虎符，谁勒丰碑禁樵采。马鬣崇封表废阡，护持终赖裔孙贤。新祠筑近埋香地，合种梅花作墓田”126字，据（道光）《大定府志》补。

附录

王绪昆墓志铭

皇清诰授中宪大夫晋封资政大夫问山王公暨德配诰封恭人晋赠夫人许夫人合葬墓志铭：赐进士出身诰授资政大夫兵部侍郎都察院右副都御史总督河南山东河道提督军务前经筵讲官赐紫禁城骑马刑部左侍郎兼署顺天府府尹内阁学士兼礼部侍郎太常寺卿大理寺少卿陕西贵州按察使河南粮储盐法道山东督粮道河南开封河南府知府翰林院编修随带加二级愚弟李钧顿首拜撰文。

赐进士出身诰授荣禄大夫礼部左侍郎随带加一级世愚侄车克

慎顿首拜书丹。

诰授光禄大夫前钦差大臣太子少保正黄旗汉军都统霍銮巴图鲁内阁学士兼礼部侍郎年愚侄胜保顿首拜篆盖。

公姓王氏，讳绪昆，字裕贤，一字问山，号镜湖，行一。向与余为同寅友，知最深。咸丰五年，余奉命督工河干，方冀资其襄理，及至豫，公疾已亟，旋即捐舍，为嗟悼久之。时其嗣庆瑚，将扶公柩旋里，卜窀穸，丐铭于余，志其圹，谊弗获辞。谨按，公先世由山西迁居济宁，七世传至荐吾公，明诸生，以读书世其家，明季乱，练勇守城，州人赖以安。自是代有达人，迄今垂三百年，书香不绝。祖讳季愚，贡生。考贻哲，太学生，皆封赠如公官。公生失所怙，稍长，哀慕如成人，春秋祭扫，辄悲啼不能已。母刘太夫人，苦志抚孤，严于督课。公先意承志，戚党以孝闻。乾隆癸未，刘太夫人以疾终，公年甫十有四岁，日夜号呼，哀毁不欲生。祖太夫人谕止之，复励以承先继志，公遂憬然悟，节哀守制，兼事攻苦，用是得重慈欢。服阕后，补博士弟子员，逾年食饩。学使刘金门、戴可亭两先生目为国器，均以口到期之。数奇，七赴棘闱，屡荐弗售。会公胞叔耕雪公任宿南通判，佐理乏人，招之往，公私悉委任之。公不惮勤劳，事无巨细，必躬必亲。耕雪公历南河十余年，所在称治，公之力居多也。道光元年，援例捐同知，分发江苏，二年，补扬州清军厅。时林少穆先生陈臬江苏，阅积案累数十年不结，知公能，调任口讯，未三月，百余案胥就平反。大僚服其神，行将擢升郡守，旋以祖太夫人故，丁忧去官。起服后，贵州请员，拣发黔省，历署仁怀厅，施秉县。黔苗疆华夷杂处，人慓悍罔知礼节，且言语不通，对簿皆委吏胥，蠹吏遂得上下其手。公至，谂知其弊，仆妪半用土人，因熟其方音，听断必曲致其情而后已，讼无冤抑，百姓德之。捐廉俸，创建书院，延名师督课，公馀扃户亲试之，优者厚给其薪水，士子成知奋勉，以故所历州郡文风皆隆隆起，黔人至今思慕之不忘。以卓异洊升大定府，历署贵阳都匀府事，官声益籍甚。阮芸台督相、裕东岩制军深相器重，佥谓骎骎将大用矣。后以廉直忤上官意，因事中伤之，□级以同知归部铨选，公恬然安之，即日解组，治装归。百姓聚数千人夹道遮留，车驱不得前，大府惭沮不自安，且虑变也，浼公以善言谕说之，始解。官黔阳十数年，前后德政不胜数。戊戌罢官归，囊橐萧然，不名一钱。时济城东玉带河，淤久成平地，公谓有关人文，倡议疏浚之。与徐树人神州牧，纠集众绅，重修学宫，建栖流所，以收养流亡。举凡倡一议兴一工，皆竭力捐资不少吝，其急公好义，性固然也。优游林下者凡四年，至甲辰岁，复援例以同知改归东河。七年，需次两遇大工，奔走河干，勤劳备著。钟云亭河帅、鄂芸浦中丞，以公熟谙修防遇事重任之，屡经保奏，优荷上赏有差。于二十八年题补怀庆府黄沁同知。黄沁地踞上游，初受出山之水，工险而长，每当伏秋大汛，河水涨发，汹涌万状。公历任八年，堤□稳如山立，无少倾失。见者惊为神助，不知皆公殚精竭虑，先事之防维周也。士民赖之，伐石颂公德。咸丰四年霜清后，上宪叙其功，保奏以沿河知府在任候补，旋遵筹饷例报捐候补道加二级，封赠其先人。五年六月，长睛岩河督殁于工，北道蒋玉峰观察署督篆，道篆委公代理。奉委之夕，公腹疾未痊，拟禀辞，既而念本年河水来源甚旺，下游防汛所在，宜急公事，重不可辞，且既经委任，亦不欲避其难负所知也。遂力疾捧檄往，六月十七日抵兰臬，工已危险万分。接篆后，刻即督率营弁，奋力□护，势已无及。十八日，遂成漫口，公捶胸浩叹，欲身殉之，赖家人护持解免。闻交部察议。公待罪河干，七昼夜目不交睫，见灾民颠连状，不欲生，坐是忧愤成疾，遽于七月十八日卒于工次。公服官三十载，廉谨自饬，弗敢旦夕误。公历吴、黔、豫三省民牧河防，胥登上理，人以是多公能，公亦自幸可告无罪。讵变生不测，权道篆甫及一日，遽值河患，为国计民生，赍恨以终。惜哉！公生于乾隆四十五年七月十三日巳时，卒于咸丰五年七月十八日戌时，享寿七十有七。德配氏许，封恭人，晋赠夫人，有淑德，佐公内治，家政肃然，未逮事翁姑，奉祖太夫人以孝闻，御下慈而严，咸丰二年西七月十九日先公卒于任所，距生于乾隆四十五年十二月初二日戌时，寿七十有三。子五：长庆承、候选盐库大使，先公十年卒；次庆瑚，庚子科举人，知府衔，山西试用直隶州知州；次庆莩，前署福建尤溪惠安县知县，出继公胞叔耕雪公长子观察小耕公为嗣；次庆翥，廪贡生，早卒，俱许夫人出。次庆琳，附贡生，东河候补同知，侧室沈宜人出。女一，适邹县亚圣裔孟翰博名广均。孙男四：其仁，同知衔，河南试用知县，庆瑚出；其敏，南河试用同知，庆莩出；其墉，候选中书科中书，庆翥出；其修，候选主事，庆琳出。女孙三，皆适名门。沈宜人为扬籍，侍公三十余年，温恭淑慎，内外无间言，于咸丰元年十二月初五日卒，以子庆琳贵，追赠如其封。今卜于咸丰七年七月十六日葬公于州城北安阜村新阡，德配许夫人暨侧室沈宜人合葬焉。为之铭曰：门称孝友，世集簪缨。伟人杰出，丕振家声。幼失怙恃，至性天成；绩学励品，钩矩珮衡。壮游筮仕，酌水怀清；宣防抚字，奏最输诚。柔嘉德配，既和且平，阃仪维则，翟服锡荣。卜吉茔兆，郁郁佳城。绵兹福荫，累叶常贞。[①]

① 李恒法、解华英编著：《济宁历代墓志铭》，济南：齐鲁书社，2011年，第338—341页。

第五节 安氏历任宣慰使

一、安 观

（上阙）贵州巡抚陈俨讨西堡苗阿屯等，平之，特予安观昭勇将军阶，[1]令安氏时还水西。[2]（原注：按夷谱有安祚而无安观，史有安观为安贵荣之父，盖祚即观也。）

［1］《宪宗成化实录》卷一九七“成化十五年十一月辛丑”：“巡抚贵州右副都御史陈俨以西堡、狮子孔既平，上议以为赏罚者，劝惩之典。西堡蛮夷之叛，盖由署都指挥佥事管立不能先事防御，长官温铠恣意贪黩，署都指挥蔡英等，不能往来遏截，宜治其罪。贵州宣慰使安观致仕，家居不至城市，近因用师，臣等以观所治水西与西堡接壤，且老于事体，夷人畏服，令守水西后路，观初称疾退避，已而幡然思效，亲率其子宣慰贵［荣］等，统所部卒二万进攻白石崖，四旬而克。其所辖士卒，家自馈饷，不劳官司，及班师径归卧于家。臣等屡以礼招徕，卒不至，宜加旌擢以劝来。于是命逮管立等五十六人鞫治如律，给观正三品昭勇将军诰命。”

［2］《宪宗实录》卷二七八“成化二十二年五月癸酉”条：贵州土官宣慰使安贵荣世居水西，管苗民四十八族；宣慰使宋然世居贵州城侧，管水东、贵竹等十长官司，皆设治所于贵州城

内，衔列左右，而贵荣掌印，非有公事不得擅还水西，即还，须禀知守臣乃听。而苗民首领永则等，请敕其不妨司事以时巡历所部，趣办贡赋。总兵官吴经亦为之请，事下兵部，谓："国家之于土官，不轻降敕，宜移文谕令如旧供职，有事听暂还水西，以印付然管之。"得旨许赐以敕令，悉心管束夷民。《明史·贵州土司传》记载与此略同，系节录《实录》而来。

按：由于《族谱》残缺，九十四世至一百世安观，依照《罗甸安氏流衍图》，其间阙安的、卜葩、阿布、褒兹、安聚、珑富、安观七代。《西南彝志·妥阿哲世系》分别记作阿蒌鲁礴，鲁礴朴直，朴直那苦，那苦布则，布则那知，那知鲁铺，鲁铺布局。周洪谟《安氏家传序》中记载安的、卜葩为霭翠昆仲。《流衍图》之褒兹即《西南彝志·六祖起源》之本则、《大定府志》所附《安氏谱》之白则、《彝族源流·阿哲君长谱》之布则、《西南彝志·妥阿哲世系》之布则。

二、安贵荣

百一世安贵荣[1]（原注：本名直把；生三子：长安佐，一名阿助，后改名万锺；次万镒；三万铨。及锺卒，万镒袭，镒卒，万铨接袭，分管卧这、织金地方，受宣慰同知职。自洪武以来，安氏为宣慰使者，世居贵州城内之治所，非有公事不得擅还水西，至是，总兵为之请，许其时巡历所部，趣办贡赋，暂还水西，遂家于今大定府治。武宗正德三年，以贵荣从征香炉山功加贵州布政使参政，贵荣欲乞减龙场驿，下兵部议，未决。时王守仁以建言谪龙场驿，雅为贵荣所敬，礼常锡以良马柴米，守仁辞马而受其柴米。至是贻书以止减驿，守臣以闻，议乃罢。已而，贵荣老，请以子安佐袭，上命赐贵荣父子锦紵表里。贵荣卒，安佐袭，改名万锺，仍加布政使司参议)

明封布政使参政贵荣公序

按《黔土司志》：贵荣，宣慰安观子。巡抚陈仪以西堡狮子孔之平，由致仕宣慰观与子贵荣统步兵众二万，力攻白石岩，甫四旬而克，家自给饷，口不言功，宜奖擢，特给观三品昭勇将军诰。正德三年中，以从征香炉山有功，加安贵荣贵州布政司参政[2]。与龙场驿丞王阳明先生交善，其谢安宣慰书[3]云：某得罪朝廷而来，唯窜伏阴嵒幽谷中以御魑魅，斯其分所宜。故虽夙闻使君高谊，经旬月不敢见，若似简抗者。然省愆内讼，痛自刻责，不敢比数于衣冠，则亦逐臣之礼也。使君不以为过，使廪人餽粟，庖人餽肉，围人代薪水之劳。自维罪人何可以辱守土之大夫，惧不敢当，辄以礼辞。使君复不以为罪，昨者又重以金帛，副以鞍马。礼益隆，情益至，某益用震悚。是重使君之辱而甚逐臣之罪也，愈不敢当矣！使者坚不可却，求其说而不得。无已其周之乎？周之亦可受也。敬受米二石，柴、炭、鸡、鹅悉受如来数；其金帛鞍马，使君所以交于卿(大)[一]士大夫者，施之逐臣，殊骇视听，敢固以辞。伏惟使君处人以礼，恕物以情，不至再辱，则可矣。

[1] 安贵荣，成化十年（1474）袭职。弘治十年（1501）九月请令其子佐代职。安佐死后安贵荣复任。铸造于“成化二

十一年乙巳岁四月十五日丙寅吉旦”的铜钟，彝文铭文：“时当阿基君长执政十二年，岁在乙巳四月十五丙寅吉旦。”阿基君长即为汉文铭文之“大明国贵州宣慰使司水西口革信官宣慰使安贵荣”。安贵荣于成化十二年（1485）时执政十二年，故其袭职当在成化十年。

郭子章《黔记》卷五六《宣慰列传》“安贵荣”条：“安贵荣者，霭翠之孙也。奢香死，霭翠子安的立。子孙遂以安为姓，世骄蹇不受节制，即听调从征非徼厚赏不赴，所遇村落，杀掠无噍类者。贵荣多智略善兵，以从征香炉山加贵州布政司参政，犹泱泱薄之，乃奏乞减龙场诸驿，以偿其功，事下，督府勘议。时兵部主事王文成公以建言谴谪龙场驿丞。贵荣甚敬礼之，文成乃贻书贵荣，语具文成传。贵荣得书稍敛戢。贵荣死，孙万锺立，淫酗嗜杀，其下怨之。一日集督府，督府未衙，候于外次，忽贼刃万锺头去，一城哄然。督府索贼，竟不得。乱五六年不定，其弟万铨廉知土目乌挂所弑，扑杀之，诛其从者百余人，遂自立，督府置不理。”

（民国）《贵定县志稿》：“瓮城桥，在城西二十里，一名惠政桥，明弘治六年都御史邓廷瓒宣慰使安贵荣建，其功甚巨。御史钱钺为之记。”

（嘉靖）《贵州通志》卷四“桥渡”第37页：惠政桥，在（新添）卫治南二十里。弘治六年都御史邓廷瓒命贵州宣慰使安贵荣建。都御史钱钺记：瓮城之河，远不可考，其自出由平伐至于龙里新添之间，合诸山之流，若蜂巢蜈足，皆注是河，其水益大，以衍路当孔道，东西行者，踵相接也，咸以徒涉为艰。旧作浮梁，编竹为，实以杂石，绝流而置之者，以十数，上施横木，仅通往来，每气至水盈，则泛溢于两岸之间，喧逐奔突，弛梁败，人皆褰裳濡足，凡有所挟，任其克首若背，始克有济，及霜降水缩，冰凝腹坚，类揭跣以往，若履锋刃，往往以病告，如是者有年数矣。弘治改元之六年，都御史邓公廷瓒、都督王公通，皆奉玺书抚镇贵阳，肃清寇攘，修举废坠，秩有次序，惟是桥之圮，未之治也，乃相与喟曰：此非吾辈之责乎？遂鸠工庀材，审曲面势，改建石梁于旧址之南，凡数百武，道亦因之，以就宽平，财用之需，一出于贵州宣慰使安贵荣，白金之费，以两计者若干；工役之用，一出于在官之人，以日计者若干。广三寻有奇，袤十倍之。五洞联属，委蛇蜿蜒，势若垂虹，由是行道之人如履平地，不知其冰之缩伸而厉揭之为病也。经始于七年之春，落成于次年之夏，四民承德，百姓快睹，咸谓自有斯河以来，未之见也。既而邓公有两广总督之命，王公自有陈休致。而予继抚兹土，知建桥始末为详，贵之人士恐二公久而湮也，谓宜托金石以纪其事。予惟贵州去京师万里，声教百年，革夷而华，关梁道路，如砥如矢，固我祖神宗德化渐摩之深，而前后抚镇诸公，匡直辅翼，亦不为无助。昔子产听郑国之政，以其乘舆济人于溱洧。孟子讥其惠，而不知为政，且示徒杠舆梁之期。今斯桥之成，规制之宏，惠利之溥，坚固久远，岂特十倍于徒杠与梁而已哉。使命不戚于喧豗，教（关阅）不失于期会，商旅不妨于交易，刍粮不稽于转输，王政之当务于是乎在，因名之曰惠政，以见二公能推子产之惠，以施于有政。虽孟子复生，将无庸议矣。夫天下之事成于同而败于异。惟二公心无不同，故事无不就，建平蛮之伟绩，缵屏翰之奇勋，惠流当时，泽及后世。可书者尚多，非止一桥而已，姑书此以诏夫后之人。

[2] 明官制，布政使司，设左右布政使各一人，从二品；左右参政各一人，从三品；左右参议无定员，从四品。参政、参议因事添设，各省不等。《明史》卷七五《职官》：“布政使掌一省之政，朝廷有德泽、禁令，承流宣播，以下于有司。凡僚属满秩，廉其称职不称职，上下其考，报缚按以达于吏部、都察院。三年，率其府州县正官朝觐京师，以听察典。十年，会户版以登

民数、田数，宾兴贡合省之士而提调之……参政、参议分守各道，及派管粮储、屯田、清军、驿传、水利抚民等事。”

（万历）《贵州通志》：“贵荣袭，寻致仕，子安佐袭，故，贵荣复任，正德间加授布政司右参政土职。”《武宗正德实录》卷二四“正德二年（1597）三月癸亥”：“贵州土官宣慰使安贵荣以普安功进昭勇将军，复乞改授职衔，以便公会行礼，兵部拟授都指挥佥事散官，有旨，特命为右参政。”“加授贵州布政司参政土职”乃正德二年事，因征普安功也。

［3］王阳明贬谪龙场驿丞期间，曾与任宣慰使的安贵荣有书信来往，共三通。贵州方志及王阳明文集均有收录。

——《明经世文编》卷一二一

校记

【一】原文为“交于卿大[三]士”，“大”字衍。

附录

安贵荣铁钟行并序

郑　珍

钟在黔西州东门外观音阁，口径六尺，上款：“贵州等处承宣布政使司土官右参政安贵荣正德庚午冬长至节后三日造。”又勒：“宣慰使安万钟，国子生易绍，把事二、气脉三、白么一、裸所三、董督者老一、头目四。”时贵荣已老，以子万钟袭，钟盖其所铸。把事等皆酋衔。气脉、白么、裸所，即夷志之器脉、貊拔、备所，为安氏九扯之三。九扯者，安氏官级也。《明史·土官传》有“卜麻”，当即“白么”。《宋史·蛮夷传》有“都老”，当即“者老”。夷语无专字，盖皆随声书之，“易绍”或书人也。置阁中首尾不可知。州拔贡张琚始访得，言于人，人乃重为古制。余以安氏守土千里，历千余年，宜不尟蛮故，以无文，一切昧啚，似兹亦可观也，故为赋之。

郭张郭东大士居（作者原注：“明安陆侯吴复于洪武十五年(1382）领赣州等卫官军就水西地名郭张筑城，有碑记，今佚。”）有巨铁钟悬屋隅。旋虫啮朽篆带缺，空腹黯黪巢蜘蛛。舞脩、鼓广各意创，尺度不中《冬官凫》。入门粗睹遽舍去，黄木古荫眠团蒲。故人呼起视款识，落尘著手先咄吁。正德庚午贵荣造，布政、参政华酋渠。卢鹿雄部越千载，汉官可假地可除。同时播斌亦按察，二豪蜾赢宁非愚？此家《王会》自佩、露，西南跂、蹻资暖姝。保大决非偶然事，将军龙虎三珠符。蔺州儿女更智武，隆准笑为杀妄奴。绣衣归来报天子，羊肠九驿通犍、朱。耳孙不念香、霭意，毡衫叠塞思狂图。亟馈虽勤地主礼，攻心已愧阳明《书》。骂衣、夜所坐睢恣，红边煽衅连陈湖。坏人家国内亦烂，香炉西堡徒区区。后日三方烬八道，谁实祸本兹荄孚。铸此暮气亦应悔，欲借佛力醒昏衢。岂知钟鸣漏已尽，阿子顷堕红髑髅。煎金当年正不苟，拣选董督烦精夫。杨家铜钟此其俪，彼铭可读兹则无。潜溪、秀水表南雅，英、昂以外同阙如。固知罗鬼世任昧，但视此字何其粗。细观名称等从主，虽陋亦足补史疏。“裸所”岂即“麻叶”类，“气脉”或似宗亲徒。“卜麻”“白么”定声近，“者老”“都老”宁形诬？搜奇剔异本我素，抚物感事增欷歔。蛮夷大长古侯服，何异周代观彭吾。遗迹扫尽此钟在，鼎之崇、贯鼓密须。三百余年亦已寿，或有鬼物持栾于。客游为尔启荒闼，藉示后至偿诗逋！①

① （清）郑珍著、龙先绪注：《巢经巢诗钞注释》，西安：三秦出版社，2002年，第349页。

水西新建十桥记

杨廷和

水西十桥，乃贵州宣慰使安氏父子之所建也。桥既成之明年，今宣慰图其水之源流，并其始终事之岁月，遣人诣京师求予文，刻于石，为之记曰：水西之河最大者曰陆广。陆广之西，上流曰稿池，又曰芭蕉。下流东注曰黄沙渡，曰乌河。又数百里，入于清水江，又东会于涪江。其源之大于众水者有四，一曰洛浙，二曰西汉，三曰七百方，四曰滴澄洛。浙之水源于卜乍革，之南入于西溪，又达于七百方，又会于鸦池；两溪之源导于化阁山，转于西南，合于洛浙；七百方则自普安会于洛浙，入于鸦池；滴澄之源，出于九溪，东北至于威清，又北至于鸦池，达于陆广，其曰青山，曰老宋，曰卜茫，皆因其地而名随之，非有二也。

大抵四河之水，回折数百里，而会于陆广，出入山石崖窦间。一遇峻隘，如退如束，激荡震掉，若三军相持，怒不得逞者。及其奔放衍肆，一泻千里，如自天而下，浩不可御。每春夏淫潦，其势弥大，覆舟溺死者亦间有之；秋冬霜降水落，寒可裂肤，病于揭厉。居者怨于室，行者嗟于途。富商大贾，无所为而至。虽有鱼盐之利，山林之材，土人居然视之，卒未之能致也。故尝有桥，率架木为之，不踰年辄坏，用力多而获利少，人亦劳止，良非远图。

宣慰父子，更以石为之。排积沙以定其基，布巨石以贯其底；圜空其下，漏水象月，或三或五或七，视桥之袤广而多寡焉。欸密坚致，踰于实地。桥有十：一曰头铺，二曰得乌，三曰乌西，四曰西溪，五曰虎场，六曰朵泥，七曰蜈蚣，八曰秀水，九曰麦架，十曰查睹。西溪、虎场、朵泥、麦架，皆先宣慰为之；头铺六桥，则今宣慰之所经画者。问石焉取，曰即于山；问役焉取，曰即于佣；问费焉取，曰即于宣慰之私藏而民不与知。

盖自成化己丑始事，至丙午讫工，历世以再，乃克底绩。非先宣慰知不及此，固有待也。历年十有八，次第告成。不欲速，意群力毕举，或劳人也。成之日，万夫欢呼，四境庆幸，乡里长老，相与举酒，歌颂二宣慰之伟绩。宾旅负贩者，往来深谷巨箐中，无分于昏夜，如之东西家焉。休劳夷险，其益亦大矣哉。

呜呼！水事之重，自古然已。周单子过陈，见其道秽而川泽不梁，知其必亡；子产以乘舆济人于溱洧，孟子讥之，而申以王政徒杠舆梁之说。亦又有以障大泽，勤其官，而受封国者，具在传记，可覆考也。二宣慰其亦有见于斯欤。

余尝闻西南世禄之家（原注：予口夜郎杨龙友向予辈详其口系也），每以安氏为称首。既得其家世之详，则知其始封于蜀汉时。上下千五百年，世态之变若罔闻知，意其先世必有大功德于民。今观二宣慰虽一事之小，而所以用其心者如此，则他所以利于生人，承于前烈，以宽朝廷西顾之忧者，从可知矣。安氏之世济其美，固如是哉！昔韩愈记汴州东西水门，至今读之，犹若亲见。当时之役，十桥之建，功十倍之，而无如愈者为之记，恐来者末由闻知，则虽或入于圮毁，而未有为之一举手者，姑用直述其事以俟。若乃桥之所在，与其岁月之详，工役之数，请列之碑阴，兹不赘。

先宣慰名观，今宣慰名贵荣，俱诰授昭勇将军云。

三、安万锺、安万镒和安万铨

百二世安万锺、镒、铨（原注：锺袭布政司参议，后为左右角药、抹鬼、阿纳、抹葱四人所刺，无子，以

弟万镒袭。镒生仁，本名阿写；万铨生二子：长曰智，[次]【一】曰信，出居织金及那威）

明布政司参议[1]万锺、镒公序

初，万锺被害，万镒以刺兄之贼未获，辞位。汉民张纯、土目乌挂遽以安氏疏族普者更名万钧，诈称万镒幼弟告袭，因年幼令万锺妻奢播摄宣慰使。万镒愤，乃借兵于摄永宁宣抚使土官奢爵，并发己所领兵，共数千人袭乌挂，而乌挂亦募兵相攻。角药、抹鬼、阿纳匿境内，为乱兵所杀，惟抹葱逃。乌挂诬万镒弑兄，万镒亦言万锺为乌挂所弑，乃命镇巡官审勘，巡按御史胡琼上言万镒宜袭，而枭首角药等。[2]万镒卒，子阿写幼，命以其弟万铨袭，后阿写长，改名安仁，万铨致政焉。（原注：安胜祖《状》以万镒为七十五世，以万铨为七十六世，盖以袭职为世次而误写颠倒也。又以国亨列安仁之前，亦误，今正之。）

明加布政使参政赐蟒衣袭宣慰万铨公序

万铨字天宠，号葵轩，贵荣公之幼子，万镒之弟也。镒卒，其子仁幼，命弟万铨暂袭焉。万铨先有助平王阿向之功，至是，提督伍文定为之请，故得袭[3]。万铨亦自陈功，乞加参政赐蟒，遂加参政，赐以应得之服[4]。世宗嘉靖十五[年]【二】，王阿向余孽复乱于都匀，攻夺凯口囤，诏巡抚汪珊三万讨之，三月不克，珊乃调万铨兵合剿，万铨力战，贼平[5]。已而，阿写长，改名安仁。万铨致政，以其家财修城西阿东钜之路，司人名之为千岁衢云。

［1］布政司参议，清龙文彬《明会要》卷四一《职官十二》："洪武九年，置左右参政各一员，从二品。十三年，改从三品。十四年正月，增置左右参议各一员，正四品。"明郎瑛《七修续稿》卷二《国事类·文官品级阶资》："本朝文官品级，虽具于官制，不能逐一会同，阶资则载于《梅山丛书》，人间所少，今会萃录出，以便检阅，乃一代之制也。凡九等焉，然品级则于各部属所正副大使副之类，及各寺院监之首领。凡不入流品，不在清要者，俱不书入，阶资则并因其先朝之官御，皆以书之，使读者知其源也……从三品：光禄寺卿，太仆寺卿，行太仆寺卿，盐运使，布政司左右参政，苑马寺卿，宣慰使……从四品：国子监祭酒，布政司左右参议，盐运司同知，宣慰司副使，宣抚司宣抚。"

［2］安万锺之被害，《明实录》及《蛮司合志》等书均有载录，所记大同小异。今将《正德实录》录于此，供研究者参考。《正德实录》卷一九六"正德十六年（1521）二月辛卯"："初，贵州宣慰使安万锺骄纵不法，听汉民张紞及头目乌挂等教诱，每游猎、酒酣辄射人为戏，尝挞夷民角药、抹鬼、阿玉、抹葱四人。因为所杀，无子，其三从弟万镒宜袭。乌挂等遂谋保其疏族普者冒为万锺亲弟万钧，告袭。指挥使胡永远、朱蕃、祖勋前后承勘，受其贿，匿情报。镇巡等官遂暂委万锺口奢播摄事，待普者年长继袭，于是万镒悔不得立，使人说乌挂，不听，恨之，乃借所亲云南女土官奢爵兵并已兵数千人将诣省城投牒，及乌挂界，乌挂觉之，亦募兵数千人与仇杀，而角药、抹鬼、阿内三人适在境内，为乱兵所毙，惟抹葱逃免。乌挂因诬万镒杀万锺，而万镒亦诬万锺为乌挂所杀，凡数十疏皆下镇巡官按之。至是，巡按御史胡琼等上其状，言万镒宜袭，但与乌挂互相诬讦，宜各宥令输赎。"

[3]《嘉靖实录》卷九八“嘉靖七年十二月乙未”：“命水西宣慰司土舍安万铨借袭兄职，免其赴京。先是，宣慰使安万锺死，子阿写尚幼，久未承袭。至是，提督尚书伍文定请授万铨以管摄夷民，俟阿写稍长替袭。兵部议万铨且有解围杀贼功，因以保障毕节。上乃许之。”《世宗实录》卷之一一八载，嘉靖九年十月：“致仕兵部尚书兼都察院右都御史伍文定卒。文定，湖广松滋县人，弘治二年进士。”伍文定于嘉靖九年十月故去，阿向事件发生于嘉靖十四年至嘉靖十六年，故伍文定不可能因为平定阿向而向朝廷为安万铨请功。此处抄录《明史·贵州土司传》，失考。

[4]《嘉靖实录》卷一五八“嘉靖十三年正月己酉”：“贵州土官宣慰使安万铨自陈攻伐，乞蟒衣升级。赐敕下礼部复言：‘安万铨顷年颇效勤劳，所部安静，宜量加恩以慰土人之心。’上命赐以应得服色二表里。”《嘉靖实录》卷二一四：“嘉靖十七年七月戊戌”：“贵州土官宣尉司安万铨以破都匀、凯口囤功辞所赏银币，而乞升参政职。兵部言：赏功自有定格，名器不容滥与。万铨逾分妄求，当罪之。上念万铨功不罪而令其逮沾其拨置者，仍令其受赏。”《族谱》谓“万铨亦自陈功，乞加参政赐蟒，遂加参政，赐以应得之服”，乃糅和嘉靖十三年、十七年事，照《实录》所记，万铨乞加参政而被拒。

黎宇《续安氏家传序》：“铨父早丧，母奢氏年二十八，誓死守节，口三十八年终始一致，有司以其事闻，准以贞节立坊旌表，及卒，铨哀毁踰礼，比照文官丁忧事例具题守制服口，适芒部乱，调铨督兵征进，除陇政之患，解毕节之围，二次添备驮粮马匹千余。”王棻《台学统》卷三七赵渊《复修演武堂记》：“嘉靖三年三月，巡抚都御使南海熊公到镇甫七日，往会川……越明年，爰卜十一月十一日公与总戎公率僚吏祇告明神，命都指挥刘御、李祖董其事，是日也，天霁风恬，欢声动地，老者忘其衰，幼者忘其弱，病者忘其疲，贫者忘其馁，盖不逾月而旧贯焕如也。当是时，黠酋安万镒暴死，其弟万全缚逆酋陇政以献。”

[5]《嘉靖实录》卷一八七“嘉靖十五年五月甲戌”：“贵州都匀界中夷酋王阿向者世据凯口囤，屡为不靖，官司不能制。至是发兵攻平浪，抚镇官招之不下，事闻，诏集兵剿之。于是巡抚陈克宅调土汉官军三万，以去年十月中集囤下，其地绝险，贼即要害立弩楼叠石防守，攻三月不克，乃先分兵破其党恶凯酋等囤，随招降附近酋夷四十九寨，于是贼众日离。宣慰使安万铨乘夜雷雨督其众以软梯钩绳鱼贯而入登山绝顶，反用弩石下击，总兵杨仁等部各哨兵仰面夹攻之，万铨兵自山上驰下，攻开囤门，遂斩阿向及党酋十余人，凯口诸洞皆平。凡斩首二百五十级，生擒及俘获三百六十余人，招降夷寨男女二万余人。捷闻，上嘉其功，升仁官一级，赐银四十两，彩币四表里。克宅及御史杨春芳俱升俸一级，赐银三十两，彩币三表里。万铨而下各赐银币有差。”卷一九二“嘉靖十五年十月戊申”：“贵州平浪长官司叛苗余党王总等纠众袭夺凯口囤，据险抗敌官兵，参将李宗佑、指挥陈佐、周钟并百户军舍等三十余人俱被执，抚按等官以闻，因参失事诸臣之罪。诏革总兵官杨仁职，罢巡抚都御史陈克宅任回籍……左布政使张峨、宣慰使安万铨俱行戒饬。”卷二〇四“嘉靖十六年九月乙巳”：“贵州凯口苗平，赏都御史汪珊等银币有差。先是都御史陈克宅既平阿向之乱，余党王聪、杨免等复夺而据之，官兵与之敌，皆败。都御史汪珊遣使抚谕再三，终不降，乃调安万铨兵至，以指挥李佐之、都指挥朱文协谋，前后土汉官兵三万有奇皆集囤下，万铨亲率花枪手与贼相距，贼败走，渡河，万铨兵尾其后，朱文等三面并进，因树招降旗，贼党走旗下者五百余人，贼据险下矢石，我兵殊死战，遂破其囤，斩免等，聪冒雨溃围出，为万铨部兵所执，已而贼酋王祐等复入据囤，随执之，前后首虏二百六十三级，除苗洞一百五十余寨夷民男妇二

万余口。捷闻，上嘉其功，赏都御史汪珊及宣慰使安万铨各银三十两，彩币三表里，珊仍升俸一级。”

查继佐《罪惟录》：“阿向，都匀府部苗也，嘉靖十六年，與土官王仲武争田构杀，仲武出大奔。向虑罪，据凯口囤为乱。囤围十余里，高四十丈，四壁陡绝，独一经腧尺，上有天池，虽旱不竭，粮支五年。都御史陈克宅希功，必讨之，调水西宣慰使安万铨兵万，困囤下，三月不能入。独东北隅有树古，偃蹇半壁。万铨令曰：‘有猿猱绝壁者，赏千金。’两壮士应命出，锻铁钧传手足为揹爪，人腰四徽，蹑树憩足，垂徽下引健卒数十人，则一失骨碎地矣。两壮士复蹑手囤顶，适有巡徼者至，则伏草猝起杀之，贼不觉也。复垂徽起诸健，猝举火发号：‘天兵破囤矣。’囤中自相格杀，及堕崖伤千人。而克宅止杀之令悖失士心，遂卖路走贼向，辄奏凯欲归。方日余，向复纠烂黑苗争囤，守囤人无完者。时田汝成以佥事饬兵，与书克宅，略曰：‘凯口余孽，昔狂逞；今亡命矣，无所莳则决。宜塞其道捷径，乘险而下之，绝其赀馈，勤其觇探，勿与角利，不出一月，事可既也。然所宜防者，溃围劫营伪款诸算。至若仲武，不能效命，亦哄称逆，宜伸国法，不当仍与故土，以袠国威也。’克宅不省，颇易向，冒入，贼拥领兵官宗祐去，克宅大惧，以千金赂贼，赎宗祐归，落职。万铨许向不死，嘱仲武均其田，事乃息。”①

清顾祖禹《读史方舆纪要》卷一二一《贵州二·凯阳山》：“司西南六十里。山险峻，有寨在其上，即凯口囤也。围十余里，高四十丈，四壁斗绝，独一径仅尺许，盘旋而登，上有天池，虽旱不竭。嘉靖十五年，部苗阿向据此为乱，抚臣陈克宅檄水西安万铨讨之，屯兵囤下者三阅月。仰视绝壁，无可为计。独

① （清）查继佐：《罪惟录》，杭州：浙江古籍出版社，1986 年，第 2807—2808 页。

东北隅有巨树，斜科偃蹇半壁间，去地二十丈许。乃募壮士乘夜先登，垂徽引下，人继上，复攀缘至囤顶，仅得二三十人。即举火发炮，大呼曰：天兵上囤矣。贼惊起，自相格杀及夺径坠崖者甚众。会抚臣失士心，阿向走免。月余，复袭杀守囤官军而据之。诏安万铨进剿，万铨招下之。《平凯记》：凯口苗阿向自正德末据大囤为乱，官军屡讨之，不下。嘉靖十五年，檄水西兵与官军合势俱进，寻破其囤，斩向。向侄阿四者更名王聪，聚党袭破戍军。复据囤为乱，官军复进讨。聪乘夜来犯，官军擒斩过当，追击至囤下，沉贼于溪河甚众。随援绳梯，直捣其巢，贼皆降溃，进攻老虎山，克之，追擒聪于里耸山中。继而其党王佑、王毛复乘虚据囤，官军购旁寨顺民攻复之。余孽走谷坡箐中，次第抚定。悉擒其党，贼遂平。于是更凯口囤为灭苗镇，益兵守御。”

《肇域志·贵州》引焦维章《都匀平凯记》：“嘉靖十四年，巡抚陈公克宅奏调汉土兵三万六千余人讨之，总兵杨仁统领以行。十月，营囤下。十五年正月九日夜，大破其囤，纵火焚弩楼仓房千余间，斩首二百六十，生擒二百五十六，阿向传首省下。六月十八日，王聪以王枯、王邦等鼓黑苗童歹、管米、管比各寨三百余人，杀逐官军，仍夺旧囤，残虐益张。巡抚汪公珊受代，檄宣慰安万铨督所部兵万余讨之。”

清陈梦雷《古今图书集成》之明伦汇编《官常典·将帅部·石邦宪》：“播州苗卢阿项为乱，邦宪以兵七千，编筏渡江，直抵磨子崖，策贼必夜袭，先设备，贼至击败之。贼求援于播州。吴鲲诸将惧，邦宪曰：‘水西宣慰安万铨，播州所畏也。吾调水西兵攻乌江，声杨烈纵鲲助逆罪，烈奚暇救人乎？’已水西兵至，邦宪进逼其巢，乘风纵火，斩关而登，贼大奔溃，擒贼首父子，斩获四百七十余人。”

按：黎宇《续安氏家传序》：“及贵荣致仕，其子安佐嗣。

弘治十一年，以普安叛贼阿方车等乱，镇巡衙门调安佐率军随征有功，请续诰命，授昭勇将军。佐卒，贵荣复任，以前功并正德八年调征紫江叛苗阿札等功，加授贵州布政司右参政土职。”郭子章《黔记》：“安氏贵荣老，子佐袭，寻卒，贵荣复任。”《弘治实录》：“弘治十年（1501）九月乙未，贵州宣慰司土官安贵荣老疾，遣舍人安武等来贡，请令其子佐代职。”在正德元年之前安佐已经故去，所以《正德实录》：“正德元年四月庚戌，贵州宣慰使［安］贵荣遣舍把安诚等……来朝，贡马及方物。”《明经世文编》卷四八七朱燮元《水西夷汉各目投诚措置事宜疏》：“传流至安佐，生安万锺、万镒、万铨三子。”① 成化铁钟载：“大明国贵州宣慰使司水西口革信官宣慰使安贵荣，同缘夫人奢脉，男安佐。状为：贵荣叨承世禄，职守边疆，扪心有自，报谢无由。是以夫妇谨发诚心，就于本境内之永兴寺一所，喜舍赀财装塑佛像，铸造铜钟一口于本寺，朝暮口鸣，以镇一境，尚祈佛佑，俾我子孙代代绵远，宗亲目把世口口宁，风调雨顺，五谷丰登，民口安生，诚为口王，瞻仰万古，口口口德谨意。成化二十一年乙巳岁四月十五日丙寅吉旦。舍银一百两，罗铜三斤，花锡一百六十斤，工匠银二十两。”《续安氏家传序》、《黔记》与《实录》、朱疏等所记一致，故安贵荣与安万锺、镒、铨之间，漏安佐一世。《族谱》谓安佐改名安万锺，误。

校记

【一】“次”字，据文意补。

【二】“年”字，据文意补。

① （清）查继佐：《罪惟录》，杭州：浙江古籍出版社，1986 年，第 2807—2808 页。

附录

重修大兴寺记

明 赵 釴

大兴寺，贵之省臣岁时绵蕞习肄之地也。嘉靖辛酉岁杪，余与侍御巫君总戎石君入寺以献岁同为仪，时大水之后，见更衣无所，民区与僧舍无别，共以为叹曰：“是不可无修。”偶宣慰安万铨至，彼固擅积且明鬼者，因以神道为教，使任重修事，辞曰：“吾能供费而不能供力。”乃献百金为助，计其金可具，木石砖瓦令贵前二卫拣老弱不能荷戈者役之，乃先其所急，首筑墙垣以限民居，次修更衣厅以候漏，次殿宇两廊，次门庭以示处，不数月废者俱新，视前益固。居未几，又有修莲花庵者群至，持疏丐助，余笑而书曰：“我以如是布施是大布施。”人莫解吾意。又有修永祥寺者亦持疏至，余曰：“彼固见大兴寺重新，信以我为谄佛者，乃进而告之曰：汝辈不见北门之市乎，有货楮宝之肆者遇时日之良及扉求市者接袂而入聯臂而出。问之，有用以祀先者，有持以祀先圣先贤者，有输灵祠以为报者，有哀邻里亲故以为荐者，亦有商旅走四方而以为祈者，又有渔猎樵种之夫当入山林田泽而以为禳者。其市楮同，其为用则异，汝以吾意与若意同乎？吾之修大兴寺，以为祝圣之处不可不严，非谓佛能贵我富我生而寿我，我固为是以求利益也。吾闻佛之为道贵清净慈悲，以不杀为教，而习于其学者则其气柔弱不振，今吾方以杀为事，日治兵戎以驱除不祥，则其为道本与佛异。虽以是飧之佛，其悦吾乎？况吾之人方蓄缩不扬，日以赏罚鼓舞之犹不能作其气以宣厉国威，而又以柔弱不振为教必不然矣。若使苗人皆和顺其心，解释刀弩以安伏林谷，则深所愿欲又不敢诪张借佛为教也。”既告之以故，因以为重修大兴寺记。

四、安　仁

百三世安仁[1]（原注：本名阿写，亦加参议，未几，仁卒，生子国亨幼，夷民仍请万铨视事）。

[1] 关于安仁的研究，目前所见仅李卿《大方普底中寨彝族陈氏与水西安氏的历史关系辨析——兼评〈大定府志〉》，文章以《陈氏族谱》为据，论证了陈氏先祖安仁系安万铨之子过继给陈氏。《关于罗甸水西七十八世君长安仁身世考证》以《乌龙岭安氏墓碑》及陈氏碑铭为据，认定安仁乃安万铨长子。但是两文的作者都忽略了记载安仁的最早文献——（嘉靖）《贵州通志》所载黎宇《续安氏家传序》。黎宇《续安氏家传序》："嘉靖十八年，铨致仕，以职事归锺之子仁承袭。"后来的相关研究，大多沿袭张廷玉《明史》的说法，以安仁为安万镒之子。

我们可以将有关安仁身世的文献略作梳理如下：

（嘉靖）《贵州通志》载黎宇《续安氏家传序》："嘉靖十八年，铨致仕，以职事归锺之子仁承袭。"朱国祯在所著《明史概》卷五〇也持此观点："（安国）亨，锺之孙也。锺死，子仁尚幼，未几，亦死。"

明万历二十六年（1598）撰修完成的（万历）《贵州通志》卷四《宣慰使司》："贵荣故，孙万锺袭，被贼杀故，该弟万镒袭，故，子仁幼，弟万铨袭。"郭子章于万历三十六年撰成的《黔记》卷五六《宣慰列传·宣慰安氏》"安贵荣"条记载："贵荣故，孙万锺袭，被贼杀死，弟万镒袭，故，子仁幼，弟万铨袭。"《万历武功录·安智列传》："安智者，万铨子也。先是，大父万镒为水西宣慰使，而以一日罹霜露死，而会子仁幼，夷民愿借万铨视事。”《明经世文编》卷四八七郑燮元《水西夷汉各目投诚措置事宜疏》：“传流至安佐，生安万锺、万镒、万铨三子。万锺承袭，正德年间，被逆杀死，无嗣，奏经勘问，令亲弟万镒继袭。镒生安仁。铨生安智。镒因病故，安仁年幼，详令万铨借官扶侄。”

碑铭文献“万历六年天赐节立”的《乌龙岭安氏墓碑》：“母姓禄氏，归我万铨公，淑慎贤伦，兼通汉书，能诗能画。生余弟兄三：智、仁、信。”

上述文献，除《乌龙岭安氏墓碑》为碑铭文献外，其他均为文本文献。我们可以将上述涉及安仁身世的观点归纳为：万锺之子说，万镒之子说和万铨之子说。黎宇《续安氏家传序》记事止于安万铨，所记内容当为时任宣慰使的安万铨提供，安万铨应该清楚地知道安仁的身世，所以其说可信度最高。

收继婚也叫“转房婚”，是很多民族实行的一种婚姻形式。民族学家对收继婚的界定：“夫兄弟婚是原始社会的残余形式。私有制产生后，赋予这种婚俗以不同的意义，妻子被当作夫家财产，寡妇须留在夫家转嫁，由族内继承，以免财产外溢。”收继婚通常分为两类：一是不同辈分之间的收继婚，主要包括子娶庶母，侄娶婶母，孙娶继祖母等。二是平辈收继婚，主要包括小叔子娶寡嫂，大伯子娶寡弟媳等。郑端《政学录》云：“上无教化，则下无见闻，如兄收弟妻，弟收兄嫂……于法合死，愚民皆不知也，乃有兄弟亡而收其妻，谓之就和，父母主婚，亲戚道喜者。”收继婚在清代的流行可见一斑。

彝族地区至晚在元代已经很流行收继婚，更早期的情形因为资料的缺乏无从得知。下层社会的实行情况，史无明载，只有上层社会的收继婚例才可能被记载于文献。目前所知，有文献可考的彝族较早的收继婚例是武定凤氏商胜。《土官底簿》曰：“前武定土官总管安慈长男法叔，妻商胜，有夫法叔病故，弟三宝奴

（弄积）袭兄职事。”毛奇龄《蛮司志》亦谓“法叔妻商胜”，《太祖洪武实录》卷一五七：“洪武十六年冬月辛未朔……诏授武定军民府女知府商胜诰曰：……前武定府土官法叔之妻商胜，质虽柔淑，志尚刚贞，万里来归。”而正德《云南志》卷一九《商胜传》：“商胜，弄积妻。洪武十五年，天兵征云南，商胜备米千石。”我们可以推定，商胜为弄积兄法叔之妻，法叔死后，商胜依惯俗转嫁弄积。“（安慈）至正二十四年卒。子弄积嗣”，所以，商胜转嫁弄积的时间应该在元末。关于彝族的文献中不乏收继婚的记载。明田汝成《炎徼纪闻》卷四：“罗罗本卢鹿，而讹为今称。有二种，居水西十二营宁谷马场漕溪者为黑罗罗，亦曰乌蛮；居慕役者为白罗罗，亦曰白蛮……烝报旁通，腼不恧也。父死收其后母，兄弟死则妻其妻。”曾任贵州巡抚的郭子章在《黔记·诸夷·罗罗》中也有类似记载。清代，米贴土目禄永孝，在其弟禄永忠故后，按彝族婚俗惯例娶弟媳陆氏为妻，兼并了其弟统治的磨坡长官司，据有米贴和磨坡长官司两地。后来因为“禄鼎坤与禄永孝有仇，故呈内亦列其名，并捕之……立谳者以永孝于乌蒙本案略无沾及，而重以鼎坤之故，不欲开之，乃别坐以兄亡收嫂，并拟绞”。陆永孝死后，其妻被兄陆永忠收为妻，“镇雄土目施额之姐系米贴、磨坡土司陆永孝妻，生有子。永孝死，其兄陆永忠以倮例妻弟媳，偕上门，仍送至施额家”。

至于水西安氏，文献可见的收继婚例是在安万锺死后，其妻奢播的收继。《炎徼纪闻·安贵荣》：“忽有贼刃万钧头去，一城哄然。督府索贼竟不得，乱五六年不定，其弟万铨……遂自立，收其嫂为妻，督府置不能理，而万铨恣横尤甚。”查继佐《明书》列传三十四《苗蛮列传·霭安氏》：“久之，贵荣死，万钧立，淫酗嗜杀，其下怨之。一日，集督府外次，忽有窃万钧头去者，索贼不可得。五六年后，其弟万铨廉知土目乌挂所弑也，扑杀之，遂自立，而妻其嫂，督府不能问。”两者所记相同，盖后者沿袭前说而致。而谢圣纶《滇黔志略》卷二八“贵州土司”：“时万锺无子，其三弟万镒承袭，收嫂奢播为妻，仍雄诸蛮。未几镒死，子阿写幼，命以万铨袭……后阿写长，改名仁。”万斯同《明史》卷四九〇《土司传》：“万镒乃承袭，收嫂奢播为妻，仍雄诸蛮。”毛奇龄《蛮司志》：“镒乃承袭，收嫂奢播为妻，仍雄诸蛮。”《水西安氏本末》也载：“镇巡官及布政使赵文奎信之，乃谓钧宜袭，但年幼，令万锺妻奢播摄宣慰使……万镒既袭，以奢播为妻，仍雄长诸蛮。”《黔西州志·水西安氏叛服本末》：“（安万）镒乃承袭，收嫂奢播为妻，仍雄诸蛮。”虽然所记略有不同，但收继婚在水西的实行则无可怀疑。《正德实录》卷一九六记载：“正德十六年（1521）二月辛卯”：“初，贵州宣慰使安万锺骄纵不法，听汉民张紞及头目乌挂等教诱，每游猎、酒酣辄射人为戏，尝挞夷民角药、抹鬼、阿玉、抹葱四人。因为所杀，无子，其三从弟万镒宜袭。乌挂等遂谋保其疏族普者冒为万锺亲弟万钧，告袭。指挥使胡永远、朱蕃、祖勋前后承勘，受其贿，匿情报。镇巡等官遂暂委万锺□奢播摄事，待普者年长继袭，于是万镒悔不得立，使人说乌挂，不听，恨之，乃借所亲云南女土官奢爵兵并已兵数千人将诣省城投牒，及乌挂界，乌挂觉之，亦募兵数千人与仇杀，而角药、抹鬼、阿内三人适在境内，为乱兵所毙，惟抹葱逃免。乌挂因诬万镒杀万锺，而万镒亦诬万锺为乌挂所杀，凡数十疏皆下镇巡官按之。至是，巡按御史胡琼等上其状，言万镒宜袭，但与乌挂互相诬讦，宜各宥令输赎。”综合上述诸说，安万锺死后，收继万锺妻奢播的应该是万镒，而非安万铨。至于安仁的身世，结合黎宇《续安氏家传序》，最合理的解释就是，其父安万锺被杀时，安仁年幼或尚未出生，随母被安万镒所收。按照彝族收继婚习俗，原夫之子称转房后的丈夫为父亲，安仁就成为安万镒的儿子了。

王棻的《台学统》卷三七赵渊《复修演武堂记》：“嘉靖三

年三月，巡抚都御使南海熊公到镇甫七日，往会川……越明年，爰卜十一月十一日公与总戎公率僚吏祇告明神，命都指挥刘御、李祖董其事，是日也，天霁风恬，欢声动地，老者忘其衰，幼者忘其弱，病者忘其疲，贫者忘其馁，盖不逾月而旧贯焕如也。当是时，黠酋安万镒暴死，其弟万全缚逆酋陇政以献。”安万镒“暴死”，距其被允许袭职，收奢播为妻，不过三四年，其时安仁尚幼，所以也就出现了多数史书记载的“万镒死，子阿写幼”。郑燮元在《水西夷汉各目投诚措置事宜疏》中说：“镒生安仁。铨生安智。镒因病故，安仁年幼，详令万铨借官扶任。”安万镒死后，安万铨很可能收其嫂奢播，安仁也就名正言顺地成为安万铨之子。

黎宇的《续安氏家传序》：“（安仁）于嘉靖二十六年，调征铜平叛苗，归后卒。万铨复任。”然《世宗嘉靖实录》卷三三三“嘉靖二十七年二月壬戌”：“贵州宣慰使安仁差舍把安乐等来贡马。”则安仁当死于嘉靖二十七年之后。

五、安国亨

百四世安国亨[1]（原注：本名噜则，配禄氏，生二子：长疆臣，次尧臣〇国亨幼，部民仍请万铨视事。三十二年，播州苗阿项乱，总兵石邦宪以兵七千破于磨子岩，贼求救播州，诸将惧，邦宪曰：水西宣慰使万铨播州所畏也，吾调安兵攻乌江，声播州罪，播州自顾不暇，奚暇救人乎？已而，铨兵至，逼贼巢，破之，贼遂平。四十一年，国亨长，万铨仍致政）

明诰授亚中大夫国亨公配禄氏封淑人序

国亨字道隆，号龙源[2]，诰授亚中大夫[3]，配（氏）（封）【一】禄氏，封淑人[4]，及卒，得赐御祭，墓在陆隆母鸡山[5]。

［1］安国亨袭宣慰职应在嘉靖四十一年（1562），《万历武功录·安国亨传》："至壬戌，铨始老于卧这也，而以政属亨。"壬戌年即嘉靖四十一年（1562）。《蛮司合志》："是年（嘉靖四十一年），水西土官安万镒之孙安阿写之子安国亨既长承袭，万镒之弟万铨又去位。"万斯同《明史》卷四〇九《土司传》："至嘉靖四十一年国亨承袭，万铨又去位。"① 任职至万历二十一年（1593），《明史·贵州土司传》："万历二十六年，国亨子疆臣袭职。"然万历二十四年安疆臣已然理事。《万历实录》："万历二十四年（1596）八月壬寅，贵州宣慰司安疆臣奏：'副宣慰朱［宋］承恩以考较生儒，为该学教谕熊梦祥率诸生殴辱，并求更定祖制。'下所司。"（万历）《贵州通志》卷四《宣慰使》霭翠注："（万历）二十一年，（国亨）故，子疆臣袭。"（万历）《贵州通志》修于万历丁酉年（1597），叙述安国亨卒年当可信从。《明史·贵州土司传》误。

关于安国亨的身世，相关文献记载龃龉不合。《明实录》："隆庆四年（1570）四月甲寅，先是，贵州宣慰司土舍安国亨仇杀其叔祖故宣慰使安万铨之子信，逐信母疏穷及其兄智于安顺州别居，智母子因告国亨谋反。"则安国亨当为万锺或万镒之孙，然《正德实录》："初，贵州宣慰使安万锺骄纵不法，听汉民张

① （清）万斯同：《明史》，续修四库全书本，上海：上海古籍出版社，1996年，第482页。

欨及头目乌挂等教诱，每游猎、酒酣辄射人为戏……无子，其三从弟万镒宜袭。”《蛮司合志》亦载：“是年（嘉靖四十一年），水西土官安万镒之孙、安阿写之子安国亨既长承袭，万镒之弟万铨又去位。”又万斯同《明史》卷四〇九《土司传》：“阿写袭，万铨去位，而阿写又死。阿写子国亨幼，夷民仍请万铨视事。”①则安国亨为安万镒的孙辈，阿写之子无疑。安世亦奏称：“先祖安万铨，曾奉上司委命，两次借职宣慰，扶立安仁、安国亨父子，保其全地。”②

[2] 安国亨号龙源。贵阳开阳县摩崖石刻《济王回渡》：“古渡雄吞海岳收。澄清今济木兰舟。循源望入银河去，直北长安天际头。”落款楷书阴刻：“明万历壬辰岁仲夏七日，龙源主人安国亨题。”修文阳明洞题诗：“忆昔有贤哲，曾来探翠微。窅然洞还汨，可怜人累非。树昏寒鸟集，云湿雨龙归。想象空山里，残碑生绿衣。”落款为“明万历十八年庚寅仲春之吉，龙源安国亨撰书”。“驻马空林下，耽山此地偏。有星天不夜，无雨昼飞泉。云鹤青天奋，溪鸥白日眠。苍苔封古字，踪迹忞前贤。”落款“龙源安国亨题书”。

[3] 亚中大夫，明朝文之散阶四十二之一。《明史》卷七二《职官》：“从三品，初授亚中大夫，升授正中大夫，加授大中大夫。”明张岱《夜航船》卷六《选举部·文勋阶》：“从三品，初授亚中大夫，升授正中大夫，加授大中大夫、资治少尹，月俸二十六石。”明郎瑛《七修续稿》卷二《国事类·文官品级阶资》：“国朝文资四十六阶：……十八阶亚中大夫，是从三品，

① （清）万斯同《明史》，续修四库全书本，上海：上海古籍出版社，1996年，第482页。

② （明）陈子龙等：《明经世文编》（第六册），中华书局影印本，1962年，第5372页。

初授资，大中大夫资衔并因唐制，亚中大夫则因元旧资衔，惟资治少尹为新设。”

［4］《明史》卷七二《职官》：“外命妇之号九。公曰某国夫人。侯曰某侯夫人。伯曰某伯夫人。一品曰夫人，后称一品夫人。二品曰夫人。三品曰淑人。四品曰恭人。五品曰宜人。六品曰安人。七品曰孺人。因其子孙封者，加太字，夫在则否。凡封赠之次，七品至六品一次，五品一次。初制有四品一次，后省。三品、二品、一品各一次。三母不并封，两封从优品。父职高于子，则进一阶。父应停给，及子为人后者，皆得移封。嫡在不封生母，生母未封不先封其妻。妻之封，止于一嫡一继。其封赠后而以墨败者，则追夺。”

［5］母鸡山，《大定府志》卷一四《疆地志》：“凰山，在城东二十五里，壁立万仞，势甚雄杰，状如鸡冠然，故俗谓之母鸡山，与凤山对峙。一缕鸟道攀萝而上，山半有石室，周广丈余，及巅平坦，可容百人。相传安氏起兵时，土人避兵于此。今犹有石臼。其下有宣慰安氏坟。”“宣慰安氏坟”当即安国亨之墓。

校记

【一】原文为“配氏$_{=}$封$_{=}$禄氏”，“氏封”二字衍。

附录

龙源桥碑记

赐进士□□翰林院庶吉士 檇李陈□□□□

□□□□□翰林院编修 南充董□□□□

赐进士出身云南按察司副使 贵阳许一□□

国家威德翔洽，襟带海宇，施及荒徼、偏僻之属。莫不象指规条，奉扬通道至意以故。贵竹介在西南万里。唐宋所不宾（约佚十余字）。高皇帝绥怀安氏，藉奢夫人力除道置邮。开滇南门户。夫惟有黔始得有滇南，黔道塞则楚与滇卒隔不通。二百年来黔（约佚十余字）。圣祖神武，实式宾之，安氏之在大造于兹（约佚七八字）。安氏世修其德。诸凡可以兴建、创置，为除道利涉利计者不惜其力。（约佚十余字）圣朝梯航玉帛之感。新都杨少傅《十桥记》，其请以水势之曲折搠漫与建桥之次第，端末详哉。其言之也，岂非述祖德？（约佚十余字）今宣慰君益务扩大前人之志，于诸水道要害处口建桥十余所，曰龙源、曰乌庆、曰乌西、曰大渡、曰西溪、曰阁鸦、曰（约佚十余字）龙源一桥尤当咽喉，工尤不易，视昔水西、六广之役，工费□□倍之。功始于辛卯年二月，迄于今癸巳年四月始告成事。（约佚十年馀字）天外龙横水心，若口虹贯天。（约佚五六字）庶几近之。此一役也，毋论费财以巨万计。而心力之拮据殆不殚述。乃宣慰（约佚十余字）悉出已帑，以身任之，辛勤几年而后讫事，抑何其任费任劳也。宣慰君毋宁日，余□□世实有积德，（约佚十余字）天朝圣祖首旌口夫人，□□世世冠带。我后嗣曷敢不（约佚十余字），以无负国家之恩厚，除（约佚十余字）其缮不治道，馀力意在兹乎？余因是而益叹国家四讫之声威，其广被至此也。（约佚十余字）自古不听于德化而念我国之贤，惟国家无疆之休，万年无斁，则安氏之与国同此，亦万年无斁，盛哉。谨据宣慰君建桥始末合记之，不惟使旅道客读而颂德，将令安氏子孙（约佚十余字）建桥特记其口云。

龙集万历二十年癸巳仲夏五月□□□□□□□

社学，一在顾府坡下，一在柔远门外，俱嘉靖间建；一在大方，万历十九年宣慰安国亨建。①

六、安疆臣、安尧臣

百五世安疆臣[1]、尧臣（原注：疆臣字泰阶，谥忠清，公卒无子。尧臣号肖岳，配永宁宣抚奢崇明女弟奢社辉，生子安位）

明加布政司左参议授怀远将军[2]封定远侯疆臣序

万历二十六年，疆臣袭[3]。二十七年播州宣慰杨应龙反，疆臣以杀所部安定[4]，事为巡抚江东之[5]所劾，令疆臣杀（弑）【一】贼图功自赎。疆臣乃自奏："播警方殷，臣心未白，诸臣督责，进退皆罪，恕难立功。"帝优诏答之。二十八年总督李化龙[6]、巡抚郭子章[7]分兵八道[8]进讨播州，疆臣以兵从，其弟尧臣出（镇）【二】继镇雄土知府，更名陇澄，亦以兵从。六月六日，与诸军共集海龙囤，克之，应龙死，播州平[9]。初，疆臣诡言于郭子章云："播州曾侵水西乌江地六百里，事平后请还水西。"子章许焉。事平，朝议不（议）【三】许。总督王象乾[10]又索水烟、天旺之地于疆臣。初杨应龙之祖以内难客死水西，安万铨因挟之索地，播州以二地予之，万铨乃归其丧。至是，象乾主清疆之议，故索之。子章弗悦，因奏曰："侵地始于万铨

① （明）郭子章著《黔志》，贵阳：贵州人民出版社，2014年，第128页。

而非疆臣，安氏迫取于杨相丧乱之时，非擅取于应龙荡平之日；且臣曾许其裂土，今反夺地。臣无面以谢疆臣。愿罢去。”巡抚李时华议谓：“征播之役，水西不惟假道，且又助兵，矧失之土司，得之土司。播固输粮，水亦纳赋，不宜土地之故，伤字小之仁。地宜归疆臣。”于是疆臣增秩加布政司左参议，授（远）【四】怀远将军阶，封定远侯，赐飞鱼服。其母卒，得赐祭。[11]三十年，播州余孽吴洪、卢文秀等诈称应龙有子，聚众为乱，檄疆臣讨平之。[12]三十六年，疆臣卒，无出。陇澄还袭，仍改名安尧臣。尧臣之继镇雄土知府也，时当永宁宣抚使司奢效忠卒，其子奢崇周又卒，无嗣，以其弟奢进忠之子奢崇明嗣，效忠之妻世统与其妾世续争印，尧臣既得镇雄，又观永宁蔺州之地，每以镇雄兵助其妻弟奢崇礼，焚略普市、磨泥诸境，于是，川省抚按有逐安留陇之议，尧臣遂还水西[13]。以调征铜仁与头目阿乾擒苗长阿由蒲[14]，立功加布政司参政，授威远将军阶，封安远侯。

[1] 清周学曾（道光）《晋江县志本》卷三六《政绩志·武秩》载林乔相巡抚贵州期间，“有宣慰土司安疆臣应承袭，其叔国亨谋夺之，乔相疏授疆臣，疆臣致数千金以谢，乔相正色叱出。会杨应龙煽乱，乔相疏诛应龙，檄疆臣出死力共讨叛贼，而薛直指受应龙重贿，与乔相互讦，遂罢归”。（民国）《贵州通志·宦吉志·林乔相》引《福建志》：“初宣慰安疆臣父国贞与其弟国亨素格斗，国贞殁，国亨愈横。疆臣幼孤，几无以立。乔相授疆臣，官比候代镇远，疆臣具橐装黄白金数千，他珍称是，属一里人子为卫幕者转致之。乔相正色却之。”《水城厅采访册》

卷四《族姓》：“安氏谱系谓其祖有堵穆者，其第六子曰穆济济……又数世为主色阿更，其子曰阿更阿珮，历四世为普露，其弟凡四十有七，有曰以列、曰白义者，历二世为普贵，历五世为阿榨，其子曰阿榨亦奚，亦奚子曰亦奚不薛，历数世为阿画，为霭翠，历数世为安贵荣，其子曰万锺，锺无子，弟万镒、万铨。镒子仁，仁子国亨，亨死，安疆臣嗣，其弟曰尧臣，子曰位，俱无嗣。安坤者，万铨之裔。”从《采访册》所录安氏谱系行文体例来看，父子关系者，皆写作“×子×”，而安国亨和安疆臣却写作“亨死，安疆臣嗣”，这从侧面说明二者并非父子关系。

按：安国亨和安智之事历经五年之久，其结果，据万斯同《明史》卷四〇九《土司传》：“亨与智俱去职，令亨子安民行宣慰事，智子国贞行夷目事。”《明史·贵州土司传》：“于是国亨悉听命，帝果赦不诛，而命国亨子民袭。”朱燮元《水西夷汉各目投诚措置事宜疏》：“国亨长子安民早故，次子安疆（臣）承袭，无嗣，三子尧臣承袭，生今已故安位。”① 丘禾实《封亚中大夫贵州宣慰使安君墓志铭》亦谓：“迄龙源公育三子，长讳震民，号如山；次泰阶公，又次肖岳公，即今持状乞铭者也。如山早逝。”《穆宗实录》卷四四“隆庆四年四月甲寅”：“二月初七日暂师至陆广河，智兵粮无一助者，诤惧，仍令人抚谕国亨，而密止大朝毋轻进兵，会大朝已渡河至水西，国亨使其子隘，目把阿弟、得费等诈以三千人降，大朝信之。”国亨之子，除疆臣、尧臣，尚有安隘、安民或安震民，《族谱》失载。

［2］怀远将军，明武之散官，十二阶之一。《明史》卷七二《职官》：“武选，掌卫所土官选授、升调、袭替、功赏之事。凡武官六品，其勋十有二……正三品，初授昭勇将军，升授昭毅将

① （明）陈子龙等：明经世文编（第六册），北京：中华书局，1962 年，第 5370 页。

军，加授昭武将军。从三品，初授怀远将军，升授定远将军，加授安远将军。”明张岱《夜航船》卷六《选举部·武勋阶》：“正三品，初授昭勇将军，升授昭毅将军，加授昭武将军、上轻车都尉。从三品，初授怀远将军，升授定远将军，加授安远将军、轻车都尉。”

[3] 安疆臣袭职时间，《明史·贵州土司传》：“万历二十六年，国亨子疆臣袭职。”然万历二十四年安疆臣已然理事。《万历实录》：“万历二十四年（1596）八月壬寅，贵州宣慰司安疆臣奏：‘副宣慰（朱）[宋]承恩以考较生儒，为该学教谕熊梦祥率诸生殴辱，并求更定祖制。’下所司。”（万历）《贵州通志》卷四《宣慰使》霭翠注：“（万历）二十一年（国亨）故，子疆臣袭。”（万历）《贵州通志》修于万历丁酉年（1597），叙述安疆臣袭职当可信从。

[4] 安定，安国贞次子。郑燮元《水西夷汉各目投诚措置事宜疏》：“安铨子安智生安国祯，祯生长子安邦。”① 江东之《瑞阳阿集》卷三《塞邪径疏》：“安定三代含冤，神人共愤，三千人命。臣等不容立视其死，恳乞敕下兵部，查照先年安插安国贞事例，将国贞长子安邦仍居织金卧这地方，听其上班……次子安定已杀，其妻霑氏，子凤鸣，系孤儿寡妇，安插着陇私庄。”②《神宗实录》卷之三二四“万历二十六年七月丁亥”：“兵部据巡抚贵州江东之揭题称，土酋安疆臣以烧毁官廨劫掳家财为故土官安国贞次子安定所告，疆臣使其党陈恩、王嘉猷等杀定，按臣参革疆臣冠带，责令献出党犯听勘，而疆臣不服，其跋扈之状、戕

① （明）陈子龙等：《明经世文编》（第六册），北京：中华书局，1962年，第5370页上。

② （明）江东之：《瑞阳阿集》，四库全书存目丛书本，济南：齐鲁书社，1997年，第64页。

杀之惨，稔恶怙终，六师可移，有不止于褫服严罚而已者。近获其差遣走京之使，得书鞫情，谓贿职方司员外刘一澜，求免革冠带；贿车驾司郎中马怡求献木差回勘合填写钦赏字样。臣部细加查核，俱不根之言。至于安国贞长子安邦，查有先年宣慰使安万铨为安国亨所杀，奉旨安插其孙安国贞于织金、卧这地方，设官坐镇事例，应令安邦仍居故地坐镇。官廨烧毁，责令疆重修，安插安定妻子于着陇私庄，俾得所依。王加臣等变夷归夏，应收充坝阳营兵，俾得实用，如安疆臣仍前抗违，抚按官驰奏重处。上曰：'土司奸诈多端，用贿事情，既无根据，不必究。'余依拟。"

[5]《滇黔志略》载："江东之，字长信，歙县人。万历丁丑进士。为御史，正色立朝，摘发内珰冯保奸状，侃侃有声。二十四年，巡抚贵州。捐赀于各府州县卫，平价市，买备赈田，右文田，泽幽田，恤隐局，惠药局田，递马谷田，钦恤军田，以赈助贫士，资给军民。又于南明河中筑鳌矶，建甲秀楼以培风气。黔人称贤抚者，必以东之为首云。"①

[6]《滇黔志略》载："李化龙，直隶长垣人。进士。经纬雄才。久历边镇，总督川、湖、贵州，主征播事。其驭将机权、取酋方略，出人意表。虽羽檄交驰，而尺牍文告皆珠玑错落，开诚布公，得人死力，赐剑未尝轻用。贼平，功迁尚书少保。播人祠祀之。"②

[7] 郭子章，字相奎，号青螺，泰和人。隆庆辛未进士。万历二十七年，巡抚贵州。历十年，习知民隐，凡所设施，永垂利泽。尤善奖拔士类，经其品题，率成名宿。著《黔记》六十

① （清）谢圣纶辑：《滇黔志略点校》，贵阳：贵州人民出版社，2008 年，第 246 页。

② （清）谢圣纶辑：《滇黔志略点校》，贵阳：贵州人民出版社，2008 年，第 247 页。

卷，经济卓然。先是，播州酋杨应龙作乱，王师屡征不克，天子拊髀。廷臣交荐子章，匹马入黔，增兵饷，扼要害，立赏格，士气百倍。兴师才百余日，擒应龙诛之，播州平，始经理播州为平越等郡县。未几，复有皮林之役，功与播等。黔人戴恩，建生祠七所；更有建怀德祠，以子章与诸葛忠武、关壮缪鼎足者。三十五年，陈情终养，疏九上始得请。晋兵部尚书。①

［8］清谷应泰《明史纪事本末》卷六四《平杨应龙》："总督李化龙分兵八路。川师分四路：总兵刘綎从綦江入，以参将麻镇等隶，参政张文耀监之；总兵马孔英从南川入，以参将周国柱、宣抚冉御龙等隶，佥事徐仲佳监之；总兵吴广从合江入，以游击徐世威等隶，参议刘一相监之；副将曹希彬受吴广节制，从永宁入，以参将吴文杰宣抚奢世绩等隶，参议史旌贤监之。而中军，率标下游兵策应。黔师分三路：总兵童元镇统土知府泷澄、知州岑绍勋等由乌江；参将朱鹤龄受元镇节制，统宣慰安疆臣等由沙溪；总兵李应祥统宣慰彭元瑞等由兴隆；参议张存意、按察司杨寅秋监之。湖广偏桥一路，分两翼：总兵陈，统宣慰彭养正等由白泥；副总兵陈良比受节制，统宣抚单宜等由龙泉；副使胡桂芳、参议魏养蒙监之。"

［9］《明史·童元镇传》："（李化龙）檄镇雄土官陇澄邀贼归路。陇澄者，即安尧臣，水西安疆臣弟也。军不与元镇合，独全，当事颇疑其通贼。寅秋以镇雄去播止二日，令捣巢立效，澄许之。河渡未败时，澄已遣部将刘岳、王嘉猷攻拔苦竹关及半坝岭。暨败，二将移新站。贼伏兵大水田，别以五千人来袭，败还。嘉猷乃扬声捣大水田，而潜以一军拔大夫关，直抵马坎，断贼归路，与疆臣合，贼遂遁。会都指挥徐成将兵至，合泗城土官

① 中共贵州省铜仁地委办公室档案室，贵州省铜仁地区志，党群编辑室整理，《铜仁府志》（据民国缩印本点校），贵阳：贵州民族出版社，1992年，第143页。

岑绍勋兵，再克河渡关。贼将张守钦、袁五受据长箐、万丈林，永顺兵击破之，生擒守钦。攻清潭洞，复擒五受。会朝议责元镇败状，令李应祥并将其军，遂合水西、镇雄诸部，直抵海龙囤，竟灭贼。”

《明史·陈璘传》：“诸将俱攻囤（海龙囤）前，独水西安疆臣攻其后，相持四十余日。其下受贼重贿，多与通，且潜以火药遗贼，故贼不备。其后璘知之，与监军者谋，令疆臣退一舍，璘移其处，置铁牌百余，距囤丈许，贼强弩无所施，又为簐板于栅前，贼每夜出劫，为钉伤，不敢复出。应龙势穷，相聚哭。化龙初有令，诸将分日攻。六月六日，璘与吴广当进兵。璘夜四更衔枚上，贼鼾睡，斩其守关者，树白帜，鸣砲，贼大惊溃散，应龙自焚。广军亦至，贼尽平。”清谷应泰《明史纪事本末》卷六四《平杨应龙》：“时有飞语水西佐贼者，总督檄诘，水西不自安。会贼杀其头目，澄大恨。二十六日，贼托田氏修好贿澄。澄戮其使，击斩伪将杨惟栋等。安疆臣亦执贼二十余人，以示不背。”《国榷》卷七八，万历二十八年五月庚午：“水西宣慰司安疆臣、镇雄土知府陇澄还师。或言水西通贼，总督令退舍。疆臣曰：‘吾不为亡播续也。’与澄先引去。”①

[10] 王象乾，字霁宇，山东新城人，嘉靖时参议重光孙，隆庆辛未进士。万历辛丑，以总督代李化龙经理善后事，缮城郭，立学校，抚流离，置牧守，简将储粮，则壤定赋，皆尽心为之。播余孽吴洪聚沙溪结连水西为乱，设计讨平之。铜仁苗贼吴老乔、平越贼阿浪等作乱，遮滇黔道，未半载悉平。进右都御史。父之垣官户部左侍郎卒，连章告归。濒行，疏水西安氏必叛；天启中，果有安邦彦、奢崇明之变。后进少师、兵部尚书。卒，赠太师。

① （明）谈迁《国榷》，北京：中华书局，1958 年，第 4855 页。

[11]《明通鉴》万历三十四年："是岁，以平杨应龙功，赐贵州宣慰使安疆臣增官进秩。疆臣之请讨播也，巡抚郭子章许还播所侵水西地。初，应龙之祖以内难走水西，客死。宣慰万铨挟之索水烟、天旺地，听还葬，其地遂为水西所据。及播州平，分其地为遵义、平越二府，分隶蜀、黔，以渭河中心为界。总督王象乾代李化龙，命疆臣归所侵播州地。子章奏言：'侵地始于万铨而非疆臣，安氏迫取于杨相丧乱之时，非擅取于应龙荡平之日；且臣曾许其裂土，今反夺其故地。臣无面目以谢疆臣。愿罢去。'象乾疏言：'疆臣征播，歼应龙子惟栋不实。至佯败弃阵，送药往来，欺君助逆，迹已昭然。今还侵地，不咎既往，已属国家宽大。若因其挟而予之，彼不为恩，我且示弱。疆臣既无功，不与之地正所以全抚臣之信。宜留抚臣罢臣，以为重臣无能与蕞尔苗噂沓者之戒。'于是清疆之议累年不决。兵部责令两省巡按御史勘报，而南北言官交章诋象乾'贪功起衅'，科臣吕邦耀复劾子章纳贿纵奸，子章求去益力。象乾执疆臣所遣入京行贿之人与金以闻于朝，然议者多右疆臣。巡按李时华言：'征播之役，水西不惟假道，且又助兵，矧失之土司，得之土司。播固输粮，水亦纳赋，不宜以土地之故，伤字小之仁。地宜归疆臣。'于是尚书萧大亨主之，遂有是命，并赐祭疆臣母。水西尾大之患于是不可制矣。"

[12]《神宗实录》卷三二八，万历三十一年三月丁卯："播州旧逆吴洪、卢文秀、卢文政、张承贤、卢里受、谭里保、罗志、杨邦俊、王金义、张汉臣等恶汉法严密，潜谋不轨，假杨应龙儿子为名，恢复旧疆，因内江县举人晏鸣鹿挖邻坟侵田土，遵义县知县萧鸣世素失众心，此事又失处分，洪遂激怒旧民聚众首乱。总兵李应祥、副使傅光宅等率修防官兵捕之，陆续擒获首从刘尧等。洪逃奔水西，黔抚郭子章责安疆臣缚献，洪为疆臣把目王宗舜斩首，擒获贼党，止逸一二，总督王象乾以闻。兵部覆

言：‘洪自祖父及身，为杨氏亲信长官三世。刘尧者逆龙之腹心书记，而罗志、谭星保、卢文政等皆逆龙之爪牙也，平日倚附逆龙，今虽逋诛，包藏祸心，徘徊故国，视杨三老为奇货，藉水西为声援，投闲抵隙，所须者时耳。而豪势之武断，悍吏之淫刑，又大拂乎人心，遂欲假以激怒沙溪之众，操戈关弓快于一逞，是其谋叛之本意虽不尽由人，实籍之资也。今虽就缚，启衅人员法当究治。’诏以逆首吴洪等传级示众，谭里保等枭示，未获者严加缉捕，以绝祸本，萧鸣世、晏鸣鹿行御史究问，有功员役，勘明定夺。”《明史·李应祥传》：“播遗贼吴洪、卢文秀等恶有司法严，而遵义知县萧鸣世失众心。洪等遂称应龙有子，聚众为乱。应祥偕副使傅光宅捕之，尽获。”

[13] 安尧臣，万历三十七年袭职，卒于万历四十四年(1616)。沈一贯《敬事草》卷七《言陇澄宜赏揭帖》：“陇澄系镇雄府土知府，原名安尧臣，即贵州宣慰安疆臣亲弟，同母凤氏所出也，年方十七岁，见领兵征播。……初，安兵直入大水田，去逆巢止十里。此时，安氏头目尚有暗与播通者。三月二十九日，杨酉袭安营，陇澄持枪督阵大战，杀其头目五十余人，斩级近万，歼其第四子杨惟栋，而安兵亦多损伤……近又报陇澄计哄杨酉，招其头目尚义、黄继枝来营议抚，贼果具降文，备礼物，遣尚义等二十四人来，皆擒送贵州矣。尚义等系贼亲信腹心，军门悬赏以指挥募之者也。”① 署曰“五月二十一日上”。《万历实录》卷三四七万历二十八年五月癸亥：“阁臣沈一贯题‘科臣为黔师报捷，乞优赏陇澄。查澄系镇雄土知府，即安尧臣，与兄宣慰司疆臣同母凤氏所出。安氏奉皇上抚谕，澄持枪督阵，斩获播苗万余，戮其爱子，复诱之议抚，擒送其心腹尚义等二十四人，

① （明）沈一贯：《敬事草》，《续修四库全书》479 史部·诏令奏议类，上海：上海古籍出版社，1996 年，第 332 页。

具见忠义之心。今议赏以金币，臣谨拟票并详始末以闻。’”则安尧臣生于万历十二年（1584）。《神宗实录》卷之四五六：“万历三十七年三月壬寅，命故贵州土官安疆臣弟安尧臣袭职，于原司到任管事，仍着安静地方守法钤束夷民，不得别生事端，有负朝廷恩德。”《万历实录》：“万历四十四年三月癸巳，贵州宣慰安尧臣病死，遗子尚幼，命其妻奢氏以宣慰职衔理事。”

关于安尧臣在镇雄的去留问题，黔蜀两省抚臣争论不休，《神宗实录》卷四三二，万历三十五年四月丁未：“藺州夷目阎宗传等攻掠永宁普市摩尼等处。自奢效忠死，陇续二妇治民相攻，世续匿印以私阿利，朝廷必得印以授崇明，抚臣遣师下藺州问匿印事，世续傲不承也，都司张神武遂执世续，世续言印在镇雄陇澄处。陇澄者，水西安尧臣也。陇氏垂绝，尧臣入赘，遂冒陇姓，方平播州叙大水田功状时，皆称陇澄，不知其为尧臣也。尧臣既外怙播功，内仗水西，有据镇雄制永宁心，而蜀抚按以尧臣非陇氏种，无授镇雄意，尧臣以是怀两端，阴助世续，意世续得授阿利，则已据镇雄益坚。又朝廷方厌兵，宗传阿利等驿骚已可卧取陇氏也，而阎宗传等每焚掠，必称镇雄兵，以怖诸部。川南道梅国楼所获俘蛮丑者言，镇雄遣将鲁大功督兵五营，屯大坝、小西，兵已渡马铃堡，约攻永宁，而普市遂溃，宗传等以空城弃去。奢崇明又言：尧臣所差目把彭月政、鲁仲贤、周宗岐、阿德等六大营助逆不退，声言将抵溆南攻永宁、泸州。于是总兵侯国弼、游击周敦吉、都司张神武等皆归恶于尧臣，巡抚乔壁星、巡按孔贞一先后暴尧臣所党逆状，请敕尧臣撤兵还巢，并献诸漏恶，而张神武、周敦吉等亦多所斩获，前后所得唤者朗者皆镇雄夷目，以责尧臣无辞也。而黔中抚按以西南多事，兵饷不支，无意取镇雄，尧臣因是以普市摩尼诸焚掠，皆归之蜀将，而谈者亦以贪功启衅为蜀将罪。”《神宗实录》卷四四四，万历三十六年三月戊子朔：“兵部覆贵州候代巡抚郭子章等奏：‘土舍安尧臣之承继镇雄，积有年矣。自永宁争立，说者疑尧臣庇奢世续、阎宗传而助之逆且庾其印，于是蜀抚始兵之，迨于印献罪降。庙议撤兵，令尧臣退还镇雄，就居贵省，仍论征播前功，授以土知府职级，则贵州抚按题请固以完昔日之叙功，尤以信今日之诏旨，若奢氏请归，尧臣供养，此自老妇哺乳私情，然而立陇之旨业已中外昭悬，谁能易之？今日之事，尧臣与其妻孥径当全归贵阳，乃为始终畏慎。至于水西携带原人，蜀抚欲令尽出，惟是尧臣幼继陇姓，已离水西，镇雄固其巢穴，彼原随把目十年生聚，一旦飘摇，不能无虑，计惟有该省抚臣谕令安疆臣谊念手足，分割一隅，令尧臣率众安居，毋令两失所依，所以终圣恩而消隐祸者也。’得旨，如议行。”《神宗实录》卷四四九万历三十六年八月甲戌：“兵部覆：‘镇雄之事大要有二：曰归尧臣，立陇后已耳。黔归尧臣，不归则罪在黔；蜀立陇后，失立则罪在蜀。边疆大事庶有完局，二臣安事日解辩为哉！’得旨：‘安尧臣及随从人员已归贵州，陇后自应速立，该省巡抚按官详勘真正后裔具奏定夺，安尧臣不得再有觊觎启衅取罪。’”《万历疏钞》[①] 卷四二录有时任四川巡按御史的钱桓《土酋完局未尽西南隐祸堪忧疏》《土舍方有结局之机黔抚忽有更端之议疏》专论安尧臣镇雄去留问题。

谈迁《国榷》卷七七万历二十五年正月：“巡抚四川右佥都御史乔璧星遣都指挥张神武往永宁宣抚司索印，遂掠奢世续二宅，得数十万金。又污其子女，置印不问，执世续以归。土目阎宗传等各起兵救主母，焚掠永宁赤水二卫、普摩二所甚惨。神武与参将周敦吉惧甚，不救。”[②] 《明史·李廷机传》：“廷机辅政

① 《万历疏钞》，续修四库全书本，上海：上海古籍出版社，1996 年版，第 569—573 页。

② （明）谈迁：《国榷》，北京：中华书局，1958 年，第 4789 页。

时，四川巡抚乔璧星锐欲讨镇雄安尧臣，与贵州守臣持议不决。廷机力主撤兵，其后卒无事，议者称之。”郭子章《题夷情疏》：“夫安疆臣安尧臣兄弟，不过黔中一属夷耳。在蜀中始以索地之役，继以蔺乱之故，不以为乱臣，则以为贼子，用兵芟夷，惟恐一日或缓。自黔视之则大不然，播州反，令疆臣出兵攻播则攻播；吴洪复反，令疆臣斩吴洪则斩吴洪；地界令疆臣认粮一千二百石则认粮；路苗乱令疆臣征苗则征苗。十年以来，兵部苦於蜀议，无尺寸之叙，国家亦无分毫之赏，而疆臣终不敢以为言。播州反，令尧臣攻播则大捷；蔺州乱，令尧臣追印则印出；既谓尧臣不当在镇雄，令之归则归；令其千房随从归则归；主上授以土知县之衔，而尧臣日在臣辕门听事，顺耶逆耶？……十年前蜀人谓尧臣安陇同族，不闻于黔，允而入之蜀；十年后蜀人又谓尧臣非我族类，责成於黔，呼而归之黔。”

［14］《明鉴》载，万历四十七年“巡抚张鹤鸣遣将军征定广平威贼阿繇、蒲三、王安、老寡整等”事。《万历实录》“四十六年五月戊戌”条：“贵州巡抚张鹤鸣奏：‘四川、湖广、贵州三省红苗啸聚寇劫曾溪等屯堡，流毒甚惨。乞敕三省协助抚剿。’上命饷银着三省如数完解，以充新兵之用。时，贵州在地诸贼，在定广威平则有阿繇、蒲三、王安、老寡整等，在洪边有王应科、罗文、载（戴）廷鸾等，在哈平定有王三、王汝、成守玉、武英、惟正、吴起龙、王维翰等，安笼一带有狼豹、狼厂、狼恨等，俱招亡纳叛，劫杀官民，截留军（京）饷，道路阻绝。鹤鸣俱命遣将以次讨平之，独老寡整、何南、阿撇、光虎、唐索、杨肆保及安若山未获。于是，奏将见获者枭示，未获者再设法擒捕，庶地方获安。从之。”《泾县志》卷一八“武功”《吴江龙传》：“（吴江龙）以功升贵州都司。会苗仲为寇，受大司马檄襄戎事，斩阿由、蒲三、老贯鹅、阿藏、王三等酋，诏书

褒赏。”① 吴江龙万历四十六年升为清浪参将。朝廷征讨阿孫、蒲三等当以《实录》所载为是。然《万历实录》：“万历四十四年三月癸巳，贵州宣慰安尧臣病死，遗子尚幼，命其妻奢氏以宣慰职衔理事。”平阿孫、蒲三时，尧臣已然故去，故不得“有功加布政司参政”，明矣。

校记

【一】原文为“疆臣杀弑$_{三}$贼”，“弑”字衍。

【二】原文为“尧臣出镇$_{三}$继”，“镇”字衍。

【三】原文为“朝议不议$_{三}$许”，“议”字衍。

【四】原文为“授远$_{三}$怀”，“远”字衍。

附录

封亚中大夫贵州宣慰使安君墓志铭

使君肖岳公以许公状若兄泰阶行迹，遣人乞志铭于愚曰：安氏奄有水西，夏称鬼方，汉为罗甸。昔授王号，唐宋以来历承褒宠，逮我明皇御世，其祖霭翠率土先归，授宣慰使，更世及延至贵荣，君以懋功擢大参。迄龙源公育三子，长讳震民，号如山，次泰阶公，又次肖岳公，即今持状乞铭者也。如山早逝，泰阶生而歧嶷周之辰，罗百物试之，惟携篆与笔，父母钟爱之，就外傅时，傅谓世官髦士非寻章摘句埒，乃摘经史之忠孝廉节诸大义汇成帙，授之使诵。越月，举所授诘之，无慼忘。年甫衰余，龙源公卒，当事请授指事，明天子可之。泰阶公曰：吾以黄孺膺宠爵，君恩是亲恩也，敢忘三春报哉。遂备述世系敷奏鳳阙，钦奉

① （清）洪亮吉纂：《嘉庆经县志》《道光经县续志》，中国地方志集成，安徽府县志辑（46），南京：江苏古籍出版社，1998 年，第 388 页。

俞旨封其祖仁者为亚中大夫，祖母禄氏为淑人，乃龙源公母凤氏皆得如之，而内子瞿氏并从夫之贵焉。且格外赐泰阶公金带一束，绯衣一袭，锦缎诸物。猗欤休哉，一时恩光，奕世荣耀，古羡出将入相安氏世得之矣。无何，播寇跋扈，奉命声讨，凤淑人躬理刍粮转输，而以军旅付之泰阶公及今肖岳公，时方初夏，泰阶负质清癯，指挥驰骋，为炎熇酷燠所困，岚烟瘴雨所苦，患目剧甚，维时大司马中丞直指暨藩臬诸公，皆使人问疾医，来者相属于道，又于军中得女讣报，诸军哀哀请暂旋，泰阶公拔剑叱之曰："昔章昭达因丧明而致身通显，富郑公亡儿女而奉使虏庭，一相一侯，流芳百世，吾将师之以报朝廷，誓不与贼俱生，岂更以身家事介胸臆废君命哉！"且疾且哀，从戎如故。肇驱兵直捣海龙贼屯，进旬日而天险破，贼族赤矣。黔叙之曰：眚一目而神弥全，殒一女而家不顾，是母是子，难兄难弟。蜀叙之曰：大水田之鏖战，溃贼腹心，桃溪衙之焚烧，乱酋手足。其揄扬褒嘉灿然于露布简牍者，盖累千百言。播寇甫平，蔺奢内讧，日寻干戈，扰攘者十易草木，上下文案磊磊如山，泰阶侍恭藩洪公往治之，被甲点乙，狡此息彼，作即挟挥霍之技者，亦未之何。泰阶临勘厚金帛以弥强猂，捧盟盘以坚信义，无俟片言，迎刃而解。锱铢不烦，矢镞不遗而坐致西南于宁谧者，泰阶公之力也。未几，山苗路苗党而梗道，滇楚之间阻阏不通，于时，泰阶公已抱病矣，直以委命难辞，力疾往捕而献叛献馘，不可指计。诸苗遂喙然陈伏，而行旅居民安堵无恙。藩臬诸公宠锡尤加，泰阶赋性仁慈，敷政精明，粮赋无逋，奸宄屏迹，事母尤孝，政无巨细，悉禀命行或蒙诃责，凛凛夔夔，俟怒霁得温语而后退，及凤不禄，哀几毁骨，痛至呕血，苫块皆赤，勺水粒米不入口者屡日。已而左右婉劝始进糜粥菜羹。迨归穸之辰，牲牢丰洁，诸品烂盈，四方来观者无不挥泪，尤笃友于，待今肖岳公恩礼甚沃，休戚相依。公生于万历九年辛巳正月初二日，卒于万历三十六年戊申十一月初六日，历年二十八岁，葬于雨龙山之麓，螺师塘之浒，枕寅趾申。公乏嗣，其位则弟肖岳承之。公之忠爱孝弟即厌饫经史列名，荐绅者亦不能远过，故志而铭之以垂不，泐铭曰：将门黄骝阃外白眉，三箭乱定一戎功归。忠爱孝友金藏彦威，纶音宠锡奕世交辉。陟此寅冈灵锺虎邱，仰彼申岫瑞显公侯。时维小山敬承大猷，贻厥仲容接武悠悠，日月同光乾坤不朽。

（道光）《大定府志》卷五六“文征”

时保箴

提学　沈思充

来宣慰，安疆臣。屏尔虑，授尔箴。尔亦知，圣朝恩。尔爵土，何以存？惟忠顺，立其根。我圣祖，辟乾坤。弘至仁，开大明。渐被乎，率土滨。胥来享，胥来宾。嘉尔祖，归向勤。胙尔土，畀尔民，锡尔爵，光尔门。垃复载，与生成。尔祖先，图报称，有休问，无恶萌。如尔父，安国亨。其性行，虽不驯。然自创，知好名。郡学建，乡社兴。此未丧，之良心。父之蛊，尔宜新。父之善，尔宜循。

自古来，天道近。积善家，有余庆。积恶家，殃必临。有迟速，无不应。举一二，为尔陈：昔三苗，左洞庭，右彭蠡，敢逆命，禹徂征，戮其身。春秋时，吴争盟，霸诸侯，骄且盈，不旋踵，为越并。汉武帝，通昆明，有叛者，且兰君，恃险远，身首分。唐之季，有胡人，安禄山，最强横，子庆绪，弑逆行，曾未几，绪亦殒，弑之者，即其臣。叛恶报，何其神！若宋时，吴越君，起钱缪，传厥孙，能爱民，识天命，故其后，世簪缨，永昌炽，迄于今。尔不见，彼田琛，与宗鼎，相斗争，旨谕之，终不悛，帝一怒，靡孑存。又不见，哮承恩，勾强虏，据坚城，天兵出，如雷霆，灭其党，磔其身。失全亡，得全兴。今古事，甚彰明。孔圣人，又有云：善不积，不成名；恶不积，不灭身。谬千里，始毫芒。小者积，大乃成。天地间，人最灵。有三纲，有五伦。子孝父，臣忠君。夫妇顺，长幼钦。朋友信，尊卑明。得此者，乃为人。丧此者，乃兽禽。惟天生，古圣人。立学校，以明伦。家礼义，人衣巾。有相保，无相倾。治田里，各安生。我中华，佛国称。若蛮夷，事战争。从暴寡，富凌贫。其弱者，人所侵。其强者，天所倾。天礼义，无仁心。幸而存，牛马群。罔之生，真可怜。

尔官爵，非不荣。尔土地，非不弘。尔之财，非不盈。尔之兵，非不竟。所急者，是令名。不可无，知足心。莫恃强，妄自矜。试此我，江南省，一大县，百万征。么么者，安足论。如我浙，义乌兵，登绝险，若履平。彼倭贼，尚寒心。尔之兵，安是逞？尔把目，胡乱行，全不顾，尔家门。朝廷恩，可不省？上司命，可不遵？尔骨肉，可不亲？尔人民，可不仁？尔文教，可不兴？尔慢上，玩朝廷。尔下人，效尔行。忧不远，忧在屏。子逆父，逆儿生。冤相报，响应声。

吾奉命，掌文衡。扬圣化，巩泰宁。要个个，为好人。要人人，保厥生。故不恤，语谆谆。听吾言，天堂登。违吾言，地狱沉。苦口药，利于病。逆耳言，利于行。保尔业，惟此箴！

万历《贵州通志》卷二四“艺文志四”

七、安位、安世

百六世安位[1]、安世[2]（原注：位本名聋谷，无嗣，以族弟安世承袭。世本名噜益，万铨之孙，邦彦之姪，袭卧这、延恩土知府，入继大宗。生子承宗）

［1］安位，卒于崇祯七年（1634）。《明史·贵州土司传》："（崇祯）十年，安位死，无嗣，族属争立。"（嘉庆）《黔西州志·水西安氏叛服本末》："（崇祯）十年，安位死，无子。"《水西安氏本末》："八年，安位死，无子。"《朱少师奏疏钞》卷八《勘明水西各土遵照明旨分土授官以安地方事》："崇祯七年十一月，安位病故，无嗣，各夷纷纷争立。"① 是疏落款为"崇徵九年九月二十五日"，疑《明史·贵州土司传》误，或讹七为十。

《明史·杨鹤传》："贵州土官以百数，水西安氏最大，而土地、户口、贡赋之属，无籍可稽。鹤乃檄宣慰安位尽著之籍，并首领目把主名、承袭源委，悉列上有司。自是簿牒始明，奸弊易核。事竣，不候命径归。久之，还朝。"

［2］安世，安邦子。《明经世文编》卷之四八七郑燮元《水西夷汉各目投诚措置事宜疏》："安铨子安智生安国祯，祯生长子安邦，邦生今卧这安世，见生长子安承宗。"②《流衍图》无安邦，记安世为安邦俊子。

君位继承和一般意义上的世次连缀是两类不同的世系范畴。王位、君位的传承代表拥有一定政治经济权力的特殊群体对公职的世袭性垄断。为了强调对政治地位和经济地位的独占性和垄断权，对那些被允许进入这一世系的人员身份，以能对此目标有所贡献为原则。

水西安氏职官世系为我们研究彝族君长承袭制度提供了鲜活的第一手资料。长期以来，水西安氏的权力继承并不是遵循父死

① （明）朱燮元：《朱少师奏疏钞》，四库全书存目丛书本，济南：齐鲁书社，1996年，第627页上。

② （明）陈子龙等：《明经世文编》（第六册），北京：中华书局，1962年版，第5370页上。

子继的原则，尤其安陇富承袭之前。关于这一点，温春来先生在《中央王朝的开拓与少数民族地方政权承袭制度》[①] 一文中已有详论，此不赘述。

《初学记》引《帝王世纪》：自汤得位至纣，凡六百二十九年。成汤一，外丙二，仲壬三，太甲四，沃丁五，太康六，小甲七，雍巳八，太戊九，仲丁十，外壬十一，河亶甲十二，祖乙十三，祖辛十四，沃甲十五，祖丁十六，南庚十七，阳甲十八，盘庚十九，小辛二十，小乙二十一，武丁二十二，祖庚二十三，祖甲二十四，廪辛二十五，庚丁二十六，五乙二十七，太丁二十八，帝乙二十九，纣三十。[②] 据此，商王的传位者与继位者间，除了父子关系外，还有一部分兄终弟及和传兄之子的情况，如：汤名天乙。太甲，汤孙。太甲，太丁子。太甲崩，子沃丁立。小甲，太庚子。仲丁是太戊之子。河亶甲，仲丁弟也。祖乙，河亶甲子。祖乙崩，子祖辛立。崩，子开甲立。崩，弟祖丁立。崩，开甲之子南庚立。崩，祖丁子阳甲立。崩，弟盘庚立。盘庚崩，弟小辛立。崩，弟小乙立。崩，子武丁立。[③] 诚如赵林先生所指出："商人父母子女间的生物或生殖关系并非必要，没有生身关系也可以父母子女相称。""子如同父，也是不分直旁的亲属称谓，生物或生身关系不是决定'子'者不可或缺的条件。"[④] 这种传位者与继位者之间的复杂关系和安陇富之前安氏传位者与承袭者之间的关系极为相像。这种君位传承体制当是社会发展到一定阶段时，为了保证对君长的世袭性垄断而采取的措施。当然，

---

① 温春来：《中央王朝的开拓与少数民族地方政权承袭制度》，《贵州民族研究》2004 年第 3 期。

② （唐）徐坚等：《初学记》卷九《帝王部 · 总叙帝王》，北京：中华书局，1962 年，第 199 页。

③ 《世本八种》茆泮林辑本，北京：中华书局，2008 年，第 14—15 页。

④ 赵林：《论商代家族的亲属结构关系》，《中国史研究》2006 年第 2 期。

和商王继承序位相较，水西君长的替袭则显得灵活变通，不拘一格。

对传统彝族君长世系来说，运用一切手段（包括对世系的拟制）来构建并维持“世系”的完整和延续，远比重视和坚守所谓“血缘的纯洁性”更为重要。君长乏嗣，妻、弟、叔、侄、甥等亲属可以承袭，是获得朝廷认可的承袭制度。《明会典》卷六《吏部五·土官承袭》：“凡土官袭替，洪武二十七年，令土官无子，许弟袭。三十年，令土官无子弟，而其妻或婿为夷民信服者，许令一人袭。”万历《明会典》卷一二一《兵部四·土夷袭替》：“嘉靖九年题准，土官衙门造册，将见在子孙，尽数开报，某人年若干岁，系某氏生，应该承袭；某人年若干岁，某氏生，系以次土舍，未生子者，候有子造报，愿报弟、侄若女者，听。”《国朝典汇》卷一七六《兵部·土官》：“洪武中，土官无子弟，其婿与妻皆得袭。”水西和镇雄、东川同祖共宗，并且互通婚姻，在水西君长乏嗣时，曾于镇雄选取新君继承人。镇雄远祖妥芒部和妥阿哲是亲兄弟，后来二人分别开创了芒部与水西的基业。明代赐封芒部酋长世袭知府，取汉姓陇。水西与芒部即是血亲又是姻亲。正统年间，镇雄致仕知府安陇富接替安聚宣慰使之职。《水西安氏本末》：“聚一名裸至……裸至娶奢氏，无子。诸罗有阔坡土目者，娶奢氏之女弟，生子，昭穆与相当。奢氏取以为子曰龙富。裸至卒龙富幼，诸罗欲择各目之年长者，立为宣抚使。奢氏入朝自陈，英宗许之，乃以龙富袭。”《明实录》：“万历三十五年九月癸巳，（尧臣）又为辞谩子章曰：‘陇澄之入继镇雄，非澄之私臆也。方水西初年，安氏乏嗣，取镇雄致仕知府陇富承袭水西，名安陇富，则安陇之为一家旧矣。’”后来东川土府之子安胜祖也以合法身份替袭水西宣慰使，并得到朝廷的承认。乌撒、沾益之间也有类似的共祖世婚之间相互继承的记载。《明史·四川土司传》：“先是，四川乌撒军民府、云南沾益州，虽滇蜀异辖，宗派一源。明初大军南下，女土官实卜与夫弟阿哥二人率众归顺，授实卜以乌撒土知府，授阿哥以沾益土知州。其后，彼绝此继，通为一家。”这种习惯法，一旦被朝廷认可便具有了合法性，成为一种具有鲜明特色的承袭制度。当然，在朝廷认为对其统治不利时，也会予以干涉。

父死子继、嫡长子优先的原则确立之后，除非在君长乏嗣之时，旁支难以问鼎君长之职。一个例证是安世。安世乃安万铨四世孙，已属旁支，但大宗安位无出，近支安世昭穆相当，得以承袭宣慰使之职。另一个反面的例子是安万铨。安万铨是安万锺之弟，万锺卒，万镒亦卒，子阿写年幼，“提督尚书伍文定请授万铨以管摄夷事，俟阿写稍长替袭。兵部议以万铨且有解围杀贼功，因以保障毕节。上乃许之”，嘉靖十八年（1539）安万铨逊位，安仁袭职。不久，安仁卒，子国亨年幼，万铨复任。嘉靖四十一年（1562）国亨袭职，安万铨卸任。

彝族谱系，尤其是笃慕之前更早的世系，并不一定指普通意义上的父子关系，而可能泛指出自同一父系的“后人”“苗裔”之类，既可以包含真实的父子血缘，也不排斥拟制性的“世系”认同。了解了这一点，就可以体会，彝族的谱系，具体来说就是水西安氏的谱系，尤其是君长的承袭者，都是妥阿哲所自出的“苗裔”，都具备族群系统的同一性，因而在承袭君长时具备了确定无疑的政治合法性。这里真正看重的，其实还是对于王位的承袭。一般来说，凡要强调继承行为具有“授受之正统”的性质时，都会沿袭这一方式。

这种完善、严密的君长承袭制度，确保了水西安氏大宗的枝繁根固，是土司统治得以长期持续的内在原因之一。

八、安承宗

百七世安承宗[1]（原注：本名额飞，袭宣慰。生子名曰安坤）

［1］《明经世文编》卷之四八七郑爕元《水西夷汉各目投诚措置事宜疏》："安铨子安智生安国祯，祯生长子安邦，邦生今卧这安世，见生长子安承宗。旧案宗图可考，议亲议嫡，义顺礼和，即录万铨两次扶让之贤，亦难泯夺，就该各目会集汉夷耆老、大小夷众，照依俗礼，愿立卧这头目安世长男安承宗，为已故宣慰安位宗嗣，非周世儒等假借镇雄之子。"① 《水西安氏本末》："世寻卒，子承宗袭宣慰使……永明时，加承宗御营都督。"道光《大定府志·艺文志》卷五三收录康熙五年"奉命来守兹土"的宁云鹏《大定舆图说》谓："授安承宗延恩知府。承宗卒，子安坤承袭水西宣慰使加御营都督，荫一子中书舍人。"《思文大纪》卷六："（隆武二年四月）监军御史陈荩疏报'西彝纳款'。上曰：'安承宗既悔祸投诚，面订输赋青田，通道走驿，又勤献方物，准赐与府名曰口口，并颁给印信以宠之。'"②《东南纪事》卷一："（隆武二年四月）赐西夷安承宗府名颁印，以劝来降者。"③ 永明于隆武二年所颁印信，当为《本末》所说之"加承宗御营都督"。

---

① （明）陈子龙等：《明经世文编》（第六册），北京：中华书局，1962年，第5370页。

② （明）陈燕翼：《思文大纪》，台湾文献史料丛刊本，台湾大通书局，1987年，第117页。

③ （清）邵廷采：《东南纪事》，台湾文献史料丛刊本，台湾大通书局，1987年，第16页。

九、安　坤

百八世安坤[1]（原注：本名阿革，配禄氏柔远夫人。我朝加封光禄寺少卿，荫一子中书，传子胜祖袭，本名密祖）

皇清诰封光禄寺少卿安坤配封柔远夫人序

禄氏乌蒙王府女，宣慰安坤妻也，坤于崇祯间已袭职。于明之季，边境纷扰，四方逋逃余党必窜水西骚掠。又征调时勤，极疲奔命，恭逢圣祖皇帝定鼎燕京，始乐太平。按《黔土司志》：顺至十五年，经略洪承畴率师平滇、黔，二月至沅州，时伪将军艾能奇、刘文秀等据守中路，师不得进，承畴遣使招坤，许以如阿画、霭翠故事。坤大喜，随遣汉把曾经、熊彦圣二人缴印投诚，即引大兵由西路小径而入，势如破竹。[2]四月，入贵阳。十月，进师取云南，滇、黔底定。叙坤功，准其世袭，兼赐袍、帽、靴服，彩币二十匹。十七年，叛贼吕洪[3]窜匿水西陇革，自称兴国公，谋取贵阳，坤密报擒之，此志有明文可考而知者。其后（有）【一】因属目有察革喇者与（匡）【二】伪匡国公皮熊[4]善，蒙蔽坤公，私引入境，而吴三桂在滇蓄谋不轨，心疾水西牵制，又时时诛求不遂，多方媒孽，坐诬被剿[5]。是时，禄夫人避难母家，含恨十余年，及三桂反于云南，逆子世璠[6]又占贵阳伪称洪化，禄夫人始自母家回，捐粮四千石接济大师，其子胜祖统水西兵目随师剿擒报效[7]，为坤公雪冤，贝子将军据情题达，寻蒙优恤，封禄氏柔远夫人，胜祖继袭宣慰司[8]。未几，胜祖中殂，禄夫人并逝。今查《土司志》载威宁府水西宣慰司安胜祖康熙三十八年因土司无嗣，案内改土归流，然今之安氏皆其先世嫡裔也。按自济火至胜祖，亯有爵土传百余世，历千数百年云。

［1］《水城厅采访册》卷四《族姓》：“安氏谱系谓其祖有堵穆者，其第六子曰穆济济……安坤者，万铨之裔。”承袭当在永历年间，康熙三年（1664）被害。《清圣祖实录》：“康熙四年二月十二日，平西王吴三桂疏报：总兵官李世耀于三年十一月自蒙征水西，安坤悉众来拒，我兵大破之于波罗箐，追至法地屯，擒安坤，蛮方大定。”《清史稿·列传三百二·土司四》：“九月又败之红崖峒。坤率其妻禄氏逃于木弄箐，复逃至乌蒙，乌蒙不纳。坤遣汉把曾经赍印投降，不许，生擒坤于大方之杓箐，并擒皮熊、安重圣等。皮熊不食十五日而死，坤与重圣俱伏诛。”

［2］明顾山贞《客滇述》：“（顺治十五年）五月三日，进至新站、乌江。十一日，袭破杨武大于开州倒流水。于是水西宣慰司安坤、西阳宣慰司冉奇、镳蔺宣抚使奢保寿等皆降清。兴宁伯王兴亦降清，吴三桂赐以盔甲名马，逾于常格。”清邵廷采《西南纪事》卷一：“大清顺治十五年戊戌，五月，三桂袭破杨武兵于开州之倒流水。水西宣慰使安坤、西阳宣慰使冉奇鏕、蔺州宣抚使奢保受皆降于大清。”清徐鼒《小腆纪年》卷一九：“大清顺治十四年五月，我大清吴三桂等兵败明杨武大于开州之倒流水，兴宁伯王兴、水西宣慰使安坤、西阳宣慰使冉奇镳、蔺州宣慰使奢保受等降。”赵尔巽《清史稿》：“（顺治）十五年八月丙子，敕谕多尼等，授以方略。李定国将王兴及水西宣慰使安

坤等来降。”清计六奇《明季南略》卷之一七“吴三桂兵取云南”：“（顺治十五年）五月初三日，自遵义由新站、乌江、养龙、息烽、礼佐会宁南靖寇大将军于贵州。十一日，回息烽，袭明将军杨武大营于开州之倒流水。回遵义，有水西宣慰使安坤、西阳宣慰使冉奇镳、蔺州宣慰使奢保受等降大清。”《清世祖实录》卷一二〇：八月十一日，吴三桂又奏报：“伪兴宁伯王兴，为李定国调赴云南，其将卒家口留驻绥阳。臣兵至桐梓，兴子伪总兵王友臣差伪中军朱尚文迎赴军前投顺；兴亦自云南脱归，至军前谒见。又有伪侯、伪将军等共带家口七千余及水西宣慰使安坤等具启投诚。”章下所司。《清世祖实录》卷一二二顺治十五年十二月，经略大学士洪承畴奏报：水西宣慰使司宣慰使安坤，差汉把赴军前投诚，请加叙录。章下所司。

至如安坤“引大兵由西路小径而入”，当在顺治十五年五月之后。据《庭闻录》，“（顺至十五年）五月十一日，入贵州”。《小腆纪传》：“二月，我大清命贝子洛托都督卓布泰偕降臣洪承畴、吴三桂、线国安将兵分楚、蜀、粤三路，取云贵……冬十月，我大清信郡王铎尼会三路兵于平越之杨老堡。李定国使冯双礼扼鸡公背，以拒中路；张先璧扼南盘江之黄草坝，拒东路；自守北盘江之铁索桥，图复贵州……十二月甲子，吴三桂兵出遵义，由水西趋天生桥入乌撒，文选弃七星关走可渡桥，守桥之马宝亦奔，文选乃焚桥走沾益。”则扼守中路者非艾能奇、刘文选，而是冯双礼。西路军可能曾得到安坤的帮助，时间乃是十二月，而非四月之前。

[3]（康熙）《贵州通志》卷五《大事记》：“（顺治十七年）擒获叛逆吕弘等。注：弘，顺天人，自海逆郑成功处转入黔省，窜伏水西陇革地方招结权时泰、贺鼎等，自称兴国公，谋取贵阳，为水西宣慰安坤察觉，密报，弘囗囗。”

[4] 清徐鼒《小腆纪年·补遗卷》第二：“皮熊，字玉山，

临江人；父为铜仁贾，遂家焉。幼育于罗氏，冒姓名罗联芳；既显，乃复本姓熊。行伍起家，历官镇篁副将。土酋安邦彦反，以功擢总兵官，镇沅江；加左都兼太子太师。熊通文墨、知名义，能以节制驭军，不为民扰；土、汉安之。”

清王夫之《搔首问》：“甲申、己酉二大变殉国者，《明季遗闻》十得其八九。粤东初陷，则陈宗伯子壮、张太史家玉为烈。其再陷也，文臣无一死者，唯南阳侯李元胤，粤西则瞿、张二公外朱总戎昱如，皆衣冠端坐以待刃。滇南之惨死于缅甸者，皆为缅夷诱杀耳，唯黔国公沐天波力战而死。黔中大帅皮熊，初姓罗，名联芳，与韩王固守水西，水西破，被执，诱之令降，熊十日不食。有见之者，端坐高谈古今成败、纲常大义，五六日尚声出金石，十日死。仅此二公而已。”

明西亭凌雪《南天痕》卷二二《王祥传（附皮熊）》：“皮熊有婿张默，为水西宣抚司安坤帅；可望败，熊往依焉。壬寅，吴三桂破水西，坤败，并执熊及默；熊年已八十余矣，抗节大骂，绝食四十日而死。滇人哀而殡之。”

《小腆纪传补遗》卷六五：“己丑（一六四九），可望据滇求王封；熊与（王）祥各疏行在，言‘今之入滇者，为献贼余孽；名虽向正，事岂格心！朝廷毋为所愚！’上乃封熊匡国公，亦进祥公封，欲藉以防滇寇也。然二人时相构衅，亦不能有所效力焉。明年秋，可望以不得王封而怒，大出兵趋贵州。熊度不能支，遣官李邦华通好请盟，可望不许；熊益惧，避之清浪卫，可望遂据有全黔。熊复征土司兵三万出平越，为冯双礼所败，遁入乌罗司；可望遣白文选追执之，夺其兵。既而释之，熊遂入新添山隐焉；复之水西，依女夫赵默。默，宣慰司安坤师也。

“丁酉（一六五七）王师入黔，坤迎降，熊祝发于水西之可渡卜河。既，永历帝被执；熊闻报，绝粒七日，不死。有常金印者，自称开平王后；与坤谋反正。熊亦使蜀人陈进才给放札付，招集部曲；为我总兵沈应时所获，事泄。甲辰（一六六四）春，吴三桂大发兵攻水西，坤等败死；熊走避乌撒。冬十月，三桂遣骑执至云南；时年八十余，背立不顺命。诸降将往省之，熊称引古今忠义，追叙国家败亡之故，词意慷慨。积十三日不食，始瘖。越日乃绝，戮其尸；义士王中立盗而葬焉。

“张默字允明，太原人；匡国公皮熊婿也。父琳，官定番学正；流寇至，琳及妻子死焉，默在熊家得免难。潜行入楚、蜀结壮士，图恢复。及熊入隐新添山，默亦携家入水西。宣慰司安坤闻默至，师奉之。居数年，吴三桂破水西，坤败死；默被执，叹曰：‘我穷而至此，卒不得干净土死，命也！’三桂饵以官，不答。临刑，索纸笔自为墓铭而死。”

清刘键《庭闻录》卷四：“（康熙三年）三月初一日，自率滇师由毕节七星关取道米罗归宗，直入果勇，令总兵刘之复驻兵大方遏其冲。檄贵州提督李本深统贵州四镇兵，由大方之六归河会剿，屯粮三岔河，期首尾夹攻，而檄贵州进兵文误书‘六归’为‘陆广’，于是本深驻兵陆广，黔、蜀所调粮储亦尽屯陆广镇西，以致两路声援皆隔绝不通。三桂军于龙场，见粮将绝、外援不至，永顺总兵刘安邦力战死；军乱，夷势益张。适水西土目安如鼎遣人侦黔营虚实，为本深所获，始知滇兵被困；乃使为乡导，鼓勇进兵，副将白守彦手斩夷目以骂于阵。以骂者，坤之骁将也。既斩，夷众遂溃。总兵李如璧亦率精兵直入，两路始合为一。既败之于阿作峒，又败之于初得峒。九月，又败之于红岩峒。坤率其妻子奔弄箐，由乌撒至蒙乌；蒙不纳，即遣汉托曾经赍印请降。三桂不许，分兵追击，生擒坤于大方之杓。”庄士敏《滇事总录》谓，康熙“三年，水西土酋安坤反。初，坤于顺治十五年归命。康熙元年有常金印者，自言开平王后，由粤至坤所，与谋；又有刘永宁、倪生龙、丁调鼎、李元龙等至阿堵牛场，言：‘海上已立新君，国号平顺，晋王李定国尚在，谕令起兵。’坤遂聚众数万，以叔如鼎为总统，通贵州土司罗大顺等，约共取云南。坤师张默之妻父皮熊，本江西罗联芳也，爵匡国公，先为孙可望所败，祝发水西卜河，亦使蜀人陈进材等各路布散劄付，总兵沈应时获进材……九月，又败之于红岩峒，坤率其妻禄氏奔木弄箐，由乌撒至乌蒙，乌蒙不纳。坤遣汉把曾经赍印请降，三桂不许，追擒坤于大方之杓箐。十月擒皮熊于乌撒，时皮熊年八十余矣，面责三桂，三桂不能答。熊绝食十五日死……四年正月，诛安坤、张默、丁调鼎、倪生龙等”。①

［5］清邵廷采《西南纪事》卷六《王祥传》：“康熙元年壬寅，有常金印者，自称开平王后，在沾益州被获，词连坤。平西王吴三桂奏请讨水西，驻师二年，执坤并及熊翁婿。”② 其实，吴三桂攻取水西，蓄谋已久。水西不但“扼滇楚之喉，当粤蜀之要”，且地方广阔，物产丰富，如能将其纳入自己势力控制之下，不但可增强自己实力，而且以后一旦与清廷公开破裂，也可以之为前进基地，于是遂利用刘之福提供的虚假情报，向清廷题请出兵征剿。清勒德洪《平定三逆方略》卷一：“（吴三桂）诳称水西土司反叛，请攻灭之；阳居拓地之功而阴擅其利。”若干年后，政府官员清醒地意识到吴三桂灭水西乃另有所图。《清康熙实录》卷之一二四“康熙二十五年，正月甲戌”：“云南贵州总督蔡毓荣题，逆苗王腾龙等聚众劫掠，应行征剿。上谕大学士等曰：‘苗蛮赋性朴实，不敢生事。祇以地方该管官，不克平情抚恤，反需索马匹金银，诛求无已。不能供应、遂生衅端耳。前逆贼吴三桂，亦因需索水西，不遂贪欲，捏奏水西反叛，竟自发

---

① （清）庄士敏《滇事总录》，四库未收书辑刊编纂委员会编，《四库未收书辑刊》（叁辑·拾叁册），北京：北京出版社，第107页。

② （清）邵廷采《西南纪事》，台湾文献史料丛刊本，台湾大通书局，1987年，第62页。

兵剿灭，尽取其利，以为己有。'”张玉书《张文贞集》也有类似记载：“顺治十五年，王师既下贵州，水西宣慰使安坤慑服天威，俯首输供，初实无叛志。有大定总兵刘之福者，诛求未遂，心衔之。会其有丧，其俗皆披甲，之福遣人责问，水西大愤，遂杀来使。之福因白平西王吴三桂，言坤有反状，三桂具疏请征。”

《清世祖实录》卷之一三九，顺治十七年九月二十八日：“平西王吴三桂奏言：‘贵州水西土司安坤久蓄异谋，近闻刑牲祭鬼，将为不轨；又马乃土目龙吉兆兄弟私受李定国伪敕，缮器称兵，逆形已彰。臣念水西、马乃为用兵要路，未可容其窥伺梗阻。臣欲为先发制人之策，乘其未动，早为剿平，以清肘腋之患。又乌撒土司安重圣，亦反侧叵测；所当并图收拾，以伸国威者也。’疏入。得旨：‘议政王、贝勒、大臣密速议奏。'”《清世祖实录》卷之一四一，顺治十七年十月戊子：“议政王贝勒大臣会覆平西王疏言：‘水西土司安坤、马乃土司龙吉兆、乌撒土司安重圣等，阳顺阴逆，中怀叵测。应如所请，悉心筹画，相机歼剿。’从之。”

《清圣祖实录》卷一二所记朝廷擒获安坤经过，康熙三年（1664）闰六月丁卯，吴三桂疏报：水西逆苗安坤等梗化，臣亲提师至毕节，由大方、乌西直捣卧这，遣总兵沈应时、副都统高得捷、都统吴国贵、参领李良栋、总兵刘之复等，由卧这、果勇、胧胯，大方等处，分路进剿，自二月至五月，斩获无算。又贵州提督李本深、总兵王友进等攻贼于搭寨箐，又自雪棚攻破阿哈箐；又总兵李如碧、塔斯策等进攻米歹河，直抵折落河；又滇黔三路总兵王会、赵良栋等会同广西各将，合兵攻剿龙广、补岗等处；又李本深击贼于六广河；又都统吴国贵、总兵王辅臣等大败贼众于矣列，追至天生桥，安坤，安如鼎仅以身免。是役也，仰赖天威，苗人胆落，先后数月间，战阵擒获，并器械马匹，节据都统、章京、镇将开报在案。臣谨恭疏报捷以闻。得旨：嘉奖。下部议叙。康熙四年二月己巳平西王吴三桂疏报：总兵官李世耀等，于三年十一月，自马蒙进征水西，安坤悉众来拒，我兵大破之于波罗箐，追至法地屯，擒安坤，蛮方大定。下部优叙。康熙四年二月己巳吴三桂又疏报：本年正月各镇将剿擒安坤党羽安如鼎及煽惑安逆之伪黔阳王皮熊。下部议叙。

康熙五年二月壬子以上司安坤故地比喇为平远府，大方为大定府，水西为黔西府。改比喇镇为平远镇，调云南曲寻武沾总兵官刘文进为平远总兵官。

[6] 明阮旻锡《海上见闻录》：“（康熙十七年）八月，伪周主吴三桂病死衡州，孙世璠立。其侄应奇守岳州，骄而且贪；清兵攻之，弃城而走。于是湖、广、云、贵皆不守，遂亡。”清夏琳《海纪辑要》卷二：“伪周主吴三桂殂，孙世璠立。三桂病死衡州，其孙世璠立。年甫十二，改元洪化。侄应奇守岳州，骄而贪；清兵攻之，弃城遁回。于是，湖南、云、贵皆不守，驯至于亡。”

《清史稿》列传四一《穆占列传》：“（康熙十八年）十一月，上命贝子彰泰为定远平寇大将军，规定云、贵，穆占参赞军务。十九年二月，复沅州。十月，克镇远，并定偏桥、兴隆二卫。进克平越，下贵阳。世璠奔云南。十一月，克遵义、安顺、石阡、都匀、思南诸府。二十年正月，世璠将夏国相、高起隆、王会、杨应选等拥众二万拒战，屯平远西南山。穆占与提督赵赖督诸军奋击，起隆等败窜，会降，遂复平远。分遣诸将莽奕禄等逐贼，复大定，应选亦降。”

[7]《清圣祖实录》：“康熙二十年辛酉。三月。穆占又疏报：二月十八日收复黔西大定府城，擒伪巡抚张维坚等斩之。水西土司安胜祖等效顺助饷，又率其属阿五等协力剿贼。得旨：嘉奖，下部议叙。”

[8]《清圣祖实录》卷之一〇六康熙二十一年十二月癸未："九卿会议，云南贵州总督蔡毓荣条奏土司事宜。上谕大学士等曰：此内土司承袭事宜，似属有理。昔吴三桂未叛时，构怨征讨水西，曾灭土司安坤，其妻率所属奔于乌蒙地方，后生子安世宗。今此子尚幼，朕观平越、黔西、威宁、大定四府土司，原属苗蛮，与民不同，以土司专辖，方为至便。"又谕曰："大兵进取云南，此土司曾前来接济，著有勤劳。尔等可传出征大将军贝子章泰、都统赖塔等，询问情形来奏。"

康熙二十二年（1683）三月戊午，贵州提督赵赖疏言：土司安胜祖，宜授以文职，若授武职，恐至妄为。上曰：土司事宜，或云宜补流官，或云宜补上宫，或云可令管兵，或云不可令管兵，种种陈奏不一。云南、贵州，离京甚远，往来移文，多需日时，遣该部贤能司官一员，前往会同云贵督抚提督，酌量彼处情形，详加议定具奏，则一举可毕矣。

康熙二十三年（1683）三月己巳，谕差往贵州酌议土司事宜兵部侍郎库勒纳等：曩时逆贼吴三桂，见土司富厚，因起兵收服之。今既归顺，议者往往不同，或云土司系外彝，即令土官管理，易于行事，不可遂取其地；或云土司予以大职，令其管理事务，恐有权柄，不为我节制；或云我所取之地，何复令彼管理，仍取之为便；或云设流官管理，可多得钱粮。朕思土司地方，止有大定、黔西、威宁、平远四府钱粮亦不甚多。今遣尔等前往，务善为区处，使可永远遵行，尔等即定议来复，毋得游移两可。

校记

【一】原文为"其后有$_{三}$因属目"，"有"字衍。

【二】原文为"与匡$_{三}$伪"，"匡"字衍。

附录

纪平水西事

水西，古罗甸鬼国，在殷高宗时为鬼方地。传袭岁久，至汉寖大。历唐、宋、元、明，日益以蕃，遂雄长诸蛮，奄有数千里之地，与滇、黔、黔、蜀三省接壤。其物产宝玉、金贝，其人倮蛮强悍善斗，历代叛服无常。前明天启间，蛮长安邦彦狡焉构祸，困黔一载，至黔人相杀为食，入滇道阻。滇人不得已，请间道于西粤。用兵凡二十年，卒未能克。顺治十五年，王师既下贵州，水西宣慰使安坤慑服天威，俯首输贡，初无叛志。有大定总兵刘之福者，诛求未遂，心衔之。会其国有丧，其国俗皆被甲，之福遣人责问，水西大忿，遂杀来使。之福因白平西王吴三桂，言倮倮有反状。三桂具疏请征，以康熙元年秋进兵。会贵州十二寨苗人反，围普安州之安笼守御所，于是我师先抵安笼。冬月，安笼平。二年春，入水西。安坤年少，国公车噶喇专政，坤欲引罪出降，车噶喇不听，遂偕坤走宜那噶。我师深入，丛林深箐，绵亘数百里，仰不见日，所赍仅一月粮，军士食且尽。三桂大悔。然形势不能复出，乃令士卒分道擒生倮。倮不畏刀锯，用炮烙刑，逼取其粮糗，又不继，则掘地大索，随所获以支军食。相持一年，始擒斩车噶喇于迈永底。安坤走乌蒙。乌蒙，坤妻家所居之地也。三桂由乌撒率军追至乌蒙，索坤不得。坤复走水西，行至深箐中，与援剿总兵马宁兵遇，遂就擒。其妻多智善变，闻坤擒，复走匿乌蒙。捷闻，磔坤于军。其族姓凡四十八支，兵四十八万，俱分别收抚。以陇胯、的都、垛你、阿架四则溪为一府，建府治于比喇，改名平远；法戈、火著、木胯、架勒四则溪为一府，建府治于大方，改名大定；则窝、以著、雄所三则溪为一府，建府治于水西城，改名黔西。又设威宁一府。俱领以流官，知府、通判、经历各一，隶贵州布政使司。四府人民共一万六千一百四十七户，田十万二千三百九十七亩有奇，地六万六千四百十亩有奇，征米三万七百一十九石有奇，莜五千三百一十二石有奇。平、大、黔三府税银八百五十六两有奇。黔省《经制》旧载：有水西宣慰司报效米三千石；乌撒土知府报效莜三百石；毕节卫附征乌撒水田粮一百七十石有奇，俱入新编粮额。

张玉书《张文贞集》卷七

十、安胜祖

百九世安胜祖[1]（原注：本名密祖，康熙二十五年仍袭宣慰司世职，三十六年卒，无嗣，三十八年改土归流。）

皇清荫袭宣慰使司安胜祖序

诉词

水西宣慰司土妇禄氏子袭安胜祖诉为缕晰陈情，恳恩垂念九泉抑郁之冤数载，竭蹶之劳，题复世土，以宏再造事。窃水西世传祖爵，修职敬天，相继数十余代，站马正供，载在版图，不自今日始矣。恭逢大清御极于顺治十五年，大师南下，故父安坤首先差目把直抵遵义投诚，是时，巩昌王等带甲数万据守鸦关、七星关[2]，一路埋伏，故父安坤顺天应命，领路出奇，并密通乌撒，导引大师潜出地名俄坡，暗抄敌兵之后，敌兵闻风惊恐，不费双矢恢复滇南，虽不敢居制胜之功，而导引微劳，业蒙睿鉴，随蒙颁给宣慰印信，加授都督佥事职衔[3]，感戴圣恩，重若泰山。伪国公吕宏炀暗将伪札四处联络，欲谋不轨，故父安坤即行擒献而反侧始安；

有伪西义将军刘鼎[4]作祟黔中，免脱逃走，故父安坤又拿解献，一介孤忠，咸以为得与太平草木共沾雨露于靡穷矣。不意吴王久虑朝廷有调迁之举，包藏祸胎，特恐水西牵制，故区区陷害，以遂逆谋；更兼毕节驻镇刘之复与吴王相信有日，且刘鼎又系刘之复联宗之兄弟，于是怀仇积忿，画策用机，捏词奏剿，谋夺忠贞之地，以养彼心腹之羽翼，始而吴王代请敕印，自是言顺言忠，既而冒疏加兵，必曰负恩负德。可怜故父安坤未得生解阙下，缕晰陈情，朦胧治罪，含冤就死，将水西弹丸之地改设三府[5]，有征钱粮不及中州一小县，所入不赏所出，糜费朝廷钱粮。况水西粮马久在版图，原非要荒外服，反侈谈开疆之绩，欺上而凌下也。含冤隐忍不能上达于廊庙，以致十有余年无路告诉。不意天厌其恶，吴王妄逞螳背，氏母子因思昔日祸及水西乃吴王之架害，今日渠自作孽，岂敢因受屈而悖清恩，故于康熙十六年内投托威宁镇总兵朱万年联络各彝府，倡义讨逆，不料机泄而朱镇被（害）【一】陷，氏母子亦驤前志，一面密差目把雄胯邹瑜、杨明善分迎川、湖、广西三路大师，仍一面密谕水西旧属目把，以腻、阿五、归宗、得素、化沙、陇胯、明弼、罗葵等练集土兵，抗拒伪逆，堵截粮道军装。十八年内，攻困城池，戕（编者注：原文左片右戈）逆心腹。至十九年十月内，大师抵黔，氏母子不胜懽忻踊跃，得睹尧天，即遣目把阿五、明弼赴黔省叩迎大将军贝子王爷、各将军部院军门，蒙赏绸缎花红，令谕颁给委牌，统驭各目，率领土兵随师剿逆，时因征南将军穆、提督军门赵亲统满汉大军云集平远，氏母子自愿捐助仓米肆千石接济兵食，并遣属目四路截杀，逆贼败逃。胜祖率目把阿五等奋勇追杀，克日恢复黔西府、大定府、毕节卫城，生擒伪巡府张维坚、都司秦杰，夺获伪印二颗；又招降伪将军杨应选，总兵喻正郎、田茂年，副将萧鸣凤等，并伪侯王永清眷属，俱全师投诚，奉令安插。荷蒙题达，议叙在案，今捐仓斗米肆千石，业已全完取有各镇协将领、太守等官实支，并节年杀贼功绩造册呈报，伏乞题奏，或可以邀议叙之典，但自十六年起至十九年十月止，各处截杀擒斩伪逆官兵，共计四千一百八十四员，名、时因伪逆梗道，未便零星塘报，已经备汇清册启报大将军贝子王爷，并通报各将军部院军门在案。又自十九年十月起至二十年二月止，胜祖率属目阿五等随师杀贼，恢复城池，各处斩擒招降伪逆官兵，通共计二千五百零九名。伏乞天恩汇册题叙赏复世土给领印信，俾死者瞑目于九泉，生者啣恩于万世矣。上订。

康熙二十一年吉月　日订

[1] 安胜祖，东川土府之子。（乾隆）《平远州志·旧序》："迨吴逆剪而原土人有阿五（安武）者，求安坤之妻禄氏于其母家指一子为安氏遗孽，奉以为主。"同书卷一六谢琯《新辟水西纪略》："坤妻禄氏投乌蒙，不纳，奔东川……（康熙）十九年土目安武、安其志等叛，一攻大定城，一掠平黔四野，及恢复……往东川接禄氏并东川前妻生子，更名安胜祖。绥远将军云贵总督蔡毓荣疏叙赐安武长官司号纸，胜祖复宣慰使，不许干预民事。"（乾隆）《平远州志·旧序》："迨吴逆剪而原土人有阿五者求安坤之妻禄氏于其母家指一子为安氏遗孽，奉以为主，冀朝廷罢协镇重兵，还其疆土。赖圣天子之明，毅然不允，惟赐宣

慰虚衔羁縻之。"① 《黔中杂记》："阿五，安坤奴也。坤死，妻逸去。迨三桂反，五欲挟还水西地，稍为之助。适穆将军提大兵恢复新疆，五乃翻然出迎，捐米三十石，约矢，将军以为功。先是安坤妻禄氏，乌蒙女也。坤既诛，禄氏逃入乌蒙垂二十年。三桂灭，阿五乃奉禄氏归旧巢，谓禄氏有遗腹子名胜祖。康熙二十三年，朝廷念捐米功，授胜祖宣慰司衔，阿五六品长官司衔。"

《清圣祖实录》卷之一九〇康熙三十七年九月甲寅："兵部议覆云南贵州总督王继文疏言：'贵州水西宣慰使安胜祖病故，承袭无人，请将宣慰使停袭。其水西土司所属地方，改归大定、平远、黔西三州流官管辖，应如所请。从之。'"《东华录》卷一七，康熙三十七年五月云督王继文又疏："贵州水西宣慰使安胜祖大为彝民之患，今已病故，请将土司停袭，所属地方改归大定、平远、黔西三州流官管辖。"部议均如所请行。《清史稿·列传三百二·土司四》："水西宣慰司：康熙三年，吴三桂灭安坤，改设四府。二十一年十二月，谕大学士曰：'吴三桂未叛时，征讨水西，曾灭土司安坤，其妻禄氏奔於乌蒙，后生子安世宗。朕观平越、黔西、威宁、大定四府原属苗蛮，以土司专辖，方为至便。大兵进取云南，禄氏曾前接济，著有勤劳，仍复设宣慰使，令世宗承袭。'四十年，总督王继文以土司安世宗为吏民之害，仍请停袭，地方归流官管辖。"

[2]《读史方舆纪要》卷一二〇《贵州》："七星关，在乌撒卫东南百七十里、毕节卫西九十里。其地有七星山。山有七峰，置关其上。杨慎云：孔明恃乐地也。关下为七星河，两崖壁立，迤逦而东。鸟道崇冈，屹然天险。水经其中，奔腾澎湃，险不可犯。初立铁柱，系铁镈以渡。后为浮梁，架以七舟，名曰应

① 李云龙修，刘再向等纂：《平远州志》，中央民族大学图书馆藏，1964 年贵州省图书馆据北京图书馆藏晒影本府志油印本。

星桥。然泛涨时辄至漂坏，易舟以济，则横流冲激，尤多覆溺。嘉靖间，道士黄一中者，始创为七星桥。经营相度，纠工聚材。其徒继之，功始集。公私便利。今从云南沾益州而北，道乌撒，越七星关，趋毕节，而后臻赤水、永宁。关当云、贵、川三省之交，为喉吭之要矣。元末，大理段功追败明玉珍于七星关。明洪武十四年，傅友德自曲靖引兵捣乌撒，寻大破蛮兵，得七星关以通毕节，进至可度河即盘江。四川乌撒府，而东川、乌蒙、芒部诸蛮皆下。关盖必争之所也。今有官军戍守。”

[3]（康熙）《贵州通志》卷三〇闫兴邦《黔苗叛服本末》："皇清顺治十五年，经略洪承畴率师平滇黔。二月，至沅州时伪将军艾能奇、刘文秀等据守中路，师不得进，经略洪乃遣使招坤，许以如阿画、霭翠故事，坤大喜，随遣汉把曾经、熊彦圣二人缴印投诚。二人即引大兵由西路小径而进，势如破竹。四月如贵阳。十月，进师取云南，滇黔底定，会疏叙坤功。十六年八月，奉旨颁水西宣慰使司宣慰使加都督佥事，铜印一，准其世袭，兼赐袍帽靴服，彩币二十匹。十七年，叛逆吕弘窜匿水西陇革地方，自称兴国公，谋取贵阳，坤觉察，密报，擒之。”

[4]（康熙）《贵州通志》卷五《大事记》："（康熙二年）七月刘鼎伏诛。注：鼎，溃逃，藏避水西，至是被获。"

[5]《清圣祖实录》卷一五康熙四年六月："壬子，吏部议覆平西王吴三桂平定水西请设流管一疏：水西地有十一则溪，应设三府。将陇胯、的都、朵你、阿架四则溪设为一府，建府治于比喇。将法戈、火著、木胯、架勒四则溪设为一府，建府治于大方。将以著、则窝、雄所三则溪设为一府，建府治于水西城。原设分巡毕节道应改为整饬三府分巡贵宁道兼管永宁、赤、毕等卫，驻劄比喇。三府应各设知府一员、通判一员、经历一员、司狱一员、儒学教授一员。内比喇再设推官一员，承理三府刑名大案。其三府应易新名，即令该藩拟定具题。从之。"

校记

【一】原文为“被害$_{三}$陷”，“害”字衍。

附录

吴三桂《请设大定水西平远三府疏》

窃惟南方蛮种，惟滇、黔最多，而贵筑土司，独水西最大。按水西古号罗甸鬼国，相传始自唐尧，明臣王守仁辨为傲象遗裔，虽未详孰是，大都享有兹土，传袭已深，生聚相沿，至汉浸大，历唐、宋、元、明之世，日益以繁，缘其地广族多，遂得雄长诸部。溯稽往代，叛服无常，三省接壤，苗蛮莫不懔承颐旨，此于滇为咽喉之病，于蜀为户牖之狼，于黔为盘结心腹之蛊毒也。先是，故明天启年间，蛮长安邦彦构难发端，遂困黔一载，城中杀人为食，市坊垒骨如山酋首西寇马龙，志欲洗兵滇海，东抄遵、永，更图牧马成都。是时，六诏如坐井中，声气经年永绝，滇人不得已之计，乃请开间道粤西，往事之害如此。顾当年，曾调六七省士马，弗千百万金银以剿，先后垂二十年，竟未能克。边臣失策，始以抚，终以叛，驯致蛮焰滋长，养成骄大由此，负尉佗王粤之志，怀夜郎小汉之心，蔑视纪纲，全无顾忌。至我朝开拓黔地，安坤荷宠独优，讵期吠尧之狗，顿生变志，谋祸封疆，臣奉张天讨之灵，直捣老孤之窟，渠魁斯絷，党羽全芟。是役也，告成事于一年，销忧危于三省，良以凶蛮余孽，至安坤而罪始盈科，顾如屡代难除，俟我后而功成伐暴，从此南方永靖，实蒙皇上恩施，拜手扬休，歌咏罔替矣。惟是武功已奏，京观已成，土其土而人其人，斯盛世开疆，宜兴设流之制，臣请得而陈之：议照滇、黔十部提封，要不过中通一线，此外则皆生苗部落，是故有常之赋无多，诚以水西截长补短较之，约敌全黔十分之六。今裂其土以为郡，抚其民以供耕，可增如许军粮，聊佐公家万一之计；即黔之为省，亦得以稍展幅员，是向之害黔者，今且益黔矣。此则全盘形势之大概也。

查水西地有十一则溪，度量延袤之形，其地可置四府州县，但恐大创之后，人民死损甚多，兼值草昧之初，一切尚难臆揣，今应先设三府，以试其治可乎？臣拟将陇胯、的都、垛你、阿架四则溪设为一府，建府治于比喇；将法戈、大著、木胯、架勒四则溪设为一府，建府治于水西城；各领以流官知府，悉隶贵州布政司，傥后地广人多，三府难治，或应再为添设，臣当另议具题。此则创治设流之概也。若夫应设官员，与其冗也宁简，但期足供职事而已，除原设分巡毕节道，原以控制土司，今水西已平，应将该道改为整饬三府分巡贵宁道，兼管永宁、赤、毕等卫，驻札比喇外，其三府，臣拟每府各设知府一员、通判一员、经历一员、司狱一员、儒学教授一员，内比喇一府，再设推官一员，承领三府刑名大案，俾有责成，庶纲举目张，事无缺略，于是乎列郡之制已成。至于酌时宜以定赋，因地利以料粮，与夫衙门经费之需，邮驿夫马之额，此当徐为措置，容臣次第奏闻。此则建官分治之概也，恭请庙谟俯垂鉴定，俾后世遵为成宪，遐迩奉作大经。所有文武职官，恭候命下，另为题请。再照所设三府，不便以比喇、大方、水西为称，宜改新名，用示我朝展土之烈，恭恳皇上每府赐定一名，听部臣照名铸给关防印信，府发转给施行。

——《大定府志·内篇·旧事志》

第六节　水西安氏所存原始档案

一、履历供状

贵州水西宣慰司应袭安胜祖年壹拾玖岁，水西土居人氏。供状：远祖自齐齐火相传数十数代，世守忠贞，恪尽臣职，在汉以前不敢赘开外，及至后汉时，水西相传至祖名火济（原注：各谱有以主色为火济者，有以阿则为火济者，皆误，今正之），有爕蛮王孟获与诸彝为仇，幸遇诸葛武侯南征，火济积粮通道，叩迎王师，率诸彝佐武侯征擒孟获有功，蒙封罗甸国王。至唐开成元年，有祖阿佩归诚，仍袭厚爵。天成二年相传至普露，慕化率其九郡入贡，仍袭其爵。相传二世，至宋时，祖普贵归。

下阙

生子名国亨，仍承袭宣慰世职。国亨生二子：长名疆臣，次名尧臣。疆臣承袭世职，征播有功，赐绯鱼服色，从三品，布政司左参政、怀远将军，定远侯，无嗣，尧臣承袭宣慰世职，奉调征铜仁卡口，擒苗长阿由、蒲三，有功，加布政司参政、威远将军、安远侯。尧臣生子名位，承袭宣慰世职，无嗣，互有争夺，将水西建立三城，设总兵，方安国、刘正藩、袁桂芳[1]等官兵戍守。后见彝性难治，蒙总督朱爕元、按院冯晋卿[2]亲至大方安置，郡邑遂题本奏云，臣与按臣先后入大方，周咨遍览，见地利不堪安郡邑，夷俗难以更张，人乃草衣木食，俱鸟言，未可转犷獉而为文物，至于目前日后，并不可同日而语矣。遂令万铨之孙名世接袭，授以延安府知府，始撤官兵，众目拱手，地方帖服。世子名承宗复袭宣慰世职，加御营都督。承宗生子名坤，承袭宣慰世职，加光禄寺少卿，荫一子中书[舍人]【一】，相传无混。恭逢大清定鼎，安坤率四彝首先投诚，引道有功。顺治十六年，蒙世祖章皇帝颁给印信号纸，仍袭宣慰使司世职，功都督佥事[3]，遵领讫，恪守臣职，擒逆解献。至康熙三年，吴三桂捏造夸功，致安坤生擒，含冤就死，有妻禄氏逃避外家[4]，遗腹生子名胜祖，在乌蒙潜住。迨至康熙十二年，吴逆作孽，胜祖不受伪职，率兵抗拒，分布各目。于十六年内，举义攻城响应。及十九年内，大兵入黔，胜祖捐粮接济，擒伪巡抚等官，并招降伪将军，具报。屡蒙贝子王爷征南将军穆、绥远将军总督部院蔡、原任总督勇略将赵、原任提督军门赵令谕牌劄统驭属目，招抚诸彝，俟地方底定，题复世土，现有劄谕可凭。理合具供。须至亲供者。

康熙二十一年吉月　日

［1］方安国、刘正藩、袁桂芳，据《皇明经世文编》卷四八七朱燮元《列城善后建卫世守疏》："仍牌行王国祯责成将官方国安、刘镇藩，于六广河岸建城一座。又于迤北三十里虎场地方建城一座，以防暗抄。自此迤北三十里为黄沙渡。臣行袁桂芳于九庄地方筑城一座，距渡可十里又迤北六十里为明家渡。"当

以方国安、刘镇藩为是。

［2］冯晋卿，崇祯元年（1628）戊辰科三甲进士，时任贵州巡按御史。《杨昌嗣集》卷一二《复黔按楚抚兵科黔楚苗贼蠢动疏》："崇祯十年闰四月初十日，该贵州巡按御史冯晋卿题为西目复叛等事。"

［3］都督佥事，佥事全称为"签书判官厅公事"。元代设都督佥事，明、清沿袭。明代都督、都指挥、按察、宣抚等都置佥事。都督佥事，初从二品，后为正二品。清代早年亦沿袭此职，乾隆时废除。

［4］外家，女子出嫁后称娘家为外家。《资治通鉴·梁简文帝大宝元年》："犯者刑及外族。"胡三省注："男子谓舅家为外家，妇人谓父母之家为外家。"后来亦指母亲和妻子的娘家。《东观汉记·吴汉传》："（吴汉）尝出征，妻子在后买田业。汉还，让之曰：'军师在外，吏士不足，何多买田宅乎！'遂以分与昆弟外家。"《晋书·魏舒传》："（魏舒）少孤，为外家宁氏所养。宁氏起宅，相宅者云：'当出贵甥。'外祖母以魏氏甥小而慧，意谓应之。"

校记

【一】"舍人"二字，据文意补。（道光）《大定府志·艺文志》卷五三收录宁云鹏《大定舆图说》谓："授安承宗延恩知府。承宗卒，子安坤承袭水西宣慰使加御营都督，荫一子中书舍人。"

二、钱粮清册

贵州水西宣慰司土妇禄氏、荫袭子安胜祖谨将新旧钱粮备造清册呈报，伏乞查考施行，须至册者。

计开（原注：旧管）：

一、水西未设府制之前，每年载额秋粮京斗三千石运赴毕卫仓上纳，迨后地方残坏，人民故绝，于明季年间奉免一千石，止纳二千石。

一、水西各目承走谷里、水西、西溪、金鸡、阁鸦、归化六驿，每驿站马三十匹马，每匹价银三十两，共该价银九百两。六驿共该马一百八十匹，该价银五千四百（匹）[两]。

一、每驿每日站夫十名，每名该价银一钱，共该银一两。每年每驿夫三百六十名，夫价三百六十两，六站每年共该夫二千一百六十名，共该银二千一百六十两。

一、每驿搭应过往差员，日费米、盐、酒、菜，该银一两。每驿每年共该银三百六十两，六驿共该日费银二千一百六十两。

一、水西协济毕节卫夫价银三百六十两，通蜀省大道。

以上六驿，马匹、夫役、日费、协济每年共该银一万零八十两，俱系水西各目承当，并未动支公帑；况此六驿乃滇、黔、蜀三省之要道，水西承走驿马钱粮乃为定额，甚有差往繁多，夫、马倍加，理合登答。新额：

一、水西既设府制，三府秋粮虽三万有零，乃吴王夸功踏丈，尽将旱地亦作田亩征粮，致小民无处出办上纳，逃窜无休。又于吴王举事之后粮重差繁，又遭贼兵蹂躏，以致人绝田荒，今逢三府官员亲临踏验，造册详报，三府秋粮合算，其数不过千数，是有其名而无其(数)[一]实，设有三镇官兵戍守，每镇每年动支饷银三万三千有零，以三府之官兵饷银马乾俸薪合算，十万之数；若以秋粮为论，三府之粮稍增于水西之额；以饷为论，国帑之金钱反糜费甚多。况今三府秋粮不敷三镇兵食，尚于他郡议补。是以，有用之钱米岁给官兵，守无用之瘠地。况水西粮马原在版图，亦非要荒外服，若立水西旧制，虽米粮征有参差，则无镇兵戍守，损别处之拨运，减官兵之俸饷，得增六驿之邮传银两，通黔、蜀、滇之要道。是三府之设，征秋粮不若水西之粮马，伏望

下阙

康熙二十年二月内，运仓斗米五十三石八斗赴大定交左路副将[1]张芳名散给兵食；康熙二十年三月起至十二月止运米五百六十四石七斗四升赴黔西交端知府[2]给镇兵丁；康熙二十年四月内，又运米四十五石八斗五升赴大定交副将张芳名散给兵食；康熙二十年四月内，又运米七十三石九斗赴大定交云贵都标游击[3]六格散给兵食；康熙二十年三月内，运仓斗米一百五十三石六斗赴大定交副将张芳名散给兵食；康熙二十年六月内，又运仓米五石交江西督标[4]援剿湖南宋守备散给兵食；康熙二十年六月内，又运米二石赴大定交署副将萧凤鸣散给兵食，取有知府张[5]实支；康熙二十年六月内，又运米八石五斗赴大定交江西督标援剿湖南徐游击散给兵食；康熙二十年七月内，又运米四石赴大定交徐游击支给兵食，取有实支；康熙二十年八月内，又

运米一百二十九石七斗五升赴平远交雅副将散给兵食；康熙二十年十二月内，又运仓斗米八百一十二石一斗五升交大定散给镇兵；康熙二十年十二月内，又运米三百三十九石四斗三升赴大定交中军游击散给兵食；康熙二十年十二月内，又运仓斗米一百零三石赴平远散给兵食，取有实支；康熙二十年十二月内又运米二百零一石六斗赴黔西交佟游击散给兵食。

以上捐运米数，俱取有实支，呈缴军门赵，具题在案。

康熙二十一年吉月　日造

［1］副将，清朝设置，隶于总兵，又称协镇、协台。

［2］端知府，端木象震，字东侯。据（乾隆）《黔西州志》载，“端木象震，溧水人，例贡”。康熙四十二年，任广东连州理瑶同知。

［3］游击，汉武帝置游击将军，东汉至唐沿置。唐、宋武散官中亦有游击将军。明游击将军，无品级，无定员，位次参将。明初多以功臣、外戚充任，分掌驻地防守应援，后定游击从三品。清绿营兵军官有游击，秩从三品，位次参将。四川土司又有土游击。

［4］督标，总督所统率的军队。清代军制，督抚所管辖的绿营兵称“标”，一标有三营。

［5］知府张，即大定初设府第三任知府张宏杰。事迹不详。

校记

【一】原文为“无其数$_{\equiv}$实”，“数”字衍。

三、俘获清册

贵州水西宣慰司荫袭安胜祖为报闻追杀逆贼等事，今将节年遣发属目带领土兵截杀逆贼，擒招伪将军、巡抚并招降伪文武官弁，克复城池，夺获印劄、器械缘由，理合造册呈报，伏乞查核。题请施行，须至册者。计开：

一自康熙十六年内起倡义讨逆至二十年三月止。十七年八月十二日，遣属目以腻领兵于果永牒截杀平远镇标千总[1]王松、把总[2]陈友得兵三十七名，损我土兵五名，带伤六名；康熙十七年十月二十四日，遣属目莫得、阿户领兵于高山铺杀巡兵于毕节六十八名，损我兵六名，带伤八名；康熙十八年二月初九日，李知府领各镇官兵，属目札蜡、巴架、归宗对敌，杀大定镇标把总一员潘藩、兵二百三十九名，损我土兵十三名，带伤二十九名；康熙十八年五月十三日，遣各骂色[3]领兵于簸萝箐截粮，杀死大定镇标右营守备[4]一员张凤鸣、千总一员李自龙、阁部差官二员、兵三百二十六名，活擒千总一员陈起凤、兵八十七名，截获粮米二百五十一石。我兵阵亡骂色二名者底、者仰，土兵一十一名，带伤一十三名；康熙十八年五月十五日，遣属目阿五领兵于雨龙山杀大定千总一员晏仲庭、副将一员陈元中，伤杀死贼兵十三名，我兵阵亡骂色一名阿杜，土兵三名，带伤五名；康熙十八年五月十九日遣各骂色领兵于大定北门外老虎吃水杀贼兵一百四十名，活擒二名，伤我土兵三名；康熙十八年六月初三日，遣属目以腻领兵于松树坪截黄总兵[5]，杀贼兵十八名，带伤无数，我兵阵亡头目一名法怯；康熙十八年六月十一日，遣骂色阿虎等领兵于白工胯杀贼兵三十一名，活擒三［名］[一]，损我土兵四名；康熙十八年六月十二日，遣属目归宗、黑拱领兵于大定西门外杀大定镇千总一员陈典、兵七名，我兵带伤二名；

下阙

康熙十八年九月初二日，遣属目得额、纳虎、糯集领兵于伐戈截黔西喻总兵，杀贼兵二十六名，活擒四名，我土兵带伤三名；康熙十八年九月初十日，遣各骂色领兵于落都截萧副将，杀贼兵一十八名，活擒三名，损我土兵一名，带伤七名；康熙十八年九月十九日，遣头目以腻、阿五、归宗、黑拱、烹者领兵于木孔札那胯与黄总兵相战，杀刘副将一员、贼兵（卒）[二]一百八十七名，活擒六名，损我土兵三十名，带伤二十二名；康熙十八年九月二十五日，遣头目陇胯、化沙领兵于平远普（贡）[三]拱截平远蔡总兵，杀杨副将一员、千总一员、贼兵九十二名，损我土兵一十九名，带伤十一名；康熙十八年十月初四日，遣头目得素领兵于怯里蜡巴普与李侯府对敌，杀死副将一员、守备二员、千把总八员、贼兵四百三十一名，活擒一十六名，损我土兵八名，带伤十二名；康熙十八年十一月二十日，遣头目以腻领兵于草着截（杀）[四]黔西黄总兵、萧副将，杀把总一员、贼兵七十八名，活擒十六名，折我土兵九名；康熙十八年十二月初十日，遣头目总箕、杓佐领兵于中所杀贼兵十四名，我土兵带伤五名；康熙十九年正月二十五日，遣各骂色领兵于乌西羊肠坝截杀贼兵四十七名，活擒八名，我土兵带伤四名；康熙十九年二月初十日，遣头目以列、裸集领兵于葛了截杀逆兵三十七名，活擒八名，我土兵伤损七名；康熙十九年二月十三日，遣头目陇腭、化沙领兵于莫中截杀平远蔡总兵，杀死千总一员、贼兵七十五名；康熙十九年三月初八日，遣头目以市、烹者、布栋领兵于平远纳恩杀死逆兵十八名，活擒三名，损我土兵五名；康熙十九年五月十七日，遣头目引牒、阿户、莫得领兵于层台截杀贼兵三十七名，我土兵伤损九名；康熙十九年五月二十六日，遣头目布栋、阿虎领兵于平远落结河截杀把总一员刘经、贼兵一百五十名，阵亡头［目］[五]一名，土兵十一名，带伤十三名；康熙十九年五月二十八日，遣头目得素领兵于三岔河截杀安顺守备一员、千把总三员、贼兵二百一十名，损我土兵七名，带伤十二名；康熙十九年五月二十九日，遣骂色沮革领兵于大定城南门外浪风台杀领旗一名、贼兵五名；康熙十九年五月三十日，骂色阿俄领兵于羊肠坝劫营，杀侯府府标千把总二员、贼兵五十三名，我土兵带伤十一名；康熙十九年六月初三日，遣骂色阿土它于耗子洞杀大定把总一员丘士宾、领旗二名、贼兵十八名，我土兵带伤五名；康熙十九年六月十一日，遣骂色务卜底领兵于路穿岩杀死贼兵一十二名；康熙十九年六月十五日，遣骂色李增荣领兵于乾堰塘劫黔(西)[六]西总兵，杀守备一员、千总二员、贼兵六十二名，我土兵带伤九名；康熙十九年七月初六日，遣骂色沮革领［兵］[七]于平远凤凰山骂雅杀平远镇标守备一员刘宇、贼兵九名；康熙十九年七月二十日，遣骂色骂底领兵于杨家海截粮三百七十五石，杀护粮兵二十六名，损我土兵五名，带伤七名；康熙十九年八月初十日，遣骂色阿土它领兵于沙溪截粮二百五十二石五斗，杀护粮兵十三名，损我土兵一名；康熙十九年八月二十七日，遣骂色以市领兵于左所杀粮贼兵一十七名，土兵带伤二名；康熙十九年九月二十八日，遣骂色阿杂领兵于归化截军装五十三抬，杀贼兵二十七名，损我土兵八名，带伤二十一名；康熙十九年十月初十日，王得胜同属目以腻领兵于白岩等处探听永宁消息，遇贼兵甚众，跟至毛坝埋伏，截杀千把总共八员、贼兵四十一名，阵亡头目补窝、土它书、内冲三名，损我土兵二十三名，带伤三十一名；康熙十九年十一月初二日，遣骂色李增荣领兵于撒窝蛇场过贼兵打粮，杀关把总一员、贼兵八十二名，获劄副一张，损我土兵十六名，带伤三十三名；康熙十九年十一月初七日，遣骂色骂底、阿土它领兵于路穿岩埋伏，截杀逆兵三十九名，损我土兵四名，带伤六名；康熙十九年十一月初八日，遣头目以腻领兵于归化截杀逆兵一百五十二名，损我土兵二十五名，带伤三十六名；康熙十九年十一月十四日，遣骂色杓革主领兵于黔西头塘劫杀逆兵十六名，土兵带伤三名；康熙十九年十一月十七日，遣骂色骂底领兵于黔西劫三重燕等四拨，杀死逆兵四十一名，土兵带伤五名；康熙十九年十一月十八日，遣骂色务卜底领兵于渭河恩桃坪杀差官一员、贼兵一名；康熙十九年十一月二十六日，遣头目阿五领兵过河撒塘探至黔西头塘，杀贼兵一百零二名，活擒千总陈启一员、陆念一员，马匹弓箭什物全副，损我［土］［兵］[八]七名，带伤二十一名；康熙十九年十二月初四日，遣头目总箕领兵于归化梨树坪截杀逆兵一百零五名，活擒十二名，损我土兵八名；康熙十九年十二月二十一、二十二日遣头目阿五领兵于直金地方截杀打粮逆贼，杀死把总一员、贼兵一百二十一名，活擒守备一员、千总一员，伪劄三张，兵五名，得获鸟鎗十二门，腰刀、扁刂刀八把，弓四张，损我土兵四名，带伤十四名；康熙二十正月初七日，遣头目阿差领兵于莫膩地方截杀打粮逆兵三名，活擒一名；康熙二十年正月十二日，遣头目阿五、化沙、阿沮随满汉先锋撒塘底平远府城拿获逆兵三名，马一匹；康熙二十年正月二十六日，遣头目阿沮于的都一个拿获逆贼兵三名；康熙二十年正月二十七日，遣各骂色领兵于白沙河伏草杀死逆兵一名，活擒三名，马一匹；康熙二十年正月二十八日，遣头目阿五、得素、化沙领兵于平远大莫架伏路截杀伪杨将军，杀死逆兵三百名，活擒十名，刀四把，鎗三门，损我土兵十五名，带伤十一名；康熙二十年正月二十九日，遣头目阿五、归宗、化沙、得素、陇胯领兵于平远望城坡披应大兵用炮打死逆贼马兵三名；康熙二十年二月初八日，遣头目阿五、化沙、阿沮领兵于平远朵你、六归一带截杀伪夏将军，阵斩伪总兵、千把总共二十员，贼兵四百一十名，我兵阵亡头目二名内锐、阿真，土兵一十一名，带伤十七名；康熙二十年二月初九日，遣头目归宗、以膩、沙惠、禄永灿等领兵过河追贼至彼渡羊肠路穿岩，一路杀贼兵三十名，活擒龙千总一员，夺获九子炮二尊，五子炮二尊，铁甲三十笼，损我土兵十一名，带伤十八名；康熙二十年二月初十日，遣头目阿五、化沙、阿沮领兵恢复黔西，追贼至滥泥沟杀死贼兵六十名，活擒伪巡抚张一员、泰都司一员，伪印二颗，马八匹，家口余丁三十八名，逆兵九名，银五十两；康熙二十年二月十四日，遣头目归宗、以膩、沙惠、禄永灿恢复大定，发兵一千前往左所埋伏，招降文武官弁萧副将一员，通判、教授二员，守备、千把总共四员，伪印三颗；康熙二十年二月十五日，遣头目阿五、化沙、阿沮领兵于乌渡水得杨通判一员，招降伪将杨将军一员，喻、田、王等总兵五员；康熙二十年二月十八日，遣头目以膩、沙惠、禄永灿发兵伏路，拿获逆兵五名；康熙二十年二月十九日，遣头目沙惠、禄永灿领兵一千撒塘至

下阙

康熙二十年三月初八日，（遗）【九】遣头目以膩、归宗、沙惠领兵撒塘遇马将军败到毕节，我兵对敌，斩逆兵三十一名，带伤无数，我兵阵亡头目一名沮革、土兵二名，带［伤］【十】三名；康熙二十年三月初九日，遣头目小阿五、莫得领兵于石朵地方截打粮兵，杀死伪将逆兵共一百一十名，损我土兵四名，带伤九名。

以上陆续阵斩、截杀、招降、活擒逆文武官弁共一百零五员，陆续阵杀并活擒逆兵共六千四百九十四名，夺获伪印六颗，劄功单十张，九子炮二尊，五子炮四尊，乌鎗十五门，铁甲三十笼，弓五张，刀十二把。阵亡头目骂色布栋、化怯、者杜、者底、者仰、补窝、土乞书、内锐、（何）【十一】阿虎、沮革、阿真、内冲共十二名。阵亡带伤土兵通共一千三百三十五名。遵将奉征南将军、提督贵州发给赏功银五百两，均分赏给死亡各土目、土兵妻子，量力超度，以励土人用命之诚，以昭皇恩浩荡之典，理合登答。

右具

康熙二十一年吉月　日造

［1］千总，清代为武职中的下级，位次于守备，可以是从

五品的守御所千总、正六品的门千总或营千总、也有可能是从六品的卫千总。

［2］把总，清代绿营兵编制，营以下为汛，以千总、把总统领之，为正七品。掌守汛营、哨汛地，亦称营把总。尚有卫把总、守御所把总、土把总等名目。

［3］骂色，亦作麻色，彝语（$ma^{13}sə^{21}$）译音。“骂”意为“兵”，“色”意为“主”。骂色意为兵帅，将领。亦作祃写，彝语方言用字不同。(康熙)《贵州通志》卷三〇《蛮獠》:“故自济火以来千有余年，世长其土，勒四十八部，部之长曰头目，其等有九，曰九扯。最贵者曰更苴，不名不拜，赐镂银鸠杖，僭拟师保，凡有大政，取决焉。次则慕魁、勺魁、骂色以致黑乍，皆有职守。”

［4］守备，清朝时是指管理军队总务，军饷，军粮职务之正五品官。该官职受各省提督，巡抚或总兵管辖。另外，该职亦可由参将，游击充员代之。清朝绿营，该官品为正五品，军阶由高至低分别为提督、总兵、副将、参将、游击、都司、守备、千总及把总。清代绿营统兵官，分领营兵，称营守备；又漕运总督辖下各卫分设守备，统率运军领运漕粮，称卫守备。此外清代于四川、云南等省土司中设守备一职，称土守备。

［5］总兵，正式名称为总兵官，明清两代武官官职军阶名称。清朝的总兵通常为正二品，又称总镇、镇台。

按：这部分文字记录了水西安氏在帮助清政府平叛吴三桂过程中历次截杀、擒获的伪官将领、士卒及所获器械、钱粮，时间、地点，土目、把总名姓及俘获吴三桂属下官员姓名、人数以及水西土兵伤亡人数等信息一一载明，内容翔实，远比（道光）《大定府志》所载丰富，当是据原始档案收录，具有很高的史料价值。

校记

【一】“名”字，据文例补。

【二】原文为“贼兵卒$_{三}$一百”，“卒”字衍。

【三】原文为“平远普贡$_{三}$拱”，“贡”字衍。

【四】原文为“于草着截杀$_{三}$黔西”，“杀”字衍。

【五】“目”字，据文例补。

【六】原文为“劫黔西$_{三}$西总兵”，前“西”字衍。

【七】“兵”字据文例补。

【八】“土兵”二字，据文例补。

【九】原文为“八日遗$_{三}$遣头目”，“遗”字衍。

【十】“伤”字，据文例补。

【十一】原文为“何$_{三}$阿虎”，前“何”字衍。

四、附　录

1. 水西疆宇考

水西始祖阿则先住裸巨即毕节，继住姑糯即省城，后住白札果即定城。东自个仲即黔西，西直抵沙腻即沙溪、扒瓦即遵义、姑糯即（姑）（糯）[一]省垣及租义歹即镇远至大河、湖广为界。南自彼那即平远，直抵播勒大革即安顺府。西南自米裸归济，直抵河外则即普安及赌密木通河即霑益州为界。西自得素即水城直抵五所杓哕即威宁为界。西北自裸巨即毕节，直抵慕不即镇雄为界。北自得札、慕得，直抵扯勒即永宁为界。

按：（道光）《大定府志》卷四九《水西安氏本末》所附《夷志十二则》引陈绎《大定考》原本与《疆域考》略同。其文曰："阿者（原注：即水西）设巢于白札果（原注：今大定），东自个仲一带（原注：即黔西州）直抵沙腻（原注：即沙溪）、扒瓦（原注：即遵义）。东自姑糯（原注：即贵州）及租义歹一带（原注：即定远府）直抵大河湖广界（按元时湖广地有九溪十八洞，即今都匀、黎平、镇远诸府）。南自彼那一带（原注：即平远），直抵播勒大革（原注：即安顺府）。西南自米裸、归济一带（按即今米裸塘归集汛二处），直抵阿外则（原注：即普安州）及赌密木东（原注：即霑益州）。西至得素一带（原注：即水城），直抵五所（原注：即威宁）、杓㗪（原注：即盐仓）。西北自裸巨一带（原注：即毕节）直抵暮不（原注：即镇雄州）。北自得札、暮得一带（原注：即龙场汛），直抵扯勒（原注：即永宁）。"《西南彝志·阿哲家的疆界》："上至姆堵尼，下至俎易迭，坐至赤能益洁益，右至沓尼博。有三个著名的地方，一是嘎娄俄维，二是苦枝苏能，三是俎易迭。"

2. 则溪考

宣慰分水西为十三则溪，拨管地方钱粮者号"六慕濯色"，管选练兵马者号"慕苴骂色"，则有龙茂则溪属省垣，于的则溪属修文、龙里，此即水外六目之地也。若夫木胯则溪，则管钱粮者阿户，管兵马者阿五；（者）[二]火着则溪，则管钱粮者归宗，管兵马者以义；化角则溪，则管钱粮者德初，管兵马者法沙。以上三则溪属府境。架勒则溪，则管钱粮者阿隆，管兵马者扒瓦，今此地拨属水城。至于则窝则溪，则管钱粮者褒舍，管兵马者法胯；雄所则溪，则管钱粮者阿乌密，管兵马者密苏；以着则溪，则管钱粮者以苴，管兵马者阿布。以上三则溪属黔西境。其有的独则溪，则管钱粮者这借，管兵马者乂戛；喇朵泥则溪，则管钱粮者那威，管兵马者卧这；陇胯则溪，则管钱粮者陇胯，管兵马者支铺。以上三则［溪］[三]属平远境。至于安架则溪，则管钱粮者阿则七，管兵马者底苏，乃由平拨属水城，亦少属郎岱。此则溪之大略也。

按：（道光）《大定府志》卷四九《水西安氏本末》所附“得初土目、监生安光祖所译夷书四则”之“水西十三则溪”，盖《则溪考》所自出，文字大同小异。

校记

【一】原文为“即姑$_{三}$糯$_{三}$省垣”，“姑糯”二字衍。

【二】原文为“者$_{三}$火”，“者”字衍。

【三】“溪”字，以文意补。

第四章　雄书氏谱系

第一节　雄书氏近代祖考妣

一、安万铨至思字辈

百二世祖太始祖考安公讳万铨，妣（编者注：空）

公贵荣公第三子，字天宠，号葵轩。明嘉靖间以平播州及都匀等处之贼有功，敕加参政赐莽衣袭宣慰。生二子：长曰智，次曰信。

百三世祖

考安公讳智，妣（编者注：空）

公管那威，授土同知。生子国桢。

考安公讳信，妣（编者注：空）

公管卧这，授土知府。生子国孝。

百四世祖

考安公讳国桢，妣（编者注：空）

公仍授土同知。生子邦彦。

考安公讳国孝，妣（编者注：空）

公仍授土知府。生子邦俊。

百五世祖

始祖考安公讳邦彦，妣氏奢。

公授土同知。生子武功，承管织金，肇兴那威而分八部、伯亨、糯东各祖。妣奢氏，永宁宣抚女。

考安公讳邦俊，妣（编者注：空）

公仍袭土知府，承管卧这。生子世，入继大宗，承宣慰爵。

百六世祖

太高祖考安公讳廷侯，妣氏华。

公自那威而分八部，曰雄书氏始此。初建宇于治都，后迁于平寨。生子思典，后以长孙文德有武功，于嘉庆二年例赠骁骑尉[1]。考妣殁后均葬平寨祖山之阳，未山丑向。

太高祖考安公讳国才，妣氏禄。公承管糯东，生子思兴，殁后考葬（编者注：空），妣葬化架，癸山丁向。

太高祖考安公讳廷佐，妣氏华。公承管伯亨，生子思雄。殁后考葬后山之阳，卯山酉向。妣葬伯亨老阳宅后，艮山坤向。

太高祖考安公讳廷元，妣氏华。公承管得归、陇居，生子思乾。殁后考葬归三得归，即今之中寨山顶，丙山壬向。妣葬（编者注：空）

百七世

高祖考安公讳思典，妣氏华。公建宇平寨，生三子：长曰文德，次曰文光，三曰文华。嘉庆二年，其子文德有武功，考妣清赠骁骑尉诰宜人，殁后考葬平寨祖茔，未山丑向。妣葬坝子堡堡上，辰山戌向。

高祖考安公讳思雄，妣氏华。公管伯亨，妣华氏无出，以曾叔祖文光继。殁后考葬伯亨老阳宅后，丑山未向。妣葬后山之阳，乙山辛（山）【一】向。

高祖考安公讳思恒，妣氏华。

高祖考安公讳思兴，妣氏华。公管糯东。妣华氏无出，曾叔祖文华继。殁后考妣均葬化架，癸山丁向。

高祖考安公讳思孔，妣氏禄。公承管那威。妣禄氏无出，遗姑母二，高祖母禄氏以姑招赘杨赞，今本宗那威为杨氏所居。

高祖考安公讳思乾，妣氏陆。公管得归、陇居。妣陆氏生二子：长曰文龙，次曰文星。

[1] 骁骑尉，明代武勋官十二阶中第九阶，以授正五品武官再考称职者。清废。疑此处误记。

校记

【一】原文为“乙山辛山$_{三}$向”，“山”字衍。

二、文字辈至正字辈

百八世曾祖考安公讳文德[1]，妣氏禄。公字远桴，号修来，典公之长子，生于乾隆庚辰年。至四十六年，潘学政任内岁试取第八名武庠。至嘉庆二年南隆（原

注：即新义府）苗叛，奉总督部堂勒威宁镇七札委随征，屡著功绩，加以五品顶戴，赏赐牛酒花红匾额，颜其闾曰“勳（茂）［懋］干城”，并赠联云：“敌忾先四十八部而来与国同休与国同戚九驿公忠传奕叶；论功及七千余里以外受天之宠受天之祜百年恩荫美长松。”旋奉部议设土职，以公设土守备，瞎土千总二员、土把总四员、外委六员，分头管理向慕怀三里村寨，宠锡之光，历历可述。卒于嘉庆丁丑年，葬于坝子上，辰山戌向。妣禄氏，生于镇宁州属阿破支上段龙场官寨，殁同葬坝子上，辰山戌向。生三子：长曰正和，次曰正琳，三曰正裕。公由平寨迁基，新建宇于得恩村，又创业于石魁。长子和早卒，以次子琳承本业，三子裕承织金。至道光十三年，裕接袭公土守备遗缺。

皇清诰授武略骑尉安公字修来并禄太宜人墓志文

岳渎之钟灵笃生非偶，祖宗之培养诞降不虚。想吾修来祖之为人也，生姿廷秀，说礼乐而敦诗书，才艺精绝，入桥门以游壁水，乃文亦曰乃武，有猷自尔，有为既而，雁行列阵，狆匪受降，解平远之围。振三军则南门歌凯报献囚之捷，奏北阙而五品荣名，牛酒犒劳，鸿功锡福，此匾题“勳茂干城”，世袭官承守备，讵独禄太宜人之有余光耶？至其创业于石魁，早贻燕翼，振家于八部，应得象贤。迨今溯其辛苦，缅厥（辰）［宸］猷，伏愿继继承承以无坠厥绪。

时光绪戊寅年仲冬之吉曾孙秉直肃表以铭

济川贡生杨作舟敬撰。

[1]（光绪）《平远州续志》卷二《大事考》：“嘉庆二年苗变，知州周景益定之。南隆狆逆韦朝元叛，各乡苗民俱煽动不靖，知州周景益与副将胡垣四下安抚，并饬守备张云凤暨营员李友良、莫天民、黄藩、李如春，绅士谌克述、张瑄，土守备杨彪，土千总安文德各带兵勇数百，捕倡乱者，诛之，数月始定。”卷八《艺文志·周公景益传》：“周景益，字颉星，一字蒙香，武进人。乾隆之际以进士任平远州知州，有惠政。南隆韦朝元之乱，平远州西南鄙苗倮亦起，城中兵多被调往剿铜仁叛苗，留守者不满二百，景益与副将胡千峰招募义勇以守城。土弁杨标、安文德各有部曲，景益恐其附贼，质其妇弱于城，令剿贼立功，许以厚赉……平远贼平，标与文德皆叙功予守备衔。”

（道光）《平远州志》卷二〇《艺文》载录谌厚光《嘉庆二年平苗纪事》：“时城中兵早经调往铜仁等处，留城及防汛者不满二百，州刺史周蒙香与协帅胡千峰相为运筹，严饬各城门盘查入出，复谕绅士招募义勇，以资捍御。又谂知土弁杨标、安文德所管夷众甚多，恐为贼所勾诱，随札饬剿贼，立功受赏，两家眷口亦先令送入城安置。一面申文告警，旋派武举李兴邦、程侍廷带兵十余名，往三岔河一带探悉，贼势甚众……贼遂平。撤兵后营员立有战功者俱经嘉奖，土弁杨标、安文德议叙守备职衔，绅士谌克述、张瑄议叙六品顶戴。”

曾叔祖考安公讳文光，妣氏构飞。公乃典公次子，承继伯亨。妣构飞安氏，生子正兰。嘉庆二年南隆苗叛，窜扰平境南路，公率部兵堵剿翠云关，勤劳最著。蒙督部堂勒题奏，奉部给予金顶，以荣其身，尹邑侯题其闾曰“名（仕）[一]登仕版”。殁后考葬于阿浪底，午山子向。妣葬于罗圈岩侧，卯山酉向。生一女，适镇雄州属洗菜河安氏。

曾叔祖考安公讳文华，妣氏处久。公乃典公之第三子，承继糯东，生子正中；生一女，早卒，葬旧院得，子山午向。公殁后葬笼箐岩脚，亥山巳向。妣葬笼箐山顶，（丙）［壬］山（壬）［丙］向。

曾叔祖考安公讳文龙，妣氏陆。公乃乾公之长子，生子正达，承陇居。殁后考葬陇居坝子，艮山坤向。妣葬同处。

曾叔祖考安公讳文星，妣氏华。公承得归，乾公之次子，生子正荣，二女早卒。殁后考葬（编者注：空），妣葬（编者注：空）。

百九世

伯祖考安公讳正和，妣氏法舍隆慕。公乃德公之长子，早卒，葬于平寨祖山之阳，未山丑向，化命庚子。妣法舍（慕）【二】隆慕，盐仓[1]安氏女，殁同葬平寨祖茔，未山丑向。

显祖考安公讳正琳，妣氏何，继妣氏杨。公生于甲辰年。德公第二子。妣何氏生于宣威州属（编者注：空），己未年赋生，生二子：长曰绍基，次曰绍绪。继妣杨氏生于己酉年冬月二十九日子时，在毕县平定里六甲，地名嘉戛赋生。杨公讳荣（长）【三】次女，生子曰绍猷。公殁葬平寨祖茔，未山丑向。妣何氏葬同未山丑向；继妣杨氏殁于（辛）［庚］（酉）［申］年八月十八日酉时，在黑石头老官房内寝告终，葬房侧，申山寅向。于光绪己丑年四月二十六日巳时迁葬乐冬河青枫林寨，丑山未向；妣何氏于庚寅年十月十八日未时升棺（原注：迁葬化冲窝，午山子向）。

叔祖考安公讳正裕，妣氏白舍。公乃德公之第三子，承织金，生于庚戌年。妣系黔西州属白舍[2]安氏。于道光十三年承袭土（原注：守备，名缺），生一女，名三妹，适黔西州属下西里老凹寨隆施阿户。殁后考妣均葬后山之阳，卯山酉向。

叔祖考安氏讳正兰，妣氏构飞。公号清五，字瑞湖，光公之嫡子，生于嘉庆丁巳年八月二十一日吉时，自幼勤读诗书，忠厚传家，得意于道光壬辰年，至庚子恩科乡场转回，于是年九月二十七日正寝告终。妣构飞安氏。生二子：长曰绍勳，次曰绍封，承管白亨。殁后考葬麻窝寨，（卯）【四】酉山卯向。妣葬罗圈岩之侧，卯山酉向。

叔祖考安公讳正中，妣氏以那。公管糯东，华公之长子，号庸山，生于癸未年，生子绍伯。女二：长适毕节属化戛蓝翎千总余晋；次女早卒，葬本境旧院，子山午向。于咸丰四年公率部民堵剿杨逆，题保六品军功。妣盐仓以那安氏。殁后考妣均葬陇箐祖茔，壬山丙向。

叔祖考安公讳正荣，妣氏陆。公管德归，星公之子。妣陆氏生子绍（基）［纪］。殁后考妣均葬大黑坡脚老阳宅后，卜得丑山未向。

叔祖考安公讳正达。公管陇居，龙公之长子，早卒，葬陇卧坝子，艮山坤向。

［1］盐仓，地名，古名鲁烘那楼，彝族部族名。乌撒部统治中心。明置乌撒府，亦名盐仓府。今贵州威宁彝族回族苗族自治县境。

［2］白舍，地名，今贵州黔西县五里布依族乡、化石布依族苗族乡一带。

校记

【一】原文为“名仕$_{\text{三}}$登仕版”，“仕”字衍。
【二】原文为“法舍慕$_{\text{三}}$隆”，“慕”字衍。
【三】原文为“荣长$_{\text{三}}$次女”，“长”字衍。
【四】原文为“麻窝寨卯$_{\text{三}}$酉山”，“卯”字衍。

第二节　雄书氏近代子孙

一、绍基、绍勳

百十世血伯考安公讳绍基，公乃琳公之长子，生于（编者注：空）年，早卒，葬平寨祖茔下，卜得未山丑向。

伯考安公讳绍勳，妣氏华，继妣氏陇。公承伯亨，兰公之长子，号懋亭，生于嘉庆二十五年庚辰九月三十日（编者注：空）时，殁于咸丰十年庚申四月初十日卯时，正寝告终。嫡配洗菜河[1]安氏，殁葬伯亨后山之阳，卯山酉向。继妣陇氏，生于镇雄州属地名安多洛，庚辰年四月二十一日辰时赋生，殁于壬戌年五月三十日辰时内寝告终，生子永吉，早卒，葬墓前，向同考妣。殁后均葬麻窝寨，酉山卯向。咸丰四年，桐匪窜入平界青㭎塘，公率部民协都标兵逐贼过六归，平界底定。蒙提督军门赵给予六品功牌，并题其闾曰“丕显前烈”。

[1] 洗菜河，地名，今贵州毕节赫章县。洗菜，系彝语鸡采音转，意为开采铜矿的地方。

二、绍　绪

显考安公讳绍绪，妣氏陇。考号恢亭，字丕之，琳公之次子，生于道光二年壬午正月十一日午时建生于本宅。妣黔西州属气脉，陇公讳树勳字西峰之长女、廪生陇殿奎之姊也，生于嘉庆己卯八月二十四日巳时，在陇宅赋生，生子三，长、次二子早卒，余其幼也。生三女：长麒英，适气脉文生、加袭云骑尉陇公壁珍；次女文论，配黔西法可协镇衔安公铭；三女曰阿卑，适永宁扯勒宣抚裔议叙尽先县丞余公振仪。公幼失怙恃，得叔父裕公抚鞠。未几，叔父又卒。公秉性明敏，勤俭自持，有异母弟猷多方扶持并成家焉。时当邑侯徐劝捐书学田[1]，公助织金坝田一坋，嗣奉部议给予九品官阶。于咸丰四年桐匪窜扰平界，叠奉州主札饬，率部民昼夜轮防河口，并随兵进剿，平后，蒙各州主申详，保举五品职衔，题其闾曰“克继先烈”，及镇宁州狆匪猖獗，奉宪札协邑侯周竹楼[2]进剿，于五年五月内，至镇宁北关外真武山驻扎，屡获胜仗，蒙各宪拟保在案。旋于二十七日于大山哨与贼交锋，手刃数贼，热战数时之久，四山众齐下，层层围绕，寡不敌众，立时阵亡。[3]当蒙邑侯申详，各宪请袭在案，加封招武都尉，奉旨穿城，而邑侯周建忠义坊于平城南关外，迎榇归回，卜葬于平寨祖山之阳，未山丑向。妣青年守节，时值乱世，抚孤，奔避坉硐，赖以保全，年岁荒歉，赈济族邻。后于光绪（三）［六］年三月，欣逢宫保岑［毓英］【一】巡阅至境，禀恳优恤详申，即蒙批行并恳详苦节，荷蒙题咨，并赐匾额曰“世笃忠贞”，旋于光绪十八年十（八）［二］月十八日，奉旨（部）【二】依议，旌表节孝，准建坊入祠，钦此。妣于同治丁卯十月初四日午时在治都内寝告终，卜葬于洛东河，未山丑向。

皇清诰授昭武都尉安公讳绍绪纪略
皇清旌表节孝安母陇太宜人节略

平远州学正根石李老师楙崧[4]、训导王老师金诰[5]赠联：世受国恩世报国恩一千年后留忠裔；身劳王事身没王事十万军中号健儿。

知友贡生刘荣枝挽诗，恭挽恢亭尊兄大人灵几：水西群丑窜平疆，渡口分防独力当。（原注：去岁北路一带河口皆赖贤昆仲鼎力堵御）邻境提戈伸大义，（原注：瓢儿井、落别等处非平远属，君仗义请带所部兵往该处剿平）醉乡抛角卧沙场。（原注：君喜酒，闻将战，先持牛角酒器一饮为之决力战）恩膏屡受今生报，（原注：嘉庆二年南隆军务乃祖带勇助剿，事平，世袭守备，加四品衔）妇孺咸知到处杨。（原注：柩回，平城绅士耆老郊迎，男女出城，观者如堵，无不叹惜钦仰）客岁我邦深倚重，酬君洒泪奠三觞。[6]（原注：两学老师及绅耆往奠，群皆痛哭）

肉食何人可与谋，惟君异地视同仇。千秋济火奇男子，又见英雄出类酋。

邻疆忍使肆虔刘，叔子雍容整带裘。壮气一腔冲碧汉，拼教血向战场流。

烈性从无悔断头，来生定许去封侯。同声一哭长城失，此后何人借箸筹。

裹革尸来早速邮，巍巍封树碧山邱。英名题向坊忠义，表率人看大路由。[7]（原注：竹楼公祖建忠义坊于平城南关外，书恢亭名于正中。）

平城契友千总水静、进士谌忠恕、吏员赵廷瑜、军功蓝永发、进士彭常敦、吏员喻汝鲲赠联：偏为邻境捐躯君真忠矣，莫向沙场醉卧神兮归来。

知友廪生冯文彬号质钧赠联：努力爱春华果然锁钥君堪任，同心纾国难深愧沙场我独回。

谊晚文生南屏郭藩敬撰墓志文

昭武都尉[8]安公，水西世族也，字丕之，号恢亭，其祖修来公嘉庆丁巳年兴义狆（匪）［苗］之变，蔓延数州，犯渡三岔，首倡义举，招集乡勇，率领堵御，颇著勤劳。既而苗贼披猖，焚劫平邑之西南境，率乡丁连战，破贼于小虎场，晋秩世袭守备副府，六十年来士民称道勿衰焉。夫积善余庆，有德必昌，宜忠良俊杰之辈出也。恢亭君四岁失怙，十岁失恃，赖尊叔父母抚育之，乃年方二九，尊叔父母亦相继仙逝，乳燕无依，孤雏自立，其为人慷慨有大志，谨言笑，裕智谋，笃信义，具胆略。咸丰甲寅秋逆贼起遵义，扰黔西，围大定，骚毕节，抵平界，人情汹汹，莫知所向，君乃率领团练丁勇自六归河以至王家渡一带河口昼夜防堵，数月不懈，一境稍安，而官绅以无北顾忧，诚保障也。以官兵不到，团勇难支，故贼乃犯六归，据茶店。君屡具禀求援，禀如雪片而进，兵始云集而来。乙卯正初，率引官弁兵团由洪家渡进剿，追贼过河，抚安良善，官为详报，准令晋秩副府，承袭先爵。二月，又追贼于瓢儿井[9]，贼散。于四月下旬旋旆还家。仅十日，安顺、镇宁等处狆匪猖獗，札调随征。于五月初九日，又复带领丁练随周竹楼进剿，营于镇宁北关外之老当山，屡战皆捷。至二十七日，身先士卒战贼于大（哨）【三】山哨马厂，以众寡不敌，败绩，孤身后殿，贼矢石如雨，无人救援，遂遇害焉。州主申详，各大宪题请加封昭武都尉，准荫世袭，时年三十四岁也。呜呼，铜柱未标，金戈遽折，见者伤心，不独镇平，父老闻者堕泪，直动云贵官兵。周竹楼解衣装殓，惨泣营门，李根石书对表扬，悲怆肺腑，鼓义勇于十万军中健儿，不愧流芳名于千百年后。男子真奇，振家声可为孝子，纾国难乃是忠臣。英魂不泯，常教佑启后人大节，维昭正足光昌前烈。忠义坊建于平阳，金书姓字。英雄榇还于梓里，恸彻乡邻。卜兆于平寨之半月山，筮龟叶吉，龙虎呈祥，千年下有登此山而吊古者应亦流涕而慨慕曰："此烈丈夫。"安恢亭之墓也爰（下阙）

[1]（光绪）《平远州续志》卷八《艺文志》载徐丰玉《劝捐启》："夫乐育英才，端兴学校，圜桥泮水，国士观成，白鹿紫琅，野处不昵，书院之建，由来尚矣。平阳山气，龙盘民风，鱼雅蓬莱。近日前贤既有开，必先兰芷升庭，多士克昌，厥后冀风流之勿替，须宏奖之有方。查州书院旧建凤西，不敷经费，传

经绛帐，既乏束脩之羊；问字青毡，莫继饔飧之米，致令观摩徒切，类聚无常。本州幸拔春华，弥殷秋实。爰分鹤俸，用策龙文，惟乐奏《九韶》，岂一夔之一足？裘章五服，集千腋而始成，愿诸君共切芝培，同敦梓谊，抗心希古永传。夫礼乐诗书，有志斯文，何分于士农工贾。至捐输成例详请褒荣，或秩署头衔，或名标绰楔，观高鸩鹊，卜他年健翮；风生山著，凤凰期此日。吉光云集，各宜金诺，共体玉成，特启。”

［2］周夔，（光绪）《平远州续志》卷三“职官”：“周夔，号竹楼，江苏吴县人，咸丰五年任。追缴杨逆，四境晏然，作宾兴以励人才，兴义学以端，蒙养阁学，立祠祀之。”《郎岱县访稿》《清国史》有传。据《清代官员履历档案全编》（第25册）道光三十年（1750）八月周夔所呈履历曰：“臣周夔，江苏州府吴县监生，年三十七岁。”可知，周夔出生于乾隆元年，即1713年。

［3］（光绪）《平远州续志》卷二“大事考”：“（咸丰五年）三月杨隆洗遁走郎岱，知州周夔追败之。时贼分股围毕节、大定者俱败，杨逆乃由间道走兔场窜入郎岱，周牧统练尾追，与贼战于大岩脚，周牧亲冒矢石，士卒无不以一当百，遂大败之。是役也，阵亡文生高煜。五月知州周夔率土都司安绍绪越境剿狆匪于蜜蜂坉，绍绪死之。蜜蜂坉在州南百余里，安顺属也。时为狆匪盘踞，周夔乃率土都司安绍绪攻之，不克，绍绪阵亡。”

《平黔纪略》卷二：“咸丰五年乙卯春正月。先是，贼在黔西数分走平远，伺毕节，至是平远把布土目安绍绪等亦击贼于毛栗坡。”“五月二十七日，把布土目安绍绪从击贼大山哨，亦战没。”①

（光绪）《平远州续志》卷八《艺文传》录有时任平远州知

① （清）罗文彬，王秉恩编：《平黔纪略》，贵阳：贵州人民出版社，1988年。

州黄绍先所作《安土司传》，记安绍绪事迹，录于下：

“安绍绪，前明宣慰裔孙也。国朝赫声绥远，其支祖与有功焉。以土守备世其职，历传至绍绪生而英勇，颇知大义。道光间尝入金助修书院，议叙予九品。咸丰甲寅冬，桐匪罗康三扰平，奉州牧阮文藻札，防守小东渡，集僮佃一千人，更番堵御，得无虞。乙卯春，贼大至，结内匪为应，率团搜捕，贼相拒，交锋擒伪将军任小幺等七人，贼阻河而退，州刺史周夔给六品军符，令从征仲匪，越镇宁州境与贼遇于大山哨，方列阵，贼忽环山下围加密冲突不能出。众矛攒刺被伤，立殒。尸还州，学正率生徒郊迎再拜而哭，刺史为建忠义总坊于南关外，题其名告于大府，拟武弁阵亡例请予世袭。初，绍绪数有战功，已请加五品衔，及承土守备世职，章达而未报。至是，复以旌恤请，奏答往复，久议不决，刺史亦以移权安顺殁于王事，遂中止。越二十余年，抚军岑毓英巡阅过境，其子秉直以情告，复为详奏，仍以官阶未报，格不行。予奉命牧平，秉直以行状呈阅，深恤其捐躯殉难之勇也，因为之传。”

［4］李楙崧，（光绪）《平远州续志》卷三“职官”：“李楙崧，号根石，思南府举人。”

［5］（光绪）《平远州续志》卷三“职官”：“王金诰，瓮安县廪生。”

［6］（光绪）《平远州续志》卷八《艺文志·吊安土司绍绪阵亡》：“水西群丑窜平疆，渡口分防独力当。（堵御北路一带河口。）邻境提戈伸大义，（助剿落别。）醉乡抛角卧沙场。（君嗜酒，闻将战，先持牛角酒器一饮酣战。）恩膏屡受忠臣报，（嘉庆二年苗变，乃祖带勇助剿，事平，世袭守备职衔。）妇孺咸知令誉扬。客岁我邦深倚重，酬君酒泪奠三觞。（两学师及绅耆郊迎哭奠。）

右步李根石夫子挽安土司恢亭元韵。”

［7］（光绪）《平远州续志》卷八《艺文志·步李根石夫子挽安土司元韵》："肉食何人可与谋，惟君异地视同仇。千秋济火奇男子，又见英雄出类酋。

邻疆忍使肆虔刘，叔子雍容整带裘。壮气一腔冲碧汉，拼教血向战场流。

烈性从无悔断头，来生定许去封侯。同声一哭长城失，此后何人借箸筹。

裹革尸来早速邮，巍巍封树碧山邱。名题忠义坊千古，表率人看大路由。（周竹楼公祖建忠义坊于大路，书绍绪名。）"

［8］昭武都尉，官阶名。清代武阶官之制，昭武都尉为正四品阶。

［9］瓢儿井，地名，今贵州大方县境内。原名金狗场，清道光年间瓢儿井集市由乐居乡境移此，沿用瓢儿井名。明清民初，均为黔西北商业重镇。

校记

【一】原文不书长官名讳，据方志文献补。

【二】原文为"奉旨部三依议"，"部"字衍。

【三】原文为"大哨三山"，"哨"字衍。

（上阕）转聚尤复，毁家易粟，赈济邻族，设厂炊锡馈遗老稚，施棺舍药，掩骨埋尸，懿行恒非一端，屈指实难更数，诚闺帷中之节义无双，巾帼内之孝行不二者也，允宜公请旌扬以彰潜德，俾陇氏二十年之苦节不致埋殁而难彰，数十种之懿（德）【一】型得以流传于勿替，职等目睹实情，理合连名公恳俯准赐文详请旌表，以勒贞珉而昭节孝，昌胜沾感之至，为此公禀师尊台前，赏准赐文申请施行。具甘结。族安长治、邻陈元清等，今于与甘结事，兹当师尊台前实结得世袭云骑尉[1]陇树勳之长女、议叙八品安绍绪之命妻生于道光十一年，至道光二十七年于归，结褵八载，适咸丰五年狆叛，绍绪奉调剿办，阵亡于镇宁州属大山哨马厂，陇氏时年二十五岁，于光绪元年身故，守节二十载，理合具请旌表，中间并无虚冒浮开情事，如虚甘咎，所具甘结是实。光绪六年三月十八日申禀。

平远州学正黄［绍先］【二】是月即行移州，蒙平远州赵备文册七道加具印结申详，各宪在案。前贵州巡抚岑［毓英］【三】、新贵州巡抚林［肇元］【四】、布政使司沈［应奎］【五】、兵备道曾（编者注：空），至光绪九年四月内藩宪礼科抄出。礼部谨题为汇题旌表事礼科抄出。贵州巡抚林肇元等疏称，思南府、黎平府、遵义府、都匀、贵阳府、安顺府、平越府、普安厅、石阡府、新义府、思州府，大定府属平远州安陇氏，树勳之女、安绍绪之妻，生于道光辛卯年。咸丰五年夫故，氏年二十五岁，守节三十三年，现年五十八岁。以上各府、厅、州节妇二十口，采访贞洁烈妇一百九十六口，殉难烈妇一口，应请旌表，建立总坊等因具题，奉旨该部议奏。钦此。钦遵到部，该臣等议得定例直省节孝贞烈妇女应旌表者，该督抚、学政会同具题，并取具册结送部核议。又京师暨直省、府、州、县御各建节孝祠一，祠外建大坊，应旌表者题名其上，身殁设位祠中，春秋致祭。又凡守节之妇，不论妻妾，自三十岁以前守节至五十岁或年未五十而身故，其守节已及十年，果系孝义兼全，阨穷堪悯，俱准旌表。未婚贞女按照年限与节妇例同。其有在夫家守贞身故及未符年例而身故者，一体准其旌表。又遭寇殉难绅士庶民，令该督抚转饬各该地方官，于本邑忠义孝弟祠内设位致祭，并题名石碑，俾得流传永久。其被贼戕逭之妇女等，由各该督抚转饬各该地方官，每县给银三十两，于通衢大路总建一坊，无论大小妇女（妇）[六]姓氏全行镌刻其上，并于节孝祠内设（祭）[七]位致祭。又道光二十七年，臣部议奏各省采访贞孝节烈妇女，统归年终汇题于各府、厅、州、县，合建一坊，勿庸随时题建，具本家自愿建（坤）[八]坊及绅士愿在本州、县捐建者，均听其便等因，奉旨嗣后各该部随案请旌之烈妇女及年终汇题内之烈妇烈女均等建专坊，以示奖异，余俱著归入总坊。年终汇题并著各该督抚等题奏内声明汇建总总坊字样，用昭区别，钦此。又道光道二十七年，臣部具奏各省采访烈妇烈女可否归入总坊，奉旨著仍照向来采访成案归入总坊，以符定制等因，钦此。又同治十年议准嗣后各省节妇年未五十而身故，其守节已及六年者，准其旌表等因，各在案。今光绪八年各省题请旌表，贵州所属节妇二十口，采访贞节烈妇女一百九十六口，殉难烈妇一口，据该抚等造具册结到部内，除安顺府属采访节烈妇林关氏等案内，郎岱厅节妇刘范氏、刘倪氏均在三十岁以后夫亡守节，核与例定符年限未符，应行扣除。又大定府采访贞节烈妇女廖胡氏案内，节妇彭车氏、吴杨氏，贞女徐朱氏，黔西州节妇陈贾均现年未五十岁，应俟各该氏年逾五十后再由该抚题请核办，其余均与旌表之例相符，应请准其旌表，俟命下之日，臣部行令该抚转饬该府、厅、州、县，统计所属烈妇女及阨穷贞节孝妇女共若干口，给银三十两，官为总建一坊，题名其上，勿庸按口给银。已故者于节孝祠内设位致祭，再此本向归汇题合并声明，臣等未敢擅便，谨题请旨等因，于光绪八年十二月十六日奉旨依议，钦此。光绪九年三月十一日接奉部咨三月二十五日行司，四月初九行府在案。

［1］云骑尉，武散官名。隋文帝时置，炀帝时罢。唐置勋官十二转，其二转为云骑尉，当于正七品。宋、金沿置。明正六品。清为世爵名。乾隆元年（1736）改拖沙喇哈番，汉名云骑尉，在骑都尉下。

校记

【一】原文为“懿德$_{三}$型得以”，“德”字衍。

【二】【三】【四】【五】原稿不书长官名讳，据方志文献补。

【六】原文为“女妇$_{三}$姓氏”，“妇”字衍。

【七】原文为“祠内设祭$_{三}$位”，“祭”字衍。

【八】原文为“自愿建坤$_{三}$坊”，“坤”字衍。

附录

准袭

部覆。蒙宫保岑［毓英］【一】奏咨至光绪二十年案奉贵州通省（总）【二】善后总局行知，五月内接奉州主黄［绍先］【三】转行知照，奉旨议叙从九品安绍绪应从优先行议赠盐运司知事衔，并照四品官以下阵亡例，议给云骑尉世职，袭次完时，给予恩骑尉[1]，世袭罔替。以上请恤各员，均先行照例核议，仍令该抚查照转奏案，查明各该故员等官阶履历，报部查核相符，再行分别准其承袭承荫；其有官阶履历不符，应行更正者，另由臣部核明，分别具奏，如实系难裔无人，无从查访，应令该抚切实声明，统于限内咨部呈案。倘限内并不咨报，至限外始行查出补报者，并令该抚将因何不依限咨报缘由另行奏明办理，以示限制。

［1］恩骑尉，清爵名。正七品。凡阵亡者子孙，袭爵次数已尽，授以恩骑尉，令其世袭。清代，世爵有九等：曰公，曰侯，曰伯，曰子，曰男，曰轻车都尉，曰骑都尉，曰云骑尉，曰恩骑尉。自公至轻车都尉，各分等第。初满洲人得世袭，咸世袭罔替。顺治元年以后，令得世职者，非奉旨不得世袭罔替，各有世次，以为限断。其制：一等公，袭二十六次；二等公，袭二十五次；三等公，袭二十四次。一等侯，袭二十二次；二等侯，袭二十一次；三等侯，袭二十次。一等伯兼一云骑尉，袭十九次；一等伯，袭十八次；二等伯，袭十七次；三等伯，袭十六次。一等子兼一云骑尉，袭十五次；一等子，袭十四次；二等子，袭十三次；三等子，袭十二次。一等男兼一云骑尉，袭十一次；一等男，袭十次；二等男，袭九次；三等男，袭八次。一等轻车都尉袭五次；二等轻车都尉袭四次；骑都尉兼一云骑尉袭三次；骑都尉袭二次；云骑尉袭一次。有功及阵亡者，皆得授世职。凡阵亡者，一品官授骑都尉兼一云骑尉；二品授骑都尉。凡有官位者，授云骑尉，其世次已完，再袭恩骑尉，世袭罔替。亦有径给恩骑尉者，亦世袭罔替。非阵亡者，不给恩骑尉世职。其品级：公侯伯皆出品，子一品，男二品，轻车都尉三品，骑都尉四品，云都尉五品，恩骑尉六品。

校记

【一】原文不书长官名讳，据方志文献补。

【二】原文为“通省总$_{三}$善后”，“总”字衍。

【三】原文不书长官名讳，据方志文献补。

三、绍猷及晚辈

血叔考安公讳绍猷，妣氏庵甲。公管翁革、织金。琳公第三子，生于壬午年二月初二日（编者注：空）时建生。妣威宁州属安甲人。安氏生于戊子年，后生子东海。公于咸丰四年以军功保六品职衔，殁葬平寨，未山丑向。妣卒葬翁革，丙山壬向。

叔考安公讳绍纪。公管得归，今迁细木底，荣公子。生于（编者注：空）年，配（编者注：空）氏，生一女，适觉罗安氏。公早卒，葬大黑山，丑山未向。配改适黔西文生安敦仁。

叔考安公讳绍封。公管亨黑龙潭，兰公第二子，生于癸未年，早卒，葬伯亨罗圈岩侧，卯山酉向。

叔考安公讳绍白。公管糯东，中公之子，生于（编者注：空）年，早卒，葬糯东阳宅之侧，戌山辰向。

百十一世

堂弟安公讳东海，妣氏禄。公承翁革，猷公之子，生于戊午年，配阿破支禄氏，均早卒。公葬后山之阳，坤山艮向。禄氏葬外家阿破支青棡林。

堂弟安公讳永吉。公承白亨，勷公之子，生于丙辰年，早卒，葬于麻窝寨勷公墓前，酉山卯向。

第五章　罗甸安氏流衍图及近代谱系

吾安氏自孟趄，世居洛宜，至慕齐齐始创东川，阿纳创芒部曰兜且慕。火济、主色开基贵州阿札水西曰德实氏，封罗甸国。大宗传止胜祖，我太始祖万铨始为平远、织金始祖，邦彦肇兴那威，至太高祖廷侯建勳树绩于八部、白亨、糯东、得归，（原注：三房互相继续）以至吾辈。兹当谱成，谨列宗图传之永世。

第一节 罗甸安氏流衍图

一世祖孟逝—太觚—觉世—立—萌—橐皋—足—泽—宗—燮—居—柏能—道—孟论—池—宿—投—奚斯—多—毕兒—都—熹思—记—泰—乌—褒—亨—膴—落错—读—读慕

长阿楷（原注：定志载，楷世守乌，为白勒氏，夷名大革，一名普里，即今安顺、普定、兴义诸土司之祖也。）

二阿怯（原注：居于筰，为孟氏，又为蒙氏，后为孟获氏，仍长其部，为南诏安南诸土司之祖，后仕汉为御史大夫。载黔西州志。）

三阿赛（原注：居于泸，亦作弄，即今建昌、雷波、凉山、黄郎、波卜诸土司之祖，即元罗罗斯也。）

四阿卧（原注：卧为赫之祖即乌蒙扯勒，居于协，古为窦地甸，为格亨氏，分二部：乌蒙即今昭通陆氏；扯勒今永宁、毕节八土司之祖也。载大定府各州、县志。）

五慕克克（原注：克居于濮，亦曰密，为德布氏，即今霑益、宣威、普安、乌撒、安陆各土司之祖。见大定、黔西州志。）

六慕齐齐—齐齐活—活阿得—得乌沙—乌穆菊—菊阿糯—糯阿罗—罗阿杓

杓阿脉—脉阿特—特阿捨—

次戞纳

长脉乌—乌莫牒—莫牒堕—堕阿委—委巫所

—所比额—必额勿—
- 长烘阿轮（原注：创业郎岱，即陇氏土司祖，今为扒撒。）
- 次烘阿奶[1]（原注：创业普安，即龙氏土司祖，今为广西岑土司。）
- 三烘阿纳—
  - 纳阿纵—纵阿卜—卜阿勺—勺阿火
  - 扒瓦

（接勺阿火）
- 三阿则七[2]（原注：即郎岱且里祖。）
- 次德布氏（原注：为卢氏大宗，为德布氏，分普里即普安三定，夷名曰播勒，又作白勒，即今安顺大革。曰须白勒，平彝县海氏为诺白勒。夷语须是东也，诺是西也，言东西两大家也。）
- 长火阿济[3]—火比五—
  - 五莫得
  - 五莫翁—莫翁说—说阿歹—歹阿瓦—瓦额俑

（接瓦额俑）
俑阿扯—
- 底苏
- 阿住—住阿特—特阿沮—沮阿蕖—蕖阿都—
  - 三以支，即仁育里以支祖也。
  - 次阿户，即仁育里阿户祖也。
  - 长都阿札—札阿朵

（接札阿朵）
- 次得额，即乐贡里得额祖也。
- 长朵阿塔—趣六牒—
  - 次堕泥，即水城堕泥祖也。
  - 长牒阿凤—凤纳志—纳志主色—
    - 次主色以义[4]
    - 长主色阿更—

- 扒撒
- 阿隆
- 阿更阿佩
  - 次那威
  - 长阿佩阿是[5]
    - 次归宗
    - 长阿是陇那——陇那阿可[6]
      - 九託泥，即引则阿户祖也。
      - 八革利，即黔西阿户祖也。
      - 七以利，即悦服里以利祖也。
      - 六补露，即悦服里补露祖也。
      - 五白布，即悦服里白布祖也。
      - 四簸窝，即义渐里簸窝祖也。
      - 三得基，即黔西白舍祖也。
      - 次阿勒，即水城阿勒祖也。
      - 长普露额茉
        - 得初，即野坝得初祖也。
        - 白皆，义渐里白皆安（正）[振]邦祖也。
        - 得幾，即义渐里得幾祖也。
        - 额茉沮区——沮区则额
          - 九阿克，即平远阿克祖也。
          - 八遮借，即平远遮借祖也。
          - 七飞兄，即义渐里飞兄祖也。
          - 六法怯，即悦服里法怯祖也。
          - 五以增，又分密受之祖也。
          - 四阿慈，即平远阿慈祖也。
          - 三以角，即水城以角祖也。
          - 次卧这，即大有、悦服里卧这祖也。
          - 长则额普贵——普贵额增

三则窝阿呼

次陇舍阿呼（原注：次、三并黔西陇舍、则窝阿呼二家之祖也。）

长额增陇杓——比起，即黔西阿乌迷祖

陇杓主载—主载阿宗—阿宗额归—额归普色—普色阿腻

六怕那，仁育里怕那祖也，又分阿乾引底。

五妈烘，即仁育里妈烘祖也，又分阿乾引底。

四四书，即仁育里四书祖也，又分阿乾引底。

三总幾，即仁育里总幾祖也。

次马摆，即仁育里马摆祖也。

长阿腻阿糯——阿糯阿画——乍俄

陇内

阿画陇赞[7]—霭翠—安的（一名[illegible]，顺德夫人子，配夫人奢助）—卜葩（一名[illegible]）—阿布—安忠（一名[illegible]）褒兹（一名[illegible]）—安聚（一名[illegible]，配夫人奢至）—珑富[8]

三杓佐，即悦服里杓佐祖也。

次法沙，化沙乃露，即大有里法沙祖也。[illegible]

长安观（一名[illegible]，诰封昭勇将军）——安贵荣[9]（一名[illegible]，加布政司参政）

长万锺（一名[illegible]，本名阿助，卒，弟万镒继袭，三弟万铨接袭，分管卧这、织金，受宣慰同知职）

次万镒（一名[illegible]）—安仁（一名[illegible]）—国亨（一名[illegible]，诰授亚中大夫，配禄氏）—疆臣（一名[illegible]），

尧臣（一名[illegible]）—安位（一名[illegible]）

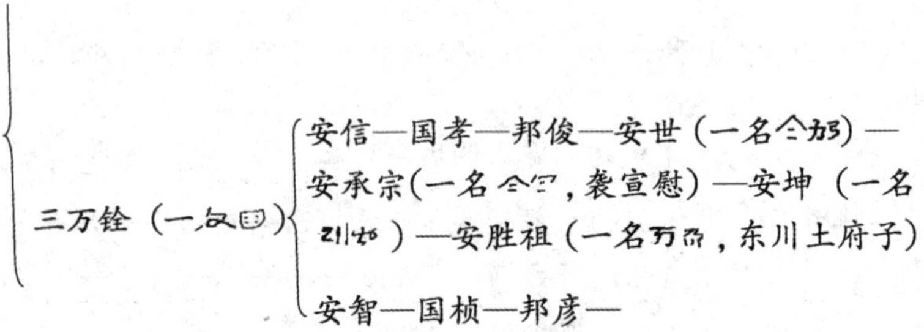

［1］勿阿奶、勿阿纳，当为同一人，译音用字不同。《西南彝志·六祖起源》："必额勿之世，娶勺朴阿苡为妻，是勿三子母，长子勿阿娄，迁居娄米妥体，是孟卧然（一作米卧热）之君主；次子名勿阿克，德君长家总管；第三子勿阿纳，住褒佐史卧，理迫默地方。"（咸丰）《兴义府志》卷四五："火济之后十八世，有曰翁者，有子三人：曰阿轮，曰阿台，曰阿纳，生于梁时。阿轮据有梁之漏江县地，蛮语称其地曰阿外格，即今之普安县地是也。阿台据有梁之毋棳县地，蛮语称其地曰顺帅格，即今之兴义县地是也。"

［2］《西南彝志·妥阿哲世系》说，妥阿哲娶古额咪那为妻，是阿哲三子之母，"长子阿哲阿武……小儿子阿哲琪，住古额娄益，是阿哲琪土目。次子阿哲毕额，继承君长权"。（道光）《大定府志·得初土目、监生安光祖所译夷书四则》："则阿五，即今仁育里土目阿五之祖。则比五为裸主。阿则七即郎岱阿则七土目之祖，今为沙氏所继，皆出阿则。"据此，则妥阿哲有则阿五、则比五、阿则七三子。妥阿哲（即《族谱》之火阿济）与阿则七为父子，而非兄弟。

［3］（道光）《大定府志·水西安氏本末》载："阿乍（火阿济）弟兄四人，伯曰孟布，仍居鹿里为芒部。芒者蒙之转音。仲曰晟，居泸西之沙陌为阿晟部。季曰孽麻，居汉阳之苴里为阿

苴部。”《西南彝志·妥阿哲世系》：“妥有三个儿子。长子妥取汝，未成业就死了；次子妥莫哺，左边妥莫哺，住赫默珠舍，即莫哺君长。小儿子妥阿哲，右边妥阿哲，主载慕俄勾，即阿哲君长。”妥阿哲究竟兄弟几个，诸家说法不一。至于阿则七，据《西南彝志妥·阿哲世系》说，妥阿哲娶古额咪那为妻，是阿哲三子之母：“长子阿哲阿武……小儿子阿哲琪，住古额娄益，是阿哲琪土目。次子阿哲毕额，继承君长权。”阿哲琪当即阿则七。按《西南彝志》则阿则七当为妥阿哲（即《族谱》之火济）之子，并非如《族谱》所说为妥阿哲之兄弟行。诸谱所记已经错乱。

［4］《西南彝志·妥阿哲世系》纳志主色译为那知笃色，笃色生阿更，阿更生二子，长为阿更阿外（即阿委），次为以义。“五世那知笃色，六世笃色阿勾。小儿子阿勾益尼（即以义），称勾非尼益（即能液），是益尼土目。长子勾阿委。”两则史料中的以义相差一代，因系旁支，存疑。

［5］《西南彝志·妥阿哲世系》：“阿外有三子：小儿子阿维阿努，是阿努土目。次子阿维朴泽，是朴泽土目。长子阿维阿施。”记载与《族谱》有差异，未知孰是。

［6］原文注曰：“阿可亦作阿阔，生九子。《五代史》称唐明宗天成二年，昆明大鬼主罗甸王普露静王九部落遣使牂牁国入贡。夷书存载阿可之九子称九子九部落是也。后安氏作燕翼当始此。”

［7］乍俄、陇内、陇赞、霭翠，按《族谱》为兄弟行。《水西安氏本末》的记载与此同，阿昼卒，“子乍俄袭，未几卒。乍俄弟陇内袭……陇内卒，无子。有弟陇赞，顺帝元统二年四月乙丑，赐名伯颜溥花，诏袭顺元等处军民宣抚使、八番等处沿边宣慰使……陇赞卒，弟霭翠袭”。而《安氏家传序》的记载则极为简略，阿画卒，“其从子霭翠袭授中顺大夫，四川等处行中书省

左丞兼顺元等处世袭土官宣慰使加镇国大将军三珠虎符”，要之，霭翠为阿画（阿昼）的侄辈无疑。《西南彝志》卷一〇《勿阿鼐世系》：一世阿倮阿瞿，二世阿瞿达俄，三世达俄鲁佴，四世鲁佴鲁载，五世鲁载阿萎。则把乍俄、陇内、陇赞、霭翠一律当作父子相继而加以连名。

［8］霭翠—安的—卜葩—阿布—安忠—褒兹—安聚—珑富，《族谱》世系如此，从霭翠到陇富有八代，但彝文文献《西南彝志》卷一〇《勿阿鼐世系》（《水西祖代的兴起》）则只有五代，“鲁载阿萎五（即霭翠），阿萎鲁礶六，鲁礶那苦七，那苦布则八，布则鲁铺九（即陇富）”。《西南彝志选·德施氏源流》则于陇弟之后，尚有陇弟濮直，然后才是濮直那考，那考本则。相较而言，《勿阿鼐世系》（《水西祖代的兴起》）记载世系到陇格陇德，约至明末时期，比《德施氏源流》提前三代，所以前者记载更为可靠。《安氏家传序》记霭翠到陇富袭职次序曰：“（洪武）十九年霭翠殁，明年弟安的袭职……二十四年授亚中大夫诰命。三十年为军务事赴京谢恩，回至播州湘川驿卒。弟安卜葩袭职，永乐二年授怀远将军诰命。是时，总管陇约已卒，卜葩年老有疾。安纳洪替职。十六年赴京进贡，回至襄阳汉江驿卒。孙彬楫尚幼，从父安中借袭……安中物故，安聚袭。正统二年授怀远将军诰命。五年病卒。六年兵部尚书王骥同定西侯蒋贵征麓川，从子安陇富为舍人……七年陇富袭职，十四年授怀远将军诰命。”《黔记》（万历）《贵州通志》等书关于安氏世系的记载可能均出于《家传序》。据《家传序》，至少霭翠、安的、安卜葩为兄弟行，《族谱》及《西南彝志》等文献则记为父子。

（道光）《大定府志得初土目、监生安光祖所译夷书四则》：“法沙，今大有里法沙土目之祖也。杓佐，今悦服里杓佐土目之祖也。皆出于陇铺。”

将汉文史料所见安氏从霭翠到安观录于此，供参考：

安的，《太祖洪武实录》卷二〇九“洪武二十四年六月丁巳”：“贵州宣慰使安的以袭职遣把事阿孔等，奉表贡马二十二匹，谢恩。上曰：‘安的居水西最为诚恪’。”《明史·贵州土司传》《安氏家传序》将此记为二十一年，《水西安氏本末》记为二十九年，均误。安的卒于洪武三十年（1397），《安氏家传序》：“安的亦能承继祖业，抚理地方，其后子孙遂以安为姓。（洪武）二十四年授亚中大夫诰命。三十年为军务事赴京谢恩，回至播州湘川驿卒。”

关于安的和霭翠的关系，目前学者们主要有两种观点：一是安的是霭翠的儿子；一是安的是霭翠的弟弟。最早提及二者关系的《安氏家传序》谓“十九年霭翠殁。明年，弟安的袭职”。其间昆弟关系的信息，当为安贵荣提供给周洪谟，周据以载录。所以，我们认为这一说法较为可靠。曹学佺《贵州名胜志》“宣慰使司”条：“霭翠死，其弟安的袭职，故世为安氏焉。”田汝成《炎徼纪闻·安贵荣》：“奢香死，霭翠之弟安匀立。”万斯同《明史》卷四〇九《土司传》：“水西安氏者，霭翠后也。自奢香之死，其弟安匀、孙安贵荣后承袭，故世称安氏。”① 查继佐的《明史》也主此说。有关安的是霭翠的儿子的说法，目前所见最早的出处是郭子章的《黔记·宣慰安氏》。同书“安贵荣”条：“奢香死，霭翠子安的立。”学者多主此说，如《水西简史》等。当以前说为是。

安卜葩，安的之弟。袭职当在洪武三十年，《安氏家传序》：“（洪武）三十年，（安的）为军务事赴京谢恩，回至播州湘川驿卒。弟安卜葩袭职，永乐二年授怀远将军诰命。是时，总管陇约已卒，卜葩年老有疾。安纳洪替职。”《明实录》：“永乐元年

---

① （清）万斯同：《明史》，续修四库全书本，上海：上海古籍出版社，2004年，第481页。

(1403）正月癸未，贵州宣慰使安卜葩……等三百人来朝。”卒于永乐二十一年（1423)，《明实录》：“永乐二十一年十二月甲戌，贵州故宣慰使安卜葩之弟安中贡马六十匹，且奏兄安卜葩已卒，请袭职，从之。”《水西安氏本末》则谓：“的卒子卜葩袭。”则卜葩为的之子。当以《家传序》及《实录》为是。

安中，安卜葩之弟。袭职于永乐二十一年（1423)，卒于宣德十年（1435)。《明实录》：“永乐二十一年（1423）十二月甲戌，贵州故宣慰使安卜葩之弟安中贡马六十匹，且奏兄安卜葩已卒，请袭职，从之。”《安氏家传序》：“孙彬楫尚幼，从父安中借袭，彬楫亦故。时总兵官吴亮征湖广等处，纳马三百匹。”《明实录》：“宣德十年（1435）十一月辛未，贵州故宣慰使安中男聚……等来朝，贡马及方物。”

安聚，安中之侄。袭职于正统元年（1436)，《英宗实录》卷一四“正统元年二月癸丑”：“命贵州宣慰使司故宣慰使安中侄聚，弗恩木卫故指挥使察罕帖木子木当哈俱袭职。”《安氏家传序》：“安中物故，安聚袭。正统二年授怀远将军诰命。五年病卒。六年兵部尚书王骥同定西侯蒋贵征麓川，从子安陇富为舍人，纳马四百匹。”《英宗实录》卷七八“正统六年四月壬午”：“贵州宣慰使司舍人安陇富遣把事阿意等……俱贡马及方物。”安聚已殁，故有“舍人安陇富遣把事贡马”之举。

安陇富，安聚之侄。袭职于正统七年（1442)，《英宗实录》：“正统七年正月乙亥，命贵州宣慰使安聚侄陇富袭职。”“正统七年正月甲申，贵州土官宣慰使安陇富自陈其祖父以来累朝皆赐金带，臣既蒙恩授职，乞如例赐予。从之。”《安氏家传序》：“正统七年，水西宣慰陇富自陈，祖父以来，屡朝皆赐金带，臣蒙恩受职，乞如例。从之。”

《安氏家传序》：“七年陇富袭职，（正统）十四年授怀远将军诰命。是岁前湖广镇远等处苗贼作乱，攻城烧劫屯寨，延及贵州，其势甚盛，贵州三司取陇富领兵赴贵州护守城池，议以母奢智保水西，陇富领兵万余至贵州北郭，据山为营，故苗贼不敢逼城，后苗贼恨陇富护官军，乃来水西攻宣慰母子。陇富急回水西，苗贼四维蜂起，度不能敌，挈家奔入硬寨，又被攻围。其子观虽拒贼年幼率诸酋与贼对敌凡六十余阵。半载余，诸贼退散，地方以宁。朝廷闻陇富母子有保障杀贼之功，命行人刘泰赍敕并彩缎奖谕。其后毕节卫诬，欲加害陇富，奏陈冤枉，请为辨明，蒙降敕奖谕，以安其心。景泰三年，总兵官方瑛征紫江等处叛苗，陇富纳马一百匹给军。天顺二年征东苗，又纳马二百匹给军。四年西堡蛮反，总兵刘玉来讨其罪，陇富率土兵随征，不次有功，累赏银牌。陇富晓字义，事母孝，持家以俭，爱民如子，尝恶其土地鄙陋欲变之，又纂司志，修家谱，遭时多故，不克如志。”《国榷》正统十四年十二月丁巳：“敕贵州宣慰使安陇富遣兵助讨叛苗。”《英宗实录》：“天顺二年秋七月己亥，敕谕……贵州宣慰司宣慰使安陇富……曰：近因贵州东苗丑类负固据险，僭称伪号，聚众截路，攻劫城堡。已命镇守湖广、贵州总兵官南和、侯方瑛等调集大军，尅期进剿，以除边患。敕至，尔等即便选集精壮士兵，各带器械，躬亲统率，或委的当头目管领，前赴方瑛等处听调杀贼，不许延缓误事。有功之日，重加升赏。贼平之后，即放宁家。朕复念尔累效忠勤，特赐银两，彩缎表里。至，可领也。”《英宗实录》：“天顺三年（1459）正月丁未，敕贵州宣慰使安陇富：‘今闻尔出助马匹，准免运粮，似有悔过迁善之意，姑从宽贷。敕至，尔即痛革前非，务守礼法，若欲出抚所辖地方，须由上司定限差委方许前去，毋得似前擅离衙门，旷职废事。’”《英宗实录》三二三卷“天顺四年十二月癸酉朔”：“镇守贵州内官郑忠、右副总兵都督佥事李贵等奏：西堡蛮贼聚众焚劫屯堡杀掠人财，臣等议调贵州所属官军土兵及云南、四川二都司官军共三万五千，于今各启行至普定驻劄，分二路进剿，仍调土官宣慰使安陇富率土兵二万于西堡近地截杀。上命兵部移文忠等相机抚捕，毋纵毋滥。”《明史·贵州土司列传·安顺府》：“天顺四年，西堡蛮贼聚众焚劫，镇守贵州内官郑忠、右副总兵李贵请调川云都司官兵二万，并贵州宣慰安陇富兵二万进剿。至阿果，擒贼首楚得隆等，斩首二百余级。余贼奔白石崖，复斩级七百余，焚其巢而还。”《家传序》所言，当可信从。

《水西安氏本末》：“聚一名裸至……裸至娶奢氏，无子。诸罗有阔坡土目者，娶奢氏之女弟，生子，昭穆与相当。奢氏取以为子曰龙富。裸至卒龙富幼，诸罗欲择各目之年长者，立为宣抚使。奢氏入朝自陈，英宗许之，乃以龙富袭。”《明实录》：“万历三十五年九月癸巳，（尧臣）又为辞谩子章曰：‘陇澄之入继镇雄，非澄之私臆也。方水西初年，安氏乏嗣，取镇雄致仕知府陇富承袭水西，名安陇富，则安陇之为一家旧矣。’”陇富为镇雄陇氏入继水西明矣。

安观，《天顺实录》：“天顺六年十二月壬午，命贵州宣慰使司故宣慰使安陇富侄安观袭职。”而《安氏家传序》则谓：“陇富卒，子观嗣，善继父志，述父事。凡居室、器物、衣服、婚姻、丧葬，攘灾捍患之事，颇依华夏之礼。不好酒色，不缺贡献。尝随大军征讨天坝，出马四百匹给军，又助大军破西堡叛贼，凯旋论功，授昭勇将军诰命，赏赉甚厚。”安陇富与安观为父子抑或叔侄，未知孰是。《明史·贵州土司列传》：“巡抚陈仪以西堡狮子孔之平，由观与子贵荣统部众二万攻白石崖，四旬而克，家自馈饷，口不言功，特给观正三品昭勇将军诰。”成化十年（1474）致仕，《成化实录》：“成化十年（1474）六月丁丑，贵州宣慰司宣慰使安观子贵荣乞代父职，许之。”《明史·贵州土司传》：“观老，子贵荣袭。”

据《修文县志》载，蜈蚣桥坐落在县城西北面 15 公里的洒坪乡二槽沟猫洞河上，是明代龙场驿至六广驿的要津，明成化五年（1469）贵州宣慰使安观所建。毁后于万历十九年（1591）由贵州宣慰使安国亨重建，历时3年竣工，更名“龙源桥”，但世人仍称之为“蜈蚣桥”。

蜈蚣桥彝文碑文译文（从碑左上角起，从上到下，逐字译出）如下：

直译：桥来五月建。则溪也过嘛。百驮啊背转，官大过散开。贵荣训到坐：海浪呢两刻，六虎六色绘，施令过记凿。安观呢六十，官呢低不见。甲寅月，吉，丙申年，猴，初六。

意译：蜈蚣桥乃五月开始修建。为使则溪大道早日畅通，日以数百匹驮马反复运料赶造。贵州宣慰使安贵荣临工地视察，人马皆回避。宣慰使召集人众训话，坐定即言：前宣慰使安观公，年逾六旬已不为官，不能再来巡视。今余对造桥有要求，汝等务须牢记：桥的两侧要刻上波浪纹；桥上所凿六只老虎，要分别涂上六种颜色，使其闪闪发光，一定要使桥身美观、雄伟。丙申猴年甲寅月初六吉日。①

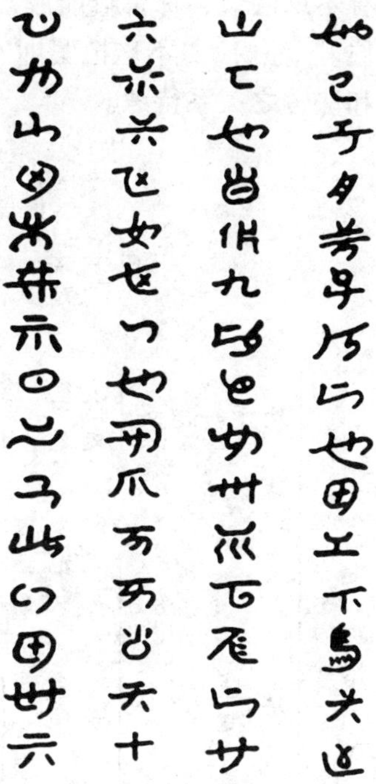

蜈蚣桥彝文碑文

［9］万历二十年安国亨所撰《大渡河水西大渡河建石桥记》：“安氏邦者，予祖昭勇将军之裔，内露其首封，即弟于怀

① 修文县地方志编纂委员会编：《修文县志》，北京：方志出版社，1998年，第1015页。

远将军讳贵荣者。水西诸地，实有带砺壤也，奕叶守土。迄白芍、白叶、白著，世有奇勋茂绩，载在简册，历历可记，至今龙脉之子，盖五世焉。”安邦为安观六世孙，则除安贵荣外，安观尚有一子——内露。《西南彝志选·德施氏源流·六祖的后裔默部》：“本则纳知一，纳知陇铺二，陇铺不玖三。不玖之子二，有不玖法舍，称舍喳能液，乃法舍土目；有不玖植罢，承袭君长位。”注曰，“不玖植罢即安贵荣”，则安贵荣尚有兄法舍。内露和法舍之关系待考。

第二节　雄书氏近代宗图

- 邦彦
  - 廷元—思乾
    - 文星—正荣—绍纪
    - 文龙—正达
  - 廷佐
  - 廷侯—思典
    - 文光—正兰—
      - 绍勳—永吉
      - 绍封
    - 文德—
      - 正和
      - 正琳—
        - 绍基
        - 绍绪—秉直—
          - 良治
          - 良清
          - 良澍
          - 良泽
        - 绍猷—东海
      - 正裕
    - 文华—正中—绍白
  - 武功
  - 国才—思兴

光绪二十八年冬署平远协营分防以个汛铃[一]记（编者注：加盖红色方形印章，印文待考。）

校记

【一】“铃”字，当为“钤”之误，形似而讹。

第三节　雄书安氏谱系

一、安氏近代谱系

太始祖万全公绵延至始祖邦彦公，肇兴那威而分八部、德归、白亨、糯东，至我太祖廷侯公，承管八部，建勳树绩，义曰雄书氏始此，娶妻德布氏，生子思典。典娶妻盐仓氏，生子三：长文德，承八部；次文光，继白亨；三文华，继糯东。文德娶妻禄氏，生子三：长正和，次正琳，三正裕。文光娶妻构飞氏，生子正兰。文华娶妻处久氏，生子正中。正和娶妻法舍龙慕氏，无出。正琳承八部，娶妻宣威何氏，生子三：长绍基，早卒；次绍绪；三绍猷。正裕承织金，娶妻白舍氏，无出，只一女，适黔西陇氏阿呼。正兰承白亨，娶妻构飞氏，生二子：长绍勳；次绍封，早卒。正中承糯东，娶妻以那氏，生子绍白，早卒，以直第四子良澍继。绍勳承白亨、德归，娶妻安氏，无出，继娶陇氏，生子永吉，早卒，以直第三子良治继。绍猷承翁革、织金，娶妻安甲氏，生子东海，早卒，以直第五子良泽继。绍绪娶妻陇氏，生子秉直，娶妻法可革仲氏，生子：长良清（承管八部），次良治（承管白亨、德归），次良澍（承管糯东），次良泽（承管翁格）。后世子孙繁衍，当以八部为大宗。

二、雄书氏齿序

自太始祖讳万铨，始祖讳邦彦，绵延至太祖讳廷侯肇兴八部，义曰雄书氏生，高祖讳思典生。曾祖讳文德齿长、次文光、三文华同胞是为一代。长正和，次正琳，三正裕同胞；文德子正兰，文光子正中。文华子正和齿长，琳次，裕又次，兰次，中又次，是为一代。长绍（次）【一】基，次绍绪，三绍猷同胞；正琳子长绍勳、二绍封同胞；正兰子绍白。正中子基齿长，次勳，又次绪，又次猷，又次封，又次白，是为一代。长秉彝，次秉直同胞，绍绪子；永吉，绍勳子；东海，绍猷子；彝居长，直次，吉又次，东海又次，是为一代。良清、良治、良澍、良泽同胞，秉直子。清齿长，治次之，澍又次之，泽又次之，是为一代。

校记

【一】原文为“长绍次₌基”，“次”字衍。

三、雄书氏近代纵横图

<table>
<tr><td colspan="4">第一代邦字辈[1]
邦彦 奢氏
肇兴那威[2]</td><td colspan="3">邦俊 华氏
卧这[3] 织金</td></tr>
<tr><td>第二代廷字辈
廷侯 德补氏
八部</td><td>廷元 陆氏
德归</td><td>廷佐
德补氏
白亨</td><td>国才
禄氏
糯东</td><td colspan="2">武功 杨氏
织金</td><td>安世
入继大宗</td></tr>
<tr><td>第三代思字辈[4]
思典盐仓氏
八部</td><td colspan="2">思雄
盐仓氏
白亨</td><td colspan="3">思兴
华氏
糯东</td><td>思乾
陆氏
德归</td></tr>
<tr><td>第四代文字辈
文德 禄氏
八部</td><td colspan="2">文光
构飞氏
白亨</td><td>文华
处久氏
糯东</td><td colspan="2">文龙 陆氏
陇居</td><td>文星
华氏
德归</td></tr>
<tr><td>第五代正字辈
正和
隆慕氏
八部</td><td>正琳
何氏继
杨氏
八部</td><td>正裕
白舍氏

织金</td><td>正兰
构飞氏

白亨</td><td>正中
以那氏

糯东</td><td>正荣
陆氏

德归</td><td>正达

陇居</td></tr>
<tr><td>第六代绍字辈
绍基
八部</td><td>绍绪
陇氏
八部</td><td>绍猷
安甲氏
翁革</td><td>绍勳
安氏
陆氏
白亨</td><td>绍封

白亨
黑龙潭</td><td>绍白
[5]

糯东</td><td>绍纪
德归今
迁细
木底</td></tr>
</table>

续表

<table>
<tr><td>第七代[6]
秉直 格仲氏
八部</td><td>永吉
白亨</td><td>东海 禄氏
糯东 翁革</td></tr>
<tr><td>第八代良字辈
良清 杨氏
八部</td><td>良治 禄氏
白亨</td><td>良澍 法可氏
糯东</td><td>良泽 陆氏
翁革</td></tr>
</table>

注：横为辈行，纵为世系。原文一至四代为一表，五至八代为一表。为行文方便合为一表。

[1] 邦字辈尚有安邦、安定，《族谱》失载。

[2] 那威，亦作阿傀，地名，今贵州织金官寨乡。

[3] 卧这，地名，今贵州纳雍乐治镇杨家湾、史家街一带。

[4]《雄书氏近代祖考妣暨近代子孙》百七世思字辈有思典、思雄、思恒、思兴、思孔、思乾六人，表缺思恒、思孔。

[5] 绍白，即《雄书氏近代祖考妣暨近代子孙》之正中子绍伯。

[6]《雄书氏齿序》秉直有兄秉彝，表缺。

四、雄书氏祖茔

雄书八部[1]古德恩村

平寨[2]祖茔

太高祖考廷侯公墓，未山丑向。

太高祖妣华氏夫人墓，未山丑向。

诰赠骁骑尉思典公墓，未山丑向。

诰赠骑都尉正琳公墓，未山丑向。

诰赠宜人何太宜人墓，未山丑向，正琳公配。庚寅年迁葬化冲窝[3]，午山子向。

正和公墓，未山丑向。

法舍龙慕太君墓，未山丑向，正和公配。

绍基公墓，未山丑向。

诰授昭武都尉绍绪公墓，未山丑向，民国（编者注：空）年迁葬于洛东河与妣陇太宜人合墓。（编者注："民国"至"合墓"，字体和前后很不一致，疑为后来补写。）

诰授昭信校尉绍猷公墓，未山丑向。

化冲窝旧院

八世祖墓，午山子向，一塚。

坝子堡堡上

诰赠宜人安太宜人墓，辰山戌向。

姑祖妣墓，辰山戌向。

坝子上

诰授骑都尉文德公墓，辰山戌向。

诰赠宜人禄太宜人墓，辰山戌向，文德公配。

洛东河青枫林寨[4]

例赠安人杨太安人墓，正琳公继配，丑山未向。前葬翁革黑石头，光绪己丑年迁葬于此。

洛河东

旌表节孝陇太宜人墓，未山丑向，绍绪公配。

燕子岩

八世族祖考妣墓，双墓一塚，酉山卯向。

以铁拱旧院

七世族祖墓，一塚，巳山亥向。

洛东砌

六世族祖墓，一塚，辛山乙向。

洛东砌下寨

绍白公墓，戊山辰向。

雄书德归祖茔

果木朗郭家寨

中寨山顶古名德归

廷元公墓，丙山壬向兼午子，公墓拜台脚下有。

祖墓，一塚，丙山壬向。

细木底[5]大黑山

例赠孺人安太孺人墓，丑山未向，文星公配。

姑祖母墓，丑山未向，在孺人墓右侧。

正荣公墓，丑山未向。

陆太君墓，丑山未向，正荣公配。

绍纪公墓，丑山未向。

陇居陇卧坝

文龙公墓，艮山坤向。

陆太君墓，艮山坤向，文龙公配。

雄书糯东祖茔一名化过

祭牛山

国才公墓。

化架

禄孺人墓，国才公配，癸山丁向。

思兴公墓，癸山丁向。

陇箐岩脚

例赠昭信校尉文华公墓，亥山巳向。

例赠孺人安太孺人墓，壬山丙向，文华公配，即处久氏。

诰授毅武校尉正中公墓，壬山丙向。

例赠安人以那氏太安人墓，壬山丙向，正中公配。

糯东旧院即化过

姑祖母墓，子山午向。

二姑母墓，子山午向。

化过阳宅之右侧

六世族祖墓，一塚，辛山乙向。

之卑底大田边

姑曾祖母墓，巳山亥向。

翁革

例赠孺人安太孺人墓，丙山壬向，绍猷公配。

本后山之阳

姑祖母墓，卯山酉向。

诰授骑都尉正裕公墓，卯山酉向。

例赠宜人安太宜人墓，卯山酉向，正裕公配。

阿珠白奇

东海墓，坤山艮向。

雄书白黑祖茔

白亨老阳基后

太祖妣墓，廷佐公配，丑山未向。

思雄公墓，丑山未向。

白亨后山之阳

祖茔五塚，艮山戌向。

伯妣安氏墓，绍勳公配，卯山酉向。

阿浪底

诰授毅武校尉文光公墓，子山午向。

洛圈岩[6]侧

例赠宜人构飞氏太宜人墓，文光公配，卯山酉向。

例赠孺人安太孺人墓，正兰公配，卯山酉向。

绍封公墓，卯山酉向，生癸（酉）[一]未年。

麻窝寨

待赠文林郎正兰公墓，酉山卯向。

诰授昭信校尉绍勳公墓，酉山卯向。

例赠安人陇太安人墓，勳公继配，酉山卯向。

永吉公墓，酉山卯向。生于丙辰年八月初八日。

化冲窝

诰赠宜人何太宜人墓，正琳公配。前葬平寨祖茔，庚寅年（起）［启］迁攒基于辛卯年五月初三寅时葬化冲窝，内向午子外向丙壬。

正达公墓，艮山坤向。

敬遵

祖制应祀

山川附

东郊　黄泥坡

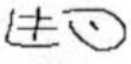谷神箐山一座，一名左把堵。平寨。

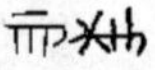南山古箐一座，一名科弄补。治都。

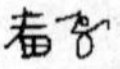社基箐山一座，曰月札补，一名铺扯补。远祖迁于此内，为万世不迁之基。以上三山各有应祭寨户，祀用少牢。

［1］八部，地名，曾名把步，彝语译音，意为祖先居住的地方。今贵州织金县八步镇。

［2］平寨，地名，今贵州织金县城关镇。

［3］化冲窝，地名，今贵州织金县。

［4］青㭎林寨，地名，今织金县五里乡双塘村青杠林寨。

[5] 细木底，地名，今贵州织金县金龙乡细木村。
[6] 洛圈岩，又名罗圈岩，今贵州大方县境内。

校记

【一】原文为“癸酉$_{三}$未年”，“酉”字衍。

五、安秉直跋语

右自孟�至火济，五十六世阿佩，七十六世普贵，八十三世阿画，九十一［世］【一】霭翠奢香，九十三世安的奢助，九十四［世］【二】安观，百世安贵荣，百一至我太始祖万铨公，百二世国桢，传邦彦。百五世及我太高祖廷侯公，凡百有六世矣。但世远年湮，其间不无遗佚，考（书）【三】夷书于祖先之名，皆以父名后一二字冠子名上，今仍之。然自胜祖于康熙二十五年袭宣慰职，三十六年卒，无嗣，三十八年改土，大宗停袭。爰稽我太始祖万铨公传智、信两宗，信生国孝，孝生邦俊，俊生安世，入继大宗；智生国桢，桢生我始祖邦彦公，袭土同知职，肇兴那威而分八部、伯亨、糯东、陇居、得归等业。至我太高祖廷侯公承管八部，国才承管糯东，廷佐承管伯亨，廷元承管得归，传高祖之世凡六人。思孔承管那威，配禄氏，无嗣，遗姑母二，禄氏以姑赘杨赘，今本宗那威为杨氏所居。思雄、思兴、思恒皆无出，文光、文华分承宗嗣，曾祖昆仲五人，各得其所，我祖一世共七人，正和、正裕、正达虽云不嗣，而承继皆得其人。我祖正琳公，生我父弟兄三人。我伯父绍基早卒。我父生我弟兄姊妹凡六人，兄妹等先后继逝，仅余一线，年甫七龄，而父又殁，赖母抚鞠而成。叔父绍猷分管翁革、织金，生子东海而殇。堂伯叔昆仲四人，伯绍勳业伯亨，叔绍纪业得归，今迁细木底。绍伯糯东，绍封黑龙潭，各居本业，时当乱离之后，相继无出，产业荒废，（需）【四】一切坟墓需人纪理。惟余独支，岁时拜扫，事之如生，礼有之：自仁率亲等而上之至于祖，名曰轻；自义率祖顺而下之至于祢，名曰重。则知伯叔祖考不得轻，意泛视及吾之身。当吾之世，审轻重，笃仁义，尽孝弟，庶几哉，勉力为之而当尽者克尽，及时为之而得为者且为，是祖宗所望于子孙者也。谨跋。

光绪十六年岁次庚寅秉直重修谨跋

黔邑世谊佩之弟谢玉恩填讳并书

校记

【一】原文脱“世”字，据文例补。

【二】原文脱“世”字，据文例补。

【三】原文为“考书$_{三}$夷”，“书”字衍。

【四】原文为“需$_{三}$一切”，“需”字衍。

附论辨通雍氏

土司家有引《晋书》爨深、令尹子文之后食采于爨之说，自以为穀於菟后者；有引《路史》西南夷乃庄跻后之说，自以为楚庄王后者；有因贵州志误，谓黔地为鬼方而自谬以为鬼方氏后者；有以阳明文钞灵博山有舜帝弟象祠而附会其说，自以为象后者；有引昌意逊居若水（原注：今越巂卫）封其支庶于蜀之说，自以为（皇）[一]黄帝后者；有引顾相降处于巴，巴子五，季流黔而君之之说，以为伏羲后者，其说不一。夫帝王崛起，岂必奕叶冕旒豪杰挺生，不尽世代簪缨。人惟自立耳，无庸遡遥遥华胄也。昔南唐主李昪[二]，人讥其祖可选择，名可意撰，慕高古可鉴焉。（原注：《易》："高宗伐鬼方。"古注宋衷[三]云："鬼方，西落鬼戎，于汉则先零也。"于宝[四]云："鬼方国本陆终氏后。"《汉书·西羌传》："武丁征西羌鬼方，三年乃克。"近人邹汉勋有《鬼方辨》，谓即今之青海二十九旗地也。《蜀志》先世肇自人皇，因提之，纪蚕丛、柏濩、鱼凫三君，各数百岁，号蜀山氏。蚕丛居瞿上，鱼凫居导江，逮蒲泽俾明时，人氓椎结左衽。又云鱼凫之后，当七国时有王曰杜宇始称帝，号为望帝。以荆人鳖令为相，一作鳖灵。时巫山壅江，蜀地洪水，望帝使鳖令治江，蜀得陆处，因禅位于令，号曰开（曰）[五]明，其后曰卢曰保，雄长獠僰，凡传世十二，为秦所灭。《史记》称黄帝二十五子，其妃嫘祖生子二，次昌意，降居若水，娶蜀山氏女曰昌仆，生子高阳，是为帝喾。《蜀志》谓帝喾封其支庶于蜀，世为侯伯，历夏、商、周。皆诸家所本也。）土司家辄云其先某人系中华某郡籍贯，因征南有功留镇南中，世袭其职云云，皆虚语也。按《史记·西南夷列传》所云某君长以什数，某国最大。又某某君长以什数，某国最大。合而计之，君长不下百十，今土司即其后也。若是，华人何能世居夷地，且以功而锡之爵土，何至与中朝隔绝，变而为夷耶？盖浅陋之徒见有尊（荣）[六]华攘夷之论，谬附托于汉儿耳，不知舜生东夷，禹出西羌，安见华之贵而夷之陋耶？忘本辱祖，莫彼为甚。贵州志于安氏有云在黔曰苗，皆因下游苗人误并吾侪谓为苗耳。按《禹贡》三苗丕叙在于雍州，西南夷乃梁州荒服。《隋书》谓党项羌为三苗，今甘肃、番（州）[七]回是也。其说合于《禹贡》。周景式云：柴桑、彭蠡之间三苗所都。《国策》谓三苗，左洞庭右彭蠡。说者谓（三）[八]下游苗即其遗民，然传不若经之可信也。（原注：昭按三苗先在荆、扬之域，洞庭在《禹贡》荆州，彭蠡在扬州。后放于三危，在雍州之域，故谓三苗丕叙也。《后汉书》谓："西羌之本，出自三苗，姜姓之别也。其国近南岳，及舜流四凶，徙之三危。"殷为鬼方，周为昆夷，秦为义渠。）又《山海经·海外南经》所言三苗国，其人相随，在南海外。《海内经》言苗民其人有翼，在西北海中。《神异经》亦言苗人有翼，在西荒中。从无有谓其在梁州之域，为西南夷也。梁州为和夷底绩。郑注曰："和上，夷所居之地。和读曰桓。"《汉书·地理志》云："《禹贡》桓水出蜀郡蜀山，西南行羌中，入南海。"（原注：今梁州水入南海，惟云南之澜沧江耳。）《晋地记》梁州南至桓水，西抵黑水，东限扞关。自桓水以南为夷书所谓"和夷底绩"也。（原注：按黑水（为）[九]夷语为那彝，见《方舆纪要》及《四川通志》，与今夷语同，即大金）（编者注：原文本行以下文字残缺。）然则自滇云以迄巴巫，皆和夷之属也。《周书》从武伐纣之，（编者注：原文本行以下文字残缺。）濮。《括地志》云戎府以南皆卢地也。（原注：戎府即叙州府）与（编者注：原文本行以下文字残缺。）近西周，故伐纣（编者注：原文本行以下文字残缺。)《春秋左氏传》:“罗与卢、戎两军之。”杜注:“卢戎(编者注:原文本行以下文字残缺。)　(拒?)楚。”杜注:“建宁郡南有濮夷(原注:晋建)。”(编者注:原文本行以下文字残缺。)

校记

【一】原文为“以为皇$_{三}$黄帝”,“皇”字衍。
【二】“李昇”当为李昪之误,形近而讹。
【三】“宋哀”当为宋衷之误,形近而讹。
【四】“于宝”当为干宝之误。
【五】原文为“开曰$_{三}$明”,“曰”字衍。
【六】原文为“尊荣$_{三}$华攘夷”,“荣”字衍。
【七】原文为“番州$_{三}$回”,“州”字衍。
【八】原文为“谓三$_{三}$下游”,“三”字衍。
【九】原文为“黑水为$_{三}$夷语”,“为”字衍。

参考文献

一、正史、政书类

［1］（汉）司马迁：《史记》，北京，中华书局标点本。

［2］（汉）班固：《汉书》，北京，中华书局标点本。

［3］（元）苏天爵：《国朝文类》，四部丛刊本。

［4］（元）马端临：《文献通考》，杭州，浙江古籍出版社，1988 年 11 月。

［5］（元）脱脱：《宋史》，北京，中华书局标点本。

［6］（明）宋濂：《元史》，北京。中华书局标点本。

［7］（明）《明实录》，台湾："中央"研究院历史语言研究所校印本。

［8］（明）万历《明会典》，北京，中华书局缩印本，1989 年 10 月。

［9］（明）俞汝辑：《礼部志稿》，四库本。

［10］（清）张廷玉：《明史》，北京，中华书局标点本。

［11］（清）谷应泰：《明史纪事本末》，商务印书馆，民国二十八年。

［12］（清）龙文彬：《明会要》，北京，中华书局，1998 年 11 月。

［13］（清）魏治臻辑：《〈清实录〉彝族史料辑要》，昆明，

云南民族出版社，1986 年。

[14]（清）魏治臻辑：《彝族史料集》，成都，四川民族出版社，1989 年。

[15]（清）《清实录》，北京，中华书局影印本，1986 年。

[16]（民国）《清史稿》，北京，中华书局标点本。

[17] 云南少数民族社会历史研究所：《明实录·云南史料摘抄》，昆明，云南教育出版社，1983 年。

[18] 贵州民族研究所：《明实录·贵州资料辑录》，贵阳，贵州人民出版社，1983 年。

二、方志类

[19]（元）李京：《云南志略》，收入《说郛三种·说郛一百卷》。

[20]（明）《明一统志》，四库本。

[21]（明）弘治《贵州图经新志》，四库存目丛书本。

[22]（明）嘉靖《贵州通志》，上海，上海书店影印本。

[23]（明）万历《贵州通志》，北京，书目文献出版社，1991 年 11 月影印本。

[24]（明）万历《四川总志》，北京，书目文献出版社影印本。

[25]（明）郭子章：《黔记》，北京，书目文献出版社影印本。

[26]（清）道光《大定府志》，北京，中华书局，2006 年 6 月。

[27]（清）光绪《水城厅采访册》，贵州省图书馆 1965 年 6 月复制油印本。

[28]（清）光绪《黔西州续志》，光绪十年刻本。

［29］（清）光绪《水城厅采访册》，贵州省图书馆 1965 年 6 月复制油印本。

［30］（清）潘文芮《乾隆贵州志稿》，贵州省图书馆 1965 年 1 月复制油印本。

［31］（清）乾隆《平远州志》，乾隆六年刻本。

［32］（清）道光《平远州志》，光绪十六年重刻本。

［33］（清）乾隆《黔西州志》，故宫珍本丛刊本，海口，海南出版社，2001 年 6 月。

［34］（清）乾隆《毕节州志》，贵州省图书馆 1965 年 10 月复制油印本。

［35］（清）顾炎武：《肇域志》，续四库全书本。

［36］（民国）《大定县志》，大方县志办 1985 年铅印本。

［37］（民国）《贵州通志》，贵阳文通书局，民国三十七年铅印本。

［38］（民国）《水城县志草稿》，贵州省图书馆 1965 年复制油印本。

［39］（民国）《威宁县志》，毕节地区档案局等 1964 年 6 月复制油印本。

［40］《毕节县志》，北京，方志出版社，1996 年 7 月。

［41］《大方县志》，北京，方志出版社，1996 年 9 月。

［42］龙正清等：《赫章县民族志》（审稿本），1998 年 3 月。

三、文集、笔记

［43］（宋）周去非：《岭外代答》，丛书集成初编本。

［44］（明）曹学佺：《蜀中广记》，文渊阁四库全书本。

［45］（明）王守仁：《王阳明全集》，上海，上海古籍出版

社，1992年。

［46］（明）王世贞：《弇山堂别集》，四库本。

［47］（明）王士性：《黔志》，丛书集成初编本。

［48］（明）田汝成：《炎徼纪闻》，四库本。

［49］（明）包汝楫：《南中纪闻》，丛书集成初编本。

［50］（明）高拱：《靖夷纪事》，四库全书存目丛书大陆版。

［51］（明）火原洁：《华夷译语》，北京，书目文献出版社影印本。

［52］（明）李化龙；《平播全书》，四库存目丛书大陆版。

［53］（明）沈德符：《万历获野编》，北京，中华书局，1959年2月。

［54］（明）佚名：《土官底簿》，四库本。

［55］（明）瞿九思：《万历武功录》，续修四库全书本。

［56］（明）江东之：《瑞阳阿集》，四库存目丛书大陆版。

［57］（明）张紞：《云南机务钞黄》，中国西南文献丛书，兰州，兰州大学出版社，2003年。

［58］（明）张萱：《西园闻见录》，1940年哈佛燕京学社印。

［59］（明）朱燮元：《朱少师奏疏钞》，四库存目丛书大陆版。

［60］（明）朱燮元：《少师朱襄毅公督蜀疏草》，四库存目丛书大陆版。

［61］（明）杨慎：《升庵集》，四库本。

［62］（明）赵汝濂：《平黔三记》，四库存目丛书本。

［63］（明）谢肇制：《滇略》，文渊阁四库全书本。

［64］（明）杨寅秋《临皋文集》，四库本。

［65］（清）顾炎武：《天下郡国利病书》，光绪乙卯蜀南桐华书屋校刊本。

［66］（清）爱必达：《黔南识略》，续四库全书本。

［67］（清）毛奇龄：《蛮司合志》，续四库本。

[68]（清）陈鼎：《黔游记》，黔南丛书本。

[69]（清）陈子龙：《明经世文编》，北京，中华书局影印本，1962 年。

[70]（清）何绍基：《使黔草》，清光绪刻本。

[71]（清）李珍：《明季水西纪略》，北京，书目文献出版社影印本。

[72]（清）李宗昉：《黔记》，清光绪十二年刻本。

[73]（清）陆次云：《峒溪纤志》，小方壶斋舆地丛钞本。

[74]（清）罗绕典：《黔南职方纪略》，台北：文海出版社影印本。

[75]（清）罗文彬、王禀恩：《平黔纪略》，黔南丛书本。

[76]（清）莫友芝：《黔诗纪略》，同治十二年遵义唐氏刻本。

[77]（清）彭而述：《读史亭文集》，四库存目丛书本。

[78]（清）裴宗锡：《滇黔奏稿录要》，清抄本。

[79]（清）倪蜕：《滇云历年传》，李埏校点，昆明，云南大学出版社，1992 年。

[80]（清）檀萃：《黔囊》，黔南丛书本。

[81]（清）田雯：《黔书》，丛书集成初编本。

[82]（清）魏源：《圣武记》，北京，中华书局，1984 年 2 月。

[83]（清）吴振棫：《黔语》，咸丰四年刻本。

[84]（清）徐家幹：《苗疆闻见录》，黔南丛书本。

[85]（清）张澍：《续黔书》，续四库本。

[86]（清）赵翼：《簷曝杂记》，北京，中华书局点校本，1982 年 5 月。

[87]（清）周鸣銮：《使黔集》，民国线装铅印本。

四、彝族典籍

[88]《阿买恳》，贵阳，贵州民族出版社，2002 年 3 月。

[89]《阿诺楚》，贵阳，贵州民族出版社，2002 年 12 月。

[90]《尼租谱系》，昆明，云南民族出版社，1989 年 8 月。

[91]《赊都榷濮》，昆明，云南民族出版社，1987 年 11 月。

[92]《水西地理城池考》，油印本，贵州省毕节专署民委会老彝文翻译组，1966 年 3 月。

[93]《苏巨黎咪》，贵阳，贵州民族出版社，1998 年 10 月。

[94]《物始纪略》（第二集），成都，四川民族出版社，1991 年 1 月。

[95]《物始纪略》（第三集），成都，四川民族出版社，1993 年 10 月。

[96]《物始纪略》（第一集），成都，四川民族出版社，1990 年 1 月。

[97]《西南彝志》（11—12 卷），贵阳，贵州民族出版社，2000 年 3 月。

[98]《西南彝志》（3—4 卷），贵阳，贵州民族出版社，1991 年 7 月。

[99]《西南彝志》（5—6 卷），贵阳，贵州民族出版社，1992 年 11 月。

[100]《西南彝志》（7—8 卷），贵阳，贵州民族出版社，1994 年 6 月。

[101]《西南彝志》（9—10 卷），贵阳，贵州民族出版社，1998 年 6 月。

[102]《西南彝志选》，贵阳，贵州人民出版社，1982 年 3 月。

[103]《夷僰榷濮》，昆明，云南民族出版社，1986 年 3 月。

[104]《彝文金石图录》（第 1 辑），成都，四川民族出版社，1989 年 11 月。

[105]《彝文金石图录》（第 1 辑），成都，四川民族出版社，1989 年 11 月。

[106]《彝文金石图录》（第 2 辑），成都，四川民族出版社，1994 年 10 月。

[107]《彝文金石图录》（第 2 辑），成都，四川民族出版社，1994 年 10 月。

[108]《彝族创世志》（谱牒志），成都，四川民族出版社，1991 年 4 月。

[109]《彝族创世志》（艺文志），成都，四川民族出版社，1991 年 4 月。

[110] 《彝族谱牒源流考》，香港，天马图书有限公司，2002 年 11 月。

[111]《彝族源流》（13—16 卷），贵阳，贵州民族出版社，1993 年 10 月。

[112]《彝族源流》（1—4 卷），贵阳，贵州民族出版社，1989 年 1 月。

[113]《彝族源流》（17—20 卷），贵阳，贵州民族出版社，1994 年 12 月。

[114]《彝族源流》（21—23 卷），贵阳，贵州民族出版社，1997 年 3 月。

[115]《彝族源流》（24—27 卷），贵阳，贵州民族出版社，1998 年 9 月。

[116] 《彝族源流》（5—8 卷），贵阳，贵州民族出版社，1991 年 7 月。

[117]《彝族源流》（9—12 卷），贵阳，贵州民族出版社，

1992 年 10 月。

[118] 《彝族指路丛书》（贵州卷），成都，四川民族出版社，1997 年 3 月。

[119] 《云南彝族氏族谱牒译注》，昆明，云南民族出版社，1999 年 11 月。

[119] 《增订爨文丛刻》（上），成都，四川民族出版社，1986 年 3 月。

[120] 《中国彝族谱牒选编 · 云南卷》，昆明，云南民族出版社，2009 年 11 月。

五、研究论著

[121] 巴莫阿依等编：《国外学者彝学研究文集》，昆明，云南教育出版社，2000 年 8 月。

[122] 陈宗祥：《倮倮的宗教》，《边政公论》7 卷 2 期 1948 年 6 月。

[123] 东人达等：《中国彝族史学研究》，重庆，西南师范大学出版社，1995 年 10 月。

[124] 杜玉亭：《土官土司两类说考疑》，《中国民族史研究》，北京，中国社会科学出版社，1987 年 2 月。

[125] 范同寿：《清代各族土司制度的瓦解与清代前期的改土归流》，《贵州社会科学》，1983 年第 2 期。

[126] 方国瑜：《彝族史稿》，成都，四川民族出版社，1984 年 3 月。

[127] 龚荫：《中国土司制度》，昆明，云南民族出版社，1992 年 6 月。

[128] 关汉华：《论明清两代的改土归流》，《华南师范大学学报》，1990 年第 3 期。

［129］贵州通史编委会：《贵州通史》，北京，当代中国出版社，2003 年 1 月。

［130］贵州彝学会：《贵州彝学》，北京，民族出版社，2000 年 8 月。

［131］胡庆钧：《明清彝族社会史论丛》，上海，上海人民出版社，1981 年 4 月。

［132］黄彰健：《明史贵州土司传记霭翠奢香事失实辨》，《大陆杂志》第 68 卷 2 期。

［133］嘉弘：《试论明清封建皇朝的土司制及改土归流》，《四川大学学报》，1956 年第 2 期。

［134］江应樑：《西南边疆民族论丛》，广州，珠海大学出版社，1948 年 8 月。

［135］蓝勇：《历史时期西南经济开发与生态环境》，昆明，云南教育出版社，1992 年 10 月。

［136］林耀华：《凉山彝家的巨变》，北京，商务印书馆，1995 年 5 月。

［137］马长寿：《彝族古代史》，上海，上海人民出版社，1987 年 2 月。

［138］马学良：《马学良学述》，杭州，浙江人民出版社，2000 年 1 月。

［139］马学良等：《彝族文化史》，上海，上海人民出版社，1989 年 12 月。

［140］潘先林、潘先银：《“改土归流”以来滇川黔交结地区彝族社会的发展变化》，《云南民族学院学报》，1997 年第 4 期。

［141］乔云生：《试论安坤事件的性质》，《贵州民族研究》，1982 年第 4 期。

［142］佘贻泽：《中国土司制度》，重庆，正中书局，1944

年11月。

［143］史继忠：《亦奚不薛考》，载贵州民族学院民族研究所：《贵州彝族研究论文选编》。

［144］王晓卫：《改土归流前西南土司的仇杀之风》，《贵州文史丛刊》，1996年第1期。

［145］温春来：《改土归流与地方社会权力结构的演变——以贵州西北部地区为例》，《中央研究院历史语言研究所季集刊》，第76本第2分，2005年6月。

［146］吴永章：《中国土司制度渊源与发展史》，成都，四川民族出版社，1988年5月。

［147］杨成志：《云南罗罗卒的巫师及其经典》，国立中山大学文史研究所，1931年7月。

［148］易谋远：《彝族史要》，北京，社会科学文献出版社，2000年5月。

［149］张仲仁：《彝学论集》，昆明，云南民族出版社，2007年9月。

［150］中央民族学院彝文文献编译室：《彝文文献研究》，北京，中央民族学院出版社，1993年3月。

［151］朱崇先：《彝族典籍文化》，北京，中央民族大学出版社，1994年8月。

明史　列传第二百四　贵州土司

贵州，古罗施鬼国。汉西南夷牂牁、武陵诸傍郡地。元置八番、顺元诸军民宣慰使司，以羁縻之。明太祖既克陈友谅，兵威远振，思南宣慰、思州宣抚率先归附，即令以故官世守之，时至正二十五年也。及洪武五年，贵州宣慰霭翠与宋蒙古歹及普定府女总管适尔等先后来归，皆予以原官世袭。帝方北伐中原，未遑经理南荒。又田仁智等岁修职贡，最恭顺，乃以卫指挥佥事顾成筑城以守，赋税听自输纳，未置郡县。

永乐十一年，思南、思州相仇杀，始命成以兵五万执之，送京师。乃分其地为八府四州，设贵州布政使司，而以长官司七十五分隶焉，属户部。置贵州都指挥使，领十八卫，而以长官司七隶焉，属兵部。府以下参用土官。其土官之朝贡符信属礼部，承袭属吏部，领土兵者属兵部。其后府并为六，州并为四，长官司或分或合，厘革不一。其地西接滇、蜀，东连荆、粤。太祖于《平滇诏书》言，“霭翠辈不尽服之，虽有云南不能守也”，则志已在黔，至成祖遂成之。然贵州地皆崇山深菁，鸟道蚕丛，诸蛮种类，嗜淫好杀，畔服不常。霭翠归附之初，请讨其陇居部落。帝曰：“中国之兵，岂外夷报怨之具。”及仁智入朝，帝谕之曰：“天下守土之臣，皆朝廷命吏，人民皆朝廷赤子，汝归善抚之，使各安其生，则汝可长享富贵。夫礼莫大于敬上，德莫盛于爱下，能敬能爱，人臣之道也。”二十一年，部臣以贵州逋赋请，帝曰：“蛮方僻远，来纳租赋，是能遵声教矣。逋负之故，必由水旱之灾，宜行蠲免。自今定其数以为常，从宽减焉。”二十九年，清水江之乱既平，守臣以贼首匿宣慰家，宜并罪。帝曰：“蛮人鸱张鼠伏，自其常态，勿复问。”明初御蛮之道，其后世之龟鉴也夫。

贵阳府，旧为程番长官司。洪武初，置贵州宣慰司，隶四川。永乐十一年改隶贵州。成化十二年置程番府。隆庆三年移程番府为贵阳府，与宣慰司同城，府辖城北，司辖城南。万历时，改为贵阳军民府。领安抚司一，曰金筑；领长官司十八，曰贵竹，曰麻向，曰本瓜，曰大华，曰程番，曰韦番，曰方番，曰洪番，曰卧龙番，曰金石番，曰小龙番，曰罗番，曰大龙番，曰小程番，曰上马桥，曰卢番，曰卢山，曰平伐。其贵州宣慰司所领长官司九，曰水东，曰中曹，曰青山，曰札佐，曰龙里，曰白纳，曰底寨，曰乖西，曰养龙坑。

自蜀汉时，济火从诸葛亮南征有功，封罗甸国王。后五十六代为宋普贵，传至元阿画，世有土于水西宣慰司。霭翠，其裔也，后为安氏。洪武初，同宣慰宋蒙古歹来归，赐名钦，俱令领原职世袭。及设布政使司，而宣慰司如故。安氏领水西，宋氏领水东。八番降者，皆令世其职。六年诏霭翠位各宣慰之上。霭翠每年贡方物与马，帝赐锦绮钞币有加。十四年，宋钦死，妻刘淑贞随其子诚入朝，赐米三十石、钞三百锭、衣三袭。时霭翠亦死，妻奢香代袭。都督马晔欲尽灭诸罗，代以流官，故以事挞香，激为兵端。诸罗果怒，欲反。刘淑贞闻止之，为走酝京师。帝既召问，命淑贞归，招香，赐以绮钞。十七年，奢香率所属来朝，并诉晔激变状，且愿效力开西鄙，世世保境。帝悦，赐香锦绮、珠翠、如竟冠、金环、袭衣，而召晔还，罪之。香遂开偏桥、水东，以达乌蒙、乌撒及容山、草塘诸境，立龙场九驿。二十年，香进马二十三匹，每岁定输赋三万石。子安的袭，贡马谢恩。帝曰：“安的居水西，最为诚恪。”命礼部厚赏其使。二十五年，的来朝，赐三品服并袭衣金带、白金三百两、钞五十锭。香复遣其子妇奢助及其部长来贡马六十六匹，诏赐香银四百两，锦绮钞币有差。自是每岁贡献不绝，报施之隆，亦非他土司所敢望也。二十九年，香死，朝廷遣使祭之，的贡马谢恩。

正统七年，水西宣慰陇富自陈：“祖父以来，累朝皆赐金带。臣蒙恩受职，乞如例。”从之。是时，宋诚之子斌年老，以子昂代，昂死，然代。十四年赐敕陇富母子，嘉其调兵保境之功。陇富颇骄。天顺三年，东苗之乱，富不时出兵，闻朝廷有意督之，乃进马谢罪，赐敕警之。富死，侄观袭。观老，子贵荣袭。巡抚陈仪以西堡狮子孔之平，由观与子贵荣统部众二万攻白石崖，四旬而克，家自馈饷，口不言功，特给观正三品昭勇将军诰。初，安氏世居水西，管苗民四十八族，宋氏世居贵州城侧，管水东、贵竹等十长官司，皆设治所于城内，衔列左右。而安氏掌印，非有公事不得擅还水西。至是总兵官为之请，许其以时巡历所部，趣办贡赋，听暂还水西，以印授宣慰宋然代理。贵荣老，请以子佐袭，命赐贵荣父子锦纻。

先是，宋然贪淫，所管陈湖等十二马头科害苗民，致激变。而贵荣欲并然地，诱其众作乱。于是阿朵等聚众二万余，署立名号，攻陷寨堡，袭据然所居大羊肠，然仅以身免。贵荣遽以状上，冀令己按治之。会阿朵党泄其情，官军进讨。贵荣惧，乃自率所部为助。及贼平，贵荣已死，坐追夺，然坐斩。然奏世受爵土，负国厚恩。但变起于荣，而身陷重辟，乞分释。因从末减，依土俗纳粟赎罪。都御史请以贵筑、平伐七长官司地设立府县，皆以流官抚理。巡抚覆奏以蛮民不愿，遂寝。宋氏亦遂衰，子孙守世官，衣租食税，听征调而已。

时安万钟应袭，骄纵不法。汉民张纯、土目乌挂等导之游猎，酒酣，辄射人为戏。又尝挞其左右，为所杀。无子，其从弟万镒宜袭，镒以贼未获辞。乌挂等遂以疏族幼子普者冒万钟弟曰万钧告袭，承勘官入其贿，遂暂委钟妻奢播摄事。万镒悔不立，而恨乌挂之主其谋也，遂以兵袭乌挂，乌挂亦发兵相仇杀，皆以万钟之死为辞。巡按御史上其状，以万镒宜袭，但与乌挂相诬讦，宜各宥输赎。而枭杀钟者，并戍纯等，受其贿者亦罚治，诏如之。未几，镒死，子阿写幼，命以万铨借袭。万铨有助平阿向功，提督尚书伍文定为之请。万铨亦自陈其功，乞加参政衔，赐蟒衣，帝命赐以应得之服。后阿写长，袭职，改名仁。未几死，子国亨袭。淫虐，乃以事杀万铨之子信。信兄智与其母别居于安顺州，闻之，因告国亨反。巡抚王诤遽请发兵诛国亨，智遂为总兵安大朝画策，且约输兵粮数万。及师至陆广河，智粮不至。诤乃令人谕国亨，而止大朝毋进。兵已渡河，为国亨所败。国亨惧大诛，遣使哀辞乞降，朝廷未之许。巡抚阮文中至，檄捕诸反者，密使语国亨，亟出诸奸徒，割地以处安智母子，还所费兵粮，朝廷当待汝以不死。于是国亨悉听命，帝果赦不诛，而命国亨子民袭。国亨事起于隆庆四年，至成历五年乃已。国亨既革任，日遣人至京纳赂，为起复地。十三年，播州宣慰杨应龙以献大木得赐飞鱼服，国亨亦请以大木进，乞还给冠带诰封如播例。既而木竟不至，乃诿罪于木商。上怒，命夺所赉。国亨请补贡以明不欺，上仍如所请。

万历二十六年，国亨子疆臣袭职。会播州杨应龙反，疆臣亦以戕杀安定事为有司所案。科臣有言其逆节渐萌者，诏不问，许杀贼图功。疆臣奏称："播警方殷，臣心未白。"上复优诏报之。巡抚郭子章许疆臣以应龙平后还播所侵水西乌江地六百里以酬功，于是疆臣兵从沙溪入。有蜚语水西佐贼者，总督李化龙檄诘之，疆臣遂执贼二十余人，率所部夺落濛关，至大水田，焚桃溪庄。应龙伏诛。初，应龙之祖以内难走水西，客死。宣慰万铨挟之，索水烟、天旺地，听还葬，其地遂为水西所据。及播州平，分其地为遵义、平越二府，分隶蜀、黔，以渭河中心为界。总督王象乾代化龙，命疆臣归所侵播州地。子章奏言：“侵地始于万铨，而非疆臣。安氏迫取于杨相丧乱之时，非擅取于应龙荡平之日。且臣曾许其裂土，今反夺其故地，臣无面目以谢疆臣，愿罢去。”象乾疏言：“疆臣征番，歼应龙子惟栋不实，首功可知。至佯败弃阵，送药往来，欺君助逆，迹已昭然。令还侵地，不咎既往，已属国家宽大。若因其挟而予之，彼不为恩，我且示弱。疆臣既无功，不与之地，正所以全抚臣之信。宜留抚臣罢臣，以为重臣无能与蕞尔苗噂沓者之戒。”于是清疆之议，累年不决。兵部责令两省巡按御史勘报，而南北言官交章诋象乾贪功起衅。科臣吕邦耀复劾子章纳贿纵奸，子章求去益力。象乾执疆臣所遣入京行贿之人与金，以闻于朝。然议者多右疆臣，尚书萧大亨遂主巡按李时华疏，谓：“征播之役，水西不惟假道，且又助兵。矧失之土司，得之土司，播固输粮，水亦纳赋，不宜以土地之故伤字小之仁，地宜归疆臣。”于是疆臣增官进秩，其母得赐祭，水西尾大之患，亦于是乎不可制矣。

三十六年，疆臣死，弟尧臣袭。四十一年，乌撒土舍谋逐安效良，尧臣以追印为名，领兵数万长驱入滇，直薄沾益州，所过焚掠，备极惨毒。朝廷方以越境擅兵欲加尧臣罪，而尧臣死。子位幼，命其妻奢社辉摄事。社辉，永宁宣抚奢崇明女弟。崇明子寅犷悍，与社辉争地，相仇恨。而安邦彦者，位之叔父也，素怀异志，阴与崇明合。及崇明反，调兵水西，邦彦遂挟位叛以应之，位幼弱不能制。邦彦更招故宣慰土舍宋万化为助，率兵趋毕节，陷之，分兵破安顺、平坝、沾益。而万化亦率苗仲九股陷龙里，遂围贵阳，自称罗甸王，时天启二年二月也。巡抚李枟方受代，闻变，与巡按御史史永安悉力拒守。贼攻不能克，则沿岩制栅，断城中出入。镇将张彦芳将兵二万赴援，隔龙里不得进。贵州总兵杨愈懋、推官郭象仪与贼战于江门而死。外援既绝，攻益急，城中粮尽，人相食，而拒守不遗余力。中朝方急辽，不之省。已，以王三善为巡抚，仓卒调兵食，大会将士，分兵二道进。三日抵龙头营，屡败贼兵，遂夺龙里。邦彦闻新抚自将大兵数十万，惧甚，遂退屯龙洞。前锋杨明楷率乌罗兵击死安邦俊，遂乘胜抵贵阳城下，先以五骑传呼曰："新抚至矣。"举城欢呼更生。贵阳被围十余月，城中军民男妇四十万，至是饿死几尽，仅余二百人。详《李枟》及《三善传》中。

贵阳围既解，邦彦远遁陆广河外。三善遣使谕社辉母子缚邦彦以降。大军至者日益众，三善欲因粮于敌。又诸军视贼过易，杨明楷营于三十里外。邦彦复纠诸苗来攻，师败，明楷为所执。邦彦势复张，合众欲再围贵阳。三善遣兵三路御之，破生苗寨二百余，擒万化等，焚其积聚数万。龙里、定番四路并通，诸苗畔者相继降。邦彦气夺不敢出，于鸭池、陆广诸要地掘堑屯兵，为自守计。时奢崇明为蜀兵所败，计穷投水西，与邦彦合。

三年，三善督兵攻大方贼巢，擒土司何中尉等，进营红崖。连破天台、水脚等七囤，夺其天险。别将亦破贼于羊耳，追至鸭池河，夺其战象。遂深入至红鸟冈，诸苗奔溃。三善率兵直入大方，奢社辉、安位焚其巢，窜火灼堡，邦彦奔织金。位遂遣人赴镇远，乞降于总督杨述中。许之，令擒崇明父子自赎，一意主抚。而三善责并献邦彦，当并用剿，议不合。往返间已逾数月，邦彦得益兵为备。三善粮不继，焚大方，还贵州，道遇贼，三善为所害。邦彦率数万众来追，总理鲁钦力御之，大战数日，大军无粮，乘夜皆溃，钦自刭。贼烧劫诸堡，苗兵复助逆，贵阳三十里外樵苏不行，城中复大震。初，大方东倚播，北倚蔺，相为犄角。后播、蔺既平，贼惟恃乌撒为援，而毕节为四夷交通处。当三善由贵阳陆广深入大方百七十里，皆罗鬼巢窟，以失地利而陷。天启间，硃燮元为蜀督，建议滇兵出沾益，遏安效良应援，分兵于天生桥、寻甸等处，以绝其走；蜀兵临毕节，扼其交通之路，而别出龙场岩后，以夺其险；黔兵由普定渡思腊河，径趋邦彦巢，由陆广、鸭池捣其虚；粤西兵出泗城，分道策应；然后大军由遵义鼓行而前。寻以忧去，未及用。总督闵梦得继之，亦以贵州抵大方路险，贼惟恃毕节一路外通。我兵宜从永宁始，自永宁而普市，而摩泥，而赤水，百五十里皆坦途。赤水有城郭可凭而守，宜结营进逼。四十里为白岩，六十里为层台，又六十里为毕节。毕节至大方不及六十里，贼必并力来御，须重兵扼之，断其四走之路，然后遵义、贵阳克期而进，亦不果用。及是黔事棘，诏起燮元总督贵、云、川、广。于是燮元再莅黔，时崇祯元年也。

奢崇明自号大梁王，安邦彦自号四裔大长老，其部众悉号元帅。悉力趋永宁，先犯赤水。燮元授意守将佯北，诱深入，度贼已抵永宁，分遣别将林兆鼎从三岔入，王国祯从陆广入，刘养鲲从遵义入。邦彦分兵四应，力不支。罗乾象复以奇兵绕其背，急击之，贼大惊溃，崇明、邦彦皆授首。邦彦乱七年而诛。燮元乃移檄安位，赦其罪，许归附。位竖子不能决，其下谋合溃兵来拒。燮元扼其要害，四面迭攻，斩首万余级。复得向导，辄发窖粟就食，贼益饥。复遣人至大方烧其室庐，位大恐，遂率四十八目出降。燮元奏请许之，报可。而前助邦彦故宣慰宋万化之子嗣殷亦至是始剿灭。乃以宋氏洪边十二马头地置开州，建城设官。燮元复遣兵平摆金五洞诸叛苗，水西势益孤。十年，安位死，无嗣，族属争立。朝议欲乘其敝郡县之。燮元奏未可骤，乃传檄土目，谕以威德，诸苗争纳土献印。贵阳甫定，而明亦旋亡矣。

清史稿　列传三百二土司四

贵州

贵州古罗施鬼国，汉夜郎国，并牂牁、武陵郡地。唐亦置播州、思州。元置八番、顺元诸军民宣慰使司以羁縻之。明霭翠、奢香最为效忠。后则播州之杨、永宁之奢、水西之安，为西南钜患，杨氏灭，为遵义、平越二府；奢氏灭，为永宁县。清初，黔省安氏犹强。经孙可望之乱，未颁正朔，苗蛮蠢动，诸擅兵相攻者，蹂躏地方，无有宁日。

顺治十五年，经略洪承畴定贵州。十七年四月，马乃营土目龙吉兆等反。云、贵既平，各土司俱奉贡赋，遵约束。龙吉兆收养亡命，私造军器，奸民文元、胡世昌、况荣还等俱党附之，遥结李定国为声援，纠合鼠场营龙吉佐、楼下营龙吉祥歃血盟，掠广西泗城州之土寨，安南卫之阿计、屯水桥、麻衣冲、下三阿、白屯等处，所过劫戮。总督赵廷臣、巡抚卞三元招谕不服，乃合疏请讨。十一月十九日，廷臣破果母寨，杀贼数千，擒吉兆子、吉佐妻，歼逆党文元、胡世昌於阵，遂乘胜破呷寨。吉兆闭寨拒守，官兵围之。十八年二月，廷臣令官兵人持一炬，纵火焚其寨，破之。吉兆及逆党况荣还等皆伏诛，马乃平。

九月九日，刘鼎叛。康熙二年正月，丹平土官莫之廉以隐匿刘鼎伏诛。金筑土官王应兆与鼎通，总督杨茂勋讨平之，鼎败逃水西。七月，被获伏诛。

三年三年正月，逆贼常金印等谋反，伏诛。金印，上元人，自称常遇春之后，从粤走黔，与水西安坤、皮熊等同谋反。金印称“荡虏大将军湘平伯”，伪造印敕旗纛，聚党陈凤麟、高岑、吉士英、米应贵等，煽诱诸土司为乱，为同党陈大出首，俱就擒。

二月，水西宣慰司安坤叛。初，经略洪承畴至沅，师不能进，承畴招安坤，许以如元阿尽、明霭翠故事，坤大喜，缴印归诚，引大兵由小路进入贵阳。滇、黔底定，叙坤功，许世袭，兼赐袍帽靴服采币。朋总兵皮熊合谋，蠢蠢思动，踪迹颇露。总督杨葆勋曰：“水西地方沃野千里，地广兵强，在滇为咽喉，在蜀为门户，若于黔则腹心之蛊毒也。失今不讨，养痈必大。”乃请剿。命总管吴三桂督云、贵各镇兵分东西两路讨之。三月，三桂统十镇兵由毕节七星关入，令总兵刘之复驻兵大方，遏其冲逸，分提督李本深统贵州四镇兵由大方之六归河会剿，屯粮于三岔河。而檄黔省兵书误书“六归”为“陆广”，于是本深兵及黔、蜀二省所运之粮尽屯陆广，三路气息隔绝不相通。三桂受困两月，食将绝，外援不至。永顺总兵刘安邦战死，受围益迫。适水西土目安如鼎遣人侦黔营虚实，为本深所获，始知三桂被围已久，乃使为引导，整兵入援。副将白世彦手斩骁贼以徇於阵，贼遂败走。总兵李如碧亦率精兵入重围，运粮接济，兵合为一，败贼阿作峒，复败之得初峒，九月又败之红崖峒。坤率其妻禄氏逃于木弄箐，复逃至乌蒙，乌蒙不纳。坤遣汉把曾经赍印投降，不许，生擒坤於大方之杓箐，并擒皮熊、安重圣等。皮熊不食十五日而死，坤与重圣俱伏诛。

四年十二月，郎岱土司陇安藩反，命吴三桂发兵讨之。藩乃安坤亲党。坤灭后，招纳坤余孽陇胜等，及安重圣妻陇氏，杀安顺府经历袁绩，攻破关岭，直犯永宁。陇胜等亦攻犯大定、威宁，杀毕节经历秦文。五年六月，陇安藩伏诛，郎岱平。

……

水西宣慰司：康熙三年，吴三桂灭安坤，改设四府。二十一年十二月，谕大学士曰："吴三桂未叛时，征讨水西，曾灭土司安坤，其妻禄氏奔於乌蒙，后生子安世宗。朕观平越、黔西、威宁、大定四府原属苗蛮，以土司专辖，方为至便。大兵进取云南，禄氏曾前接济，著有勤劳，仍复设宣慰使，令世宗承袭。"四十年，总督王继文以土司安世宗为吏民之害，仍请停袭，地方归流官管辖。

安氏家传序

周洪谟

贵州宣慰使司，《禹贡》荆梁南境，东至龙里，西接乌撒，南连泗城，北抵播州，广及千里，轮半之，其先有慕济济者，与普里部仡佬氏争为君长，迭有盛衰。其后有曰济济火，善抚其众，时闻诸葛公南征，通道积粮以迎武侯，武侯大悦，遂命为先锋，赞武侯以平南夷，擒纵孟获。及归，仡佬氏拓其境，上武侯封为罗甸国王。自济火传至普贵，凡五十六代，其先间皆封以王爵。《大明一通志》称普贵，宋开宝间纳土归附，赐王爵以镇一方。普贵卒，其后嗣被邻封诖误，宋帝命将征讨，普氏子孙具状以闻，遂班师，不入其境，降敕谕之曰：予以义正邦，华夏蛮貊无不率服。惟尔贵州远在要服。先王之制，要服者来贡，荒服者来享，不贡故伐之。予往年为扶播南杨氏之弱，劳我王室，罪人斯得，想亦闻之有司，因请进兵尔土，惩问不贡。予曰：远人不贡，则修文德以来之，穷兵黩武，予所不忍。寻乃班师，得尔母子状，知欲向化，乃布兹文告之辞，（曰）：尔若挈土来庭，爵禄、土地、人民世守如故，予不食言，故兹制旨，想宜知悉。其后有曰卜薛，仍袭王爵。

至于胡元，有曰阿委氏，其妻奢湛夫人，阿委卒，把事普加专权作乱，不修职贡，元帝命将刘平章来讨，师既临境，奢湛密计斩普加首诣军前请罪。平章命阿委之子阿那仍仍守其土，用是元始去其王爵。至正十九年，以阿那授三珠虎符昭勇大将军。顺元路总管。疾卒，弟阿拂即阿画，至大元年袭，授武略将军，顺元等处军民宣抚使，袭带原降虎符。泰定间赐名帖木儿不花中奉大夫，护国侍卫亲军都指挥八番沿边宣慰使，至顺元年升授资善大夫，云南行省左丞，后以征伐有功，授昭勇大将军，重授三珠虎符，升顺元八番等处军民宣慰使加龙虎大将军，封顺元郡罗甸国侯。至元元年，赴大都回至彰德，薨，追封济国公。阿画事略见《明一通志》。其从子霭翠袭授中顺大夫，四川等处行中书省左丞兼顺元等处世袭土官宣慰使加镇国大将军三珠虎符，其妻奢香聪慧过人，辅助于内，其臣总管陇约小心谨慎协赞于外，适元季明王真据蜀伏遇太祖高皇帝龙飞九五，平定中原，贵州所属水西产有良马数十匹，令把事重译从镇远达沅湘，买路赴京进贡。荷蒙高皇大喜，厚赏以归。时闻天兵南下，西蜀以平，备马百匹賫本司印信拜授牌面，赴重庆府总兵官缴纳。时夏国主明昇以全蜀降，献龙马。命学士宋濂作赞，是马出于贵州养龙坑者也。宋濂作赞见《文集》。洪武四年，钦蒙设贵州宣慰司授土官宣慰使。五年授广威将军，诰命子孙世袭。六年升本司为贵州宣慰使司，本年授明威将军及赐水字号勘合文范。七年授怀远将军诰命，子孙世袭。十三年大将征讨云南，师至沅州，霭翠命总管陇约迎至镇远，通道积粮以候大军。既至百蛮破胆，靡不悦服。霭翠备马一万匹，米一万石，毡一万领，刀弩牛羊各一万以助军资。蓝傅二总兵官甚喜，度本司地方道路开设十一驿、四巡检司而去。十七年霭翠及陇约赴京朝见，赏赐甚厚。十九年霭翠殁。其事略见《大明一统志》。明年弟安的袭职。二十二年，贵州都指挥同知马烨激变水西头目，奢香与安的阻止不听。时侍郎郑彦文在贵州公干，奢香窃路走告侍郎，以其事闻。朝廷遣使取烨回，仍宣奢香赴京朝见。太祖皇帝悦，命内侍臣引入内宫见后，蒙赐珠冠鈒花金带及彩缎筵宴，封贤德夫人以归。安的亦能承继祖业，抚理地方，其后子孙遂以安为姓。二十四年授亚中大夫诰命。三十年为军务事赴京谢恩，回至播州湘川驿卒。弟安卜葩袭职，永乐二年授怀远将军诰命。是时，总管陇约已卒，卜葩年老有疾。安纳洪替职。十六年赴京进贡，回至襄阳汉江驿卒。孙彬楫尚幼，从父安中借袭，彬楫亦故。时总兵官吴亮征湖广等处，纳马三百匹。安中物故，安聚袭。正统二年授怀远将军诰命。五年病卒。六年兵部尚书王骥同定西侯蒋贵征麓川，从子安陇富为舍人，纳马四百匹。七年陇富袭职，十四年授怀远将军诰命。是岁前湖广镇远等处苗贼作乱，攻城烧劫屯寨，延及贵州，其势甚盛，贵州三司取陇富领兵赴贵州护守城池，议以母奢智保水西，陇富领兵万余至贵州北郭，据山为营，故苗贼不敢逼城，后苗贼恨陇富护官军，乃来水西攻宣慰母子。陇富急回水西，苗贼四维蜂起，度不能敌，挈家奔入硬寨，又被攻围。其子观虽拒贼年幼率诸酋与贼对敌凡六十余阵。半载余，诸贼退散，地方以宁。朝廷闻陇富母子有保障杀贼之功，命行人刘泰赍敕并彩缎奖谕。其后毕节卫诬，欲加害陇富，奏陈冤枉，请为辨明，蒙降敕奖谕，以安其心。景泰三年，总兵官方瑛征紫江等处叛苗，陇富纳马一百匹给军。天顺二年征东苗，又纳马二百匹给军。四年西堡蛮反，总兵刘玉来讨其罪，陇富率土兵随征，不次有功，累赏银牌，陇富晓字义，事母孝，持家以俭，爱民如子，尝恶其土地鄙陋欲变之，又纂司志，修家谱，遭时多故，不克如志。陇富卒，子观嗣，善继父志，述父事。凡居室、器物、衣服、婚姻、丧葬，攘灾捍患之事，颇依华夏之礼。不好酒色，不缺贡献。尝随大军征讨天坝，出马四百匹给军，又助大军破西堡叛贼，凯旋论功，授昭勇将军诰命，赏赉甚厚。观卒，子贵荣嗣，好读书史，通大义，设庠序以明礼仪，旧染陋俗，浸变华风，用夏变夷之功日见其盛。兹遣把事阿佐，以其父遗命，谓谱系太简，恐有疏虞，遂致湮没，求作家传，以遗后嗣，予故次其梗概以为传云。

——（万历）《贵州通志》卷二三，第579页。

（嘉靖）《贵州通志》卷一，第474页。

续安氏家传序

黎　宇

安氏在贵，其来久矣。溯源之义，备载于太宗伯周先生传，然先生之传，断自贵荣。及贵荣致仕，其子安佐嗣。弘治十一年，以普安叛贼阿方车等乱，镇巡衙门调安佐率军随征有功，请续诰命，授昭勇将军。佐卒，贵荣复任，以前功并正德八年调征紫江叛苗阿札等功，加授贵州布政司右参政土职。贵荣卒，孙万锺嗣，钦蒙敕赐鈒花金带。万锺卒，弟万铨袭职，备马六十匹，差把事王实赴京奏谢，钦蒙敕赐鈒袍金带彩缎表里。铨父早丧，母奢氏年二十八，誓死守节，□三十八年终始一致，有司以其事闻，准以贞节立坊旌表，及卒，铨哀毁踰礼，比照文官丁忧事例具题守制服□，适芒部乱，调铨督兵征进，除陇政之患，解毕节之围，二次添备驮粮马匹千余。又征凯口擒阿向，皆有军功捷报，钦授昭勇将军，文官三品服色，彩缎表里。嘉靖十八年，铨致仕，以职事归锺之子仁承袭。仁备马六十匹仍差王实赴京奏谢，钦蒙敕赐鈒花金带，于嘉靖二十六年调征铜平叛苗归后卒。万铨复任，奉调督兵仍征铜苗，时推官邓本中吏樊逵以下被虏百余人，铨于是亲率所部夷兵，直捣苗穴，破其险关，擒斩首恶龙□等五百有奇，而本中皆还。赐赏不受，当道咸旌嘉之。嗟夫，安氏世守国恩，藩屏贵竹，积累既厚，生发斯贤，惟能思先人忠孝之誓守而不失，则体光之垂延，将莫可逆矣。愚不佞因使君之请，故不避蝇尾之诮而直为之述云。

——（嘉靖）《贵州通志》卷一一，第474—475页。

乌龙岭安氏墓碑文

母姓禄氏，归我万铨公，淑慎贤伦，兼通汉书，能诗能画。生余弟兄三：智、仁、信。

祖建水西府第，卜于羊场华山，下枕延江，上环深箐，附建扯、纵行房。其造诣精良，胜于平原故址。赖主家内外经营，公私策划，恭宽信敏，远胜须眉。阿噶理则窝后，同汉把王方表里贪婪。宣慰临岳撤免，一时措理乏人。宣慰面谕母，以则窝近在咫尺，寅发卯至，以安信暂摄。时信年二十，母三日一次至则窝查讯事务，因而信代十二年中，军民和睦，汉夷相安，皆夫人之力。后兄弟阋墙，母屡训不止，朵泥一役，萁豆相残。夫人情急，饮鸩谢世，弟兄抱恨无穷。朝按吏裁决，亦因母为此而终，遂罢内争。母亡，万历四年九月，卜葬乌龙岭，午山子向，享年六十八岁，谨厝佳城于此，泐石以志。

男安智、安仁、安信

万历六年天赐节立

——黔西县志办公室编：《黔西楹联碑记集萃》，1992 年，第 179—180 页。

《彝族源流》《西南彝志》等彝文古籍关于水西安氏谱系的记载和汉文对安氏谱系的记载是完全不同的话语体系，如何把二者准确地对应起来一直是研究者努力的方向。笔者结合相关文献试将安氏采用汉姓后部分汉名和彝名对照如下：

彝族源流·阿哲君长谱	爨文丛刻·安氏世纪	西南彝志·六祖起源	（道光）《大定府志·安氏谱》	水西安氏族谱	大定府志·水乌世系通考	汉名
笃米俄	渎母吾乃一					
米辞辞	母齐齐乃二	慕齐齐	一世慕齐齐			
辞阿宏	齐亚红乃三	二世齐雅洪	二世齐齐火			
宏阿德四世	红亚得乃四	三世洪雅德	三世火阿得			
德乌舍五世	得古沙乃五	四世德乌舍	四世得乌沙			
舍乌蒙六世	沙古母乃六	五世舍乌姆	五世沙雾穆			
乌蒙纠七世	古母龚乃七	六世乌姆揪	六世乌穆菊			
纠阿堵八世	龚亚陇乃八	七世纠雅脑	七世菊阿糯			
堵阿洛九世	陇亚告乃九	八世脑雅洛	八世糯阿罗			
洛阿勺十世	告亚守乃十	九世洛雅勺	九世罗阿杓			
勺阿默十一	守亚美十一	十世杓雅默	十世杓阿脉			
默阿德十二	美阿得十二	十一世默雅德	十一世脉阿得			
德阿施十三	得亚诗十三	十二世德雅史	十二世得阿舍			
施默武十四	诗美武十四	十三世史默武	十三世舍脉乌			
默武孟十五	美武梦十五	十四世武孟迭	十四世乌莫得			

续表

彝族源流·阿哲君长谱	爨文丛刻·安氏世纪	西南彝志·六祖起源	（道光）《大定府志·安氏谱》	水西安氏族谱	大定府志·水乌世系通考	汉名
孟德朵十六	梦蝶多十六	十五世孟迭垛	十五世莫得堕			
朵阿迁十七	多亚质十七	十六世垛阿迁	十六世堕阿委			
迁俄索十八	质吾勺十八	十七世迁俄索	十七世委乌所			
俄索毕余十九	吾勺必十九	十八世俄索必额	十八世所必额			
毕余勿二十	必一梅二十	十九世世必额勿	十九世比额勿			
勿阿纳二十一	梅阿亮二一	二十世勿阿纳	二十世勿阿纳			
纳阿租二十二	亮阿宗二二	二一世纳阿宗	二十一世纳阿纵			
租阿补二十三	宗亚补二三	二二世宗阿补	二十二世纵阿卜			
补阿索二十四	补亚勺二四	二三世补雅勺	二十三世卜阿勺			
索阿妥二十五	勺亚讨二五	二四世勺雅妥	二十四世勺阿妥			
妥阿哲二十六	讨阿常二六	二五世妥阿者	二十五世妥阿乍			
阿哲毕二十七	阿常必二七	二六世阿者必额	二十六世乍比五			
毕额孟二十八	必盖孟二八	二七世必额孟伍	二十七世五莫翁			

续表

彝族源流·阿哲君长谱	爨文丛刻·安氏世纪	西南彝志·六祖起源	（道光）《大定府志·安氏谱》	水西安氏族谱	大定府志·水乌世系通考	汉名
孟俄勺 二十九	孟守吾 二九	二八世 孟伍勺	二十八世 莫翁说			
勺阿德 三十世	守阿典 三十	二九世 勺俄歹	二十九世 说阿歹			
德阿放 三十一	典亚法 三一	三十世 歹额外	三十世 歹阿瓦			
放额宜 三十二	法一宜 三二	三一世 外额宜	三十一世 瓦额你			
宜阿赤 三十三	一宜尺 三三	三二世 额宜阿赤	三十二世 你阿扯			
赤阿笃 三十四	尺亚主 三四	三三世 赤雅笃	三十三世 扯阿住			
笃阿德 三十五	主亚典 三五	三四世 笃雅迭	三十四世 住阿特			
德阿祖 三十六	典亚即 三六	三五世 迭雅苴	三十五世 特阿沮			
祖雅邓 三十七	即亚登 三七	三六世 苴雅歹	三十六世 沮阿叶			
邓雅多 三十八	登亚堵 三八	三七世 歹雅睹	三十七世 叶阿都			
朵雅德 三十九	堵阿达 三九	三八世 睹雅达	三十八世 都阿札			
德雅朵 四十世	阿达多 四十	三九世 达阿垛	三十九世 札阿朵			
朵阿沓 四十一	多阿榻 四一	四十世 垛阿塔	四十世 朵阿塔			

续表

彝族源流·阿哲君长谱	爨文丛刻·安氏世纪	西南彝志·六祖起源	（道光）《大定府志·安氏谱》	水西安氏族谱	大定府志·水乌世系通考	汉名
沓阿取 四十二	榻阿期 四二	四一世 塔阿期	四十一世 塔阿趣			
取阿苻 四十三	期阿否 四三	四二世 期鲁迭	四十二世 趣六枼			
		四三世 迭阿丰	四十三世 枼阿风			
苻那周 四十四	否那知四四	四四世 丰纳知	四十四世 风纳志			
那周笃 四十五	那知渎四五	四五世 纳知笃耶	四十五世 纳志主色			
笃阿勾 四十六	阿更四六	四六世 笃耶阿更	四十六世 主色阿更			
勾阿维 四十七	阿更阿文 四七	四七世 阿更阿外	四十七世 阿更阿委			
阿维洛那 四十八	阿文洛南 四八	四八世 阿外阿市	四十八 世阿委阿是			
		四九世 阿市洛纳	四十九世 阿是陇那			
洛那阿可 四十九	洛南阿搕 四九	五十世 洛纳阿阔	五十世 陇那阿阔			
阿可额德 五十世	阿搕一典 五十	五一世 阿阔额迭	五十一世 阿阔额枼			
额德自杞 五十一	一典即期 五一	五二世 额迭苴杞	五十二世 枼额沮区			
自杞忍额 五十二	即期忍一 五二	五三世 苴杞忍额	五十三世 沮区则额			

续表

彝族源流·阿哲君长谱	爨文丛刻·安氏世纪	西南彝志·六祖起源	（道光）《大定府志·安氏谱》	水西安氏族谱	大定府志·水乌世系通考	汉名
忍额濮额 五十三	忍一卜野 五三	五四世 忍额卜额	五十四世 则额普额			
濮额额宰 五十四	卜野一尊 五四	五五世 卜额额宰	五十五世 普额额则			
额宰鲁勺 五十五	一尊老勺 五五	五六世 额宰老勺	五十六世 额则陇杓			
鲁勺笃任 五十六	老勺渎在 五六	五七世 老勺笃仁	五十七世 陇杓主载			
笃任阿租 五十七	渎在阿宗 五七					
阿租额启 五十八	阿宗一衢 五八	五八世 笃仁额戈	五十八世 主载额归			
额启濮宜 五十九	一衢卜宜 五九	五九世 额戈卜邪	五十九世 额归普色			
濮宜阿能 六十世	卜宜阿义 六十	六十世 卜邪阿嫩	六十世 普色阿腻			
阿能阿诺 六十一	阿义阿洛 六一	六一世 阿嫩阿脑	六十一世 阿腻阿糯			
阿诺阿朵 六十二	阿洛阿冬 六二	六二世 阿脑阿瞿	六十二世 阿糯阿昼			
阿朵大俄 六十三	阿冬大屋 六三	六三世 阿瞿大俄，	六十三世 阿昼乍俄			
大俄鲁乃 六十四	大屋老乃 六四	六四世 大俄老内，	六十四世 乍俄陇内			
鲁乃鲁载 六十五	老乃老在 六五	六五世 老内老再	六十五世 陇内陇赞			

续表

彝族源流·阿哲君长谱	爨文丛刻·安氏世纪	西南彝志·六祖起源	（道光）《大定府志·安氏谱》	水西安氏族谱	大定府志·水乌世系通考	汉名
鲁载霭翠 六十六，	老在阿期 六六	六六世 老再霭翠	六十六世 陇赞霭翠	阿砌	阿碱	霭翠
霭翠陇第 六十七	阿期老帝 六七	六七世 霭翠陇第	六十七世 霭翠陇弟	陇第 （鲁磾）		安的
陇第濮直 六十八	老帝卜直 六八	六八世 陇第				
卜者	六十八世 陇弟普者			安卜葩？		
濮直那苦 六十九	卜直那考 六九	六九世 卜者纳考	六十九世 普者那科			安纳洪？安忠？
那苦布则 七十世	那考崩在 七十	七十世 纳考本则	七十世 那科白则	褒兹	褒蓁 （白在）	彬楫？
布则鲁知 七十一	崩在老知 七一	七一世 本则纳知	七十一世 白则裸至	鲁知		安聚
鲁知鲁铺 七十二	老知老铺 七二	七二世 纳知陇铺	七十二世 裸至龙铺 （明赐安姓）	鲁铺		陇富
鲁铺毕觉 七十三，	老铺不足 七三	七三世 陇铺不玖	七十三世 安祚[1]			安观
毕觉直巴 七十四	不足直巴 七四	七四世 不玖植罢	七十四世 安贵荣	直把	直伯	安贵荣
直巴安宗 七十五	直巴安作 七五	七五世 植罢安宗		阿助	阿助	安佐
			七十五世 安万镒[2]			